MYTHOS

AZTEKEN

GROSSE KULTUREN, GLANZVOLLE EPOCHEN

MYTHOS AZTEKEN

Reader's Digest
DEUTSCHLAND · SCHWEIZ · ÖSTERREICH

Mythos Azteken

Titel der französischen Originalausgabe
Aztèques – L'épopée des peuples du Mexique

Mexiko: von den Olmeken zu den Azteken
Titel der Originalausgabe: *Mexico – From the Olmecs to the Aztecs*
von Michael D. Coe

Deutsche Ausgabe
Übersetzung: Michela Hecker und Claudia Porger
(Benavides Fachübersetzungen), Dr. Boike Rehbein
Redaktion: red.sign (Guido Huß, Frank J. Müller, Katrin Schmelzle,
Androniki Tsilipakou, Ellen Weitbrecht)

Reader's Digest
Redaktion: Claudia Rück, Dr. Birgit Gläser
Grafik: Peter Waitschies
Bildredaktion: Christina Horut
Prepress: Andreas Engländer
Produktion: Andreas Schabert

Ressort Buch
Redaktionsdirektorin: Suzanne Koranyi-Esser
Redaktionsleitung: Dr. Renate Mangold, Heinz Volz
Art Director: Rudi K. F. Schmidt

Operations
Leitung Produktion Buch: Joachim Spillner

Satz und Reproduktion: Lihs GmbH, Medienhaus, Ludwigsburg
Druck und Binden: Printer Industria Gráfica S. A., Barcelona

Code-Nr. UK 0074/G/CBS

Printed in Spain

ISBN 3-89915-030-9

Inhalt

Seite 8 *Mesoamerika*

Seite 21 *Mexiko: von den Olmeken zu den Azteken*

GEKÜRZTE FASSUNG DES BUCHES *MEXICO* VON MICHAEL D. COE

Sonderthemen

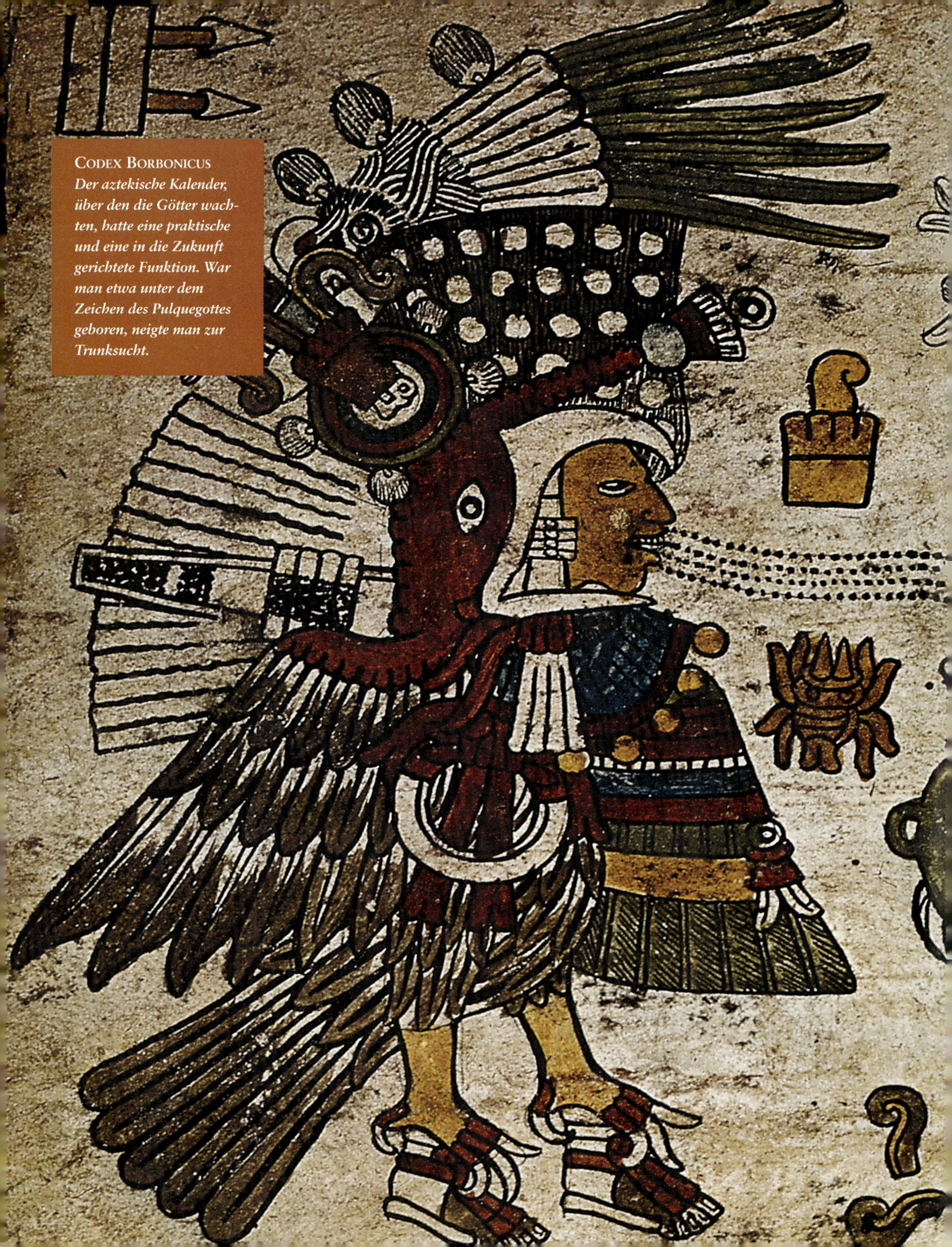

CODEX BORBONICUS
Der aztekische Kalender, über den die Götter wachten, hatte eine praktische und eine in die Zukunft gerichtete Funktion. War man etwa unter dem Zeichen des Pulquegottes geboren, neigte man zur Trunksucht.

Vorwort

Die prähispanische Welt der beiden Amerikas lag weit entfernt von der Welt der klassischen Antike, auf die wir uns so gern als Quelle unserer abendländischen Kultur berufen. Das alte Amerika wirkt wegen seiner Entfernung und seiner Fremdheit faszinierend auf uns. Maya, Azteken und Inka sind uns geläufige Namen, bei denen wir an grausame und barbarische Völker denken, die erst vor kurzer Zeit in unsere Geschichte eingetreten sind. Ihre Zivilisationen sind der Gipfel einer langen kulturellen Entwicklung, die bis zu den Anfängen der Besiedlung Amerikas zurückreicht. Wie Ägypten, Griechenland und Rom sind sie entstanden, aufgeblüht und wieder verschwunden und haben als Zeugnis ihres einstigen Glanzes nur einige Ruinen hinterlassen.

Die Entfernung trägt auch dazu bei, dass wir diese Kulturen schlecht auseinander halten können. Das Buch von Michael D. Coe, ein echtes Grundlagenwerk der Wissenschaft, bietet eine gut lesbare Übersicht über die alten Kulturen Mexikos. Der Autor verfolgt die Entwicklung der Olmeken, Zapoteken, Totonaken, Tolteken und Azteken. Die Geschichte der Mayas findet hier keine Berücksichtigung.

Die Archäologie entwickelt sich ständig weiter. Daher wurden dem Text Michael D. Coes etliche chronologisch und thematisch ausgerichtete Sonderartikel hinzugefügt; zudem werden einige Themenbereiche auf reich illustrierten Doppelseiten gesondert behandelt. Diese Zusatzinformationen sollen dem Leser helfen, das von Michael D. Coe entworfene Bild abzurunden.

Man kann sich jedoch nicht auf die archäologische Forschung beschränken, auch wenn sie grundlegend bleibt. Im 20. Jh. sind uns andere Formen des künstlerischen Ausdrucks zugänglich geworden. Eine reiche Ikonografie, die bislang unveröffentlicht war, wird hier auf sechs Doppelseiten dargestellt. Sie sind den Meisterwerken der präkolumbianischen Kunst gewidmet, Werken von einer eigenartigen Schönheit, die von unseren ästhetischen Kriterien stark abweichen – auch wenn manche von ihnen nicht fremd wirken, haben sie doch viele Künstler der Gegenwart inspiriert.

Mesoamerika

Mesoamerika bildete weder geographisch noch sprachlich eine Einheit. Mehr als 30 Sprachgruppen und eine Landschaft, die vom Regenwald bis zum ewigen Schnee reicht, formten ein komplexes Mosaik. Die Einheit beruhte darauf, dass alle Völker dieselben kulturellen Eigenschaften teilten.

Das Aztekenreich

Es ist irreführend, von einem Aztekenreich zu sprechen, weil die Azteken die unterworfenen Regionen nie streng kontrolliert haben. Doch ist es unstrittig, dass sich ihre Herrschaft vor der spanischen Eroberung auf den Großteil des heute mexikanischen Gebiets erstreckte.

RUND UM MEXIKO

Die Maya

Im Zentrum Mittelamerikas haben die Maya während der gesamten Entwicklung des Kulturraums ihre Eigenständigkeit bewahrt. Ihre Gesellschaft war von erstaunlicher Stabilität, weil man ihre Ursprünge mindestens bis zum 1. Jt. v. Chr. zurückführen konnte. Die Maya haben mit ihren Nachbarn ständige Beziehungen unterhalten: mit den Mixezoken, Olmeken, Teotihuacán, Tula, später auch zu Mexiko. Sie haben ihre Sprachen, ihre Traditionen, ihre Ausdrucksformen beibehalten. Ihre Städte Tikal, Clakmul, Palenque und Copán hatten ein spezifisches äußeres Erscheinungsbild, in dem Architektur, Bildhauerei und tropischer Regenwald eine Verbindung eingingen, die den Eindruck üppigen Wachstums vermittelte. Auch wenn Städte wie Chichén Itzá und später Tulum Elemente in ihre Kunst aufnahmen, die aus Zentralmexiko stammten, waren die Darstellungen der Maya stets ihrer Weltsicht angepasst.

„Oasis America"

Weit nördlich des mesoamerikanischen Kulturraums, im Südwesten der heutigen Vereinigten Staaten, blühten versprengt (daher der Begriff „Oasis America") Zivilisationen sesshafter Bauern. Die Hohokam-, die Anasazi- und die Mogollon-Kultur (häufig unter dem Namen Pueblo-Kulturen bekannt) hatten Bewässerungssysteme und ernährten sich vor allem von Mais. Ihre Häuser wurden aus Terrakotta gebaut, hatten manchmal mehrere Etagen und befanden sich oft unter riesigen Felsvorsprüngen. Sie beherbergten eine große Bevölkerung, von der ein Teil Handwerker waren. Polychrome Keramik, Türkis-, Muschel- und später Metallarbeiten zeugen von ihrer Kunstfertigkeit. Die Pueblo-Kulturen, die durch Hunderte von Kilometer Wüstenlandschaft – in der die Königreiche der Chichimeken lagen – von ihren südlichen Nachbarn getrennt waren, unterhielten mit diesen enge Beziehungen. Die Hohokam stammten möglicherweise aus Mesoamerika. Die Einführung des Ballspiels und der Metallbearbeitung sowie der Export von Türkisen belegen die Kontinuität der Tauschbeziehungen.

Peru

Der amerikanische Doppelkontinent hat sich unabhängig von den Zivilisationen der Alten Welt entwickelt. In gewisser Weise wussten sogar beide Teile, die Andenwelt und Mesoamerika, so gut wie nichts übereinander. Natürlich hat es Kontakte gegeben. Sie fanden jedoch eher sporadisch und über vermittelnde Völker statt. Die Metallbearbeitung hat sich von Peru über Mesoamerika ausgebreitet und Mexiko um 800 erreicht. Die Sesshaftigkeit scheint früher begonnen zu haben, sie tauchte um 5000 v. Chr. in Peru auf. Die ersten Städte wurden im 3. Jt. errichtet. Aber Chavín, die erste Andenkultur, erlangte erst nach den Olmeken Bedeutung. In der frühen Zwischenzeit, von 200 v. Chr. bis 600 n. Chr., wurden reich ausgestattete Wohnhäuser erbaut, vor allem an der Küste: von der Moche-Kultur im Norden über die Paraca- bis zur Nazca-Kultur im Süden. Zwischen 600 und 1000 expandierten in den Anden zwei Reiche, Tiahuanaco und Huari, von denen man noch nicht genau weiß, ob sie gleichzeitig existierten. Ihr Zusammenbruch zog wie in Mesoamerika die Ausbreitung neuer Mächte nach sich, die oft Kriegerstaaten waren wie das Chimúreich. Unter diesen kurzlebigen Reichen begann ein noch sehr wenig zivilisierter Bergstamm seinen Aufstieg in Cuzco: Innerhalb weniger Jahrhunderte entwickelten sich die Inka von einer Randgruppe zu den Herrschern über das einzige echte amerikanische Großreich.

Erste Kulturen

1200 v. Chr.
Geburt der Olmekenkultur

500 v. Chr.
Gründung von Monte Albán

150 n. Chr.
Untergang von Cuicuilco

Seiten 10–11

4000–3000 v. Chr.

- **Beginn des Maisanbaus**

2500 v. Chr.

- **Um 2400 v. Chr. Beginn der Töpferei**
- **1200–1150 v. Chr. Beginnende Blüte von San Lorenzo, der ersten mesoamerikanischen Stadt**

0

- **100 v. Chr. Entwicklung der Schrift und erste Daten im mesoamerikanischen Kalender**

150 n. Chr.

- **150 n. Chr. Bau der Sonnenpyramide von Teotihuacán**

DER MESOAMERIKANISCHE KULTURRAUM UMFASSTE NEUEREN FORSCHUNGEN ZUFOLGE DEN WESTEN MEXIKOS UND DIE NÖRDLICHEN RANDGEBIETE.

Blütezeit von Teotihuacán

150 n. Chr.
Beginn des Wachstums von Teotihuacán

650 n. Chr.
Zerstörung der Stadt durch Feuer

Seiten 12–13

Stadtstaaten

800 n. Chr.
Metallbearbeitung

850 n. Chr.
Aufgabe von La Quemada

900 n. Chr.
Niedergang von Xochicalco

Seiten 14–15

Aufstieg und Fall von Tula

950 n. Chr.
Mythische Gründung von Tula

1000 n. Chr.
Mexikanische Spuren in Chichén Itzá

Seiten 16–17

Das Reich der Azteken

1325 n. Chr.
Gründung von Tenochtitlán

1521 n. Chr.
Untergang des Aztekenreichs

Seiten 18–19

600 n. Chr.
- 600–900 n. Chr. Blüte der Stadtstaaten

950 n. Chr.
- 950 n. Chr. Gründung von Tula

1250 n. Chr.
- 1325 n. Chr. Gründung der aztekischen Hauptstadt

1521 n. Chr.
- 1521 n. Chr. Eroberung Mexikos durch die Spanier
- 1812 n. Chr. Unabhängigkeit von Mexiko
- 1910 n. Chr. Beginn der mexikanischen Revolution

Erste Kulturen

2500 v. Chr.–150 n. Chr.

Die Anfänge zu bestimmen, ist immer eine schwierige Aufgabe. Wir wissen heute, dass es bereits ab 2000 v. Chr. in ganz Mesoamerika Dörfer gab. Unter den verschiedenen Stämmen taten sich bald die Olmeken hervor. Sie legten den Grundstein für die späteren Charakteristika Mesoamerikas: monumentale Architektur und städtische Lebensweise, Bildhauerei, Herstellung von Gegenständen aus Jade und Verwendung von Kautschuk. Alle Völker waren bereit, dieses Erbe zu übernehmen und weiter zu entwickeln.

EINE URSPRÜNGLICHE ARCHITEKTUR
Die Stadt Cuicuilco breitete sich um die runde Stufenpyramide (Hintergrundfoto) aus und kontrollierte die ganze südliche Hochebene um die heutige Stadt Mexiko. Rundbauten sind in Mesoamerika selten. In Zentralmexiko tauchen sie erst nach der Klassik im Zusammenhang mit dem Kult von Quetzalcóatl auf.

DIE GEBURT EINER MYTHOLOGIE
Die Olmeken waren in vielen Bereichen innovativ und haben eine monumentale Bildhauerei geschaffen. Altäre, von denen einige bis zu 40 t wiegen, zeigen Figuren, die im Schneidersitz in Vertiefungen sitzen, über denen eine stilisierte Jaguarschnauze zu sehen ist. Der Jaguar galt als ein mythischer Urahn und war Symbol der Nacht und der Erde. Der Altar könnte als Thron des Olmekenherrschers gedient haben, wie es eine Höhlenmalerei von Guerrero nahelegt.

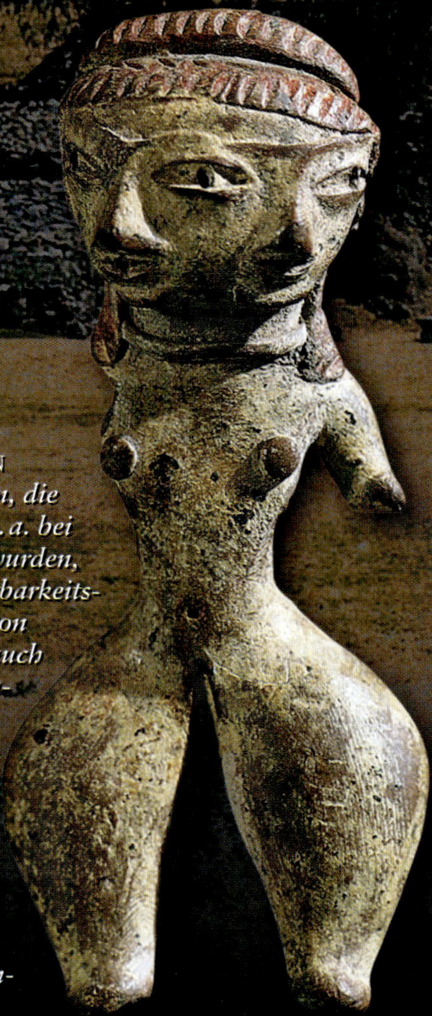

ANMUTIGE DAMEN
Diese Frauenfiguren, die Pretty Ladies, die u. a. bei Tlatilco gefunden wurden, spiegeln den Fruchtbarkeitskult wider. Einige von ihnen mögen aber auch den Begriff der Dualität oder Jenseitsvorstellungen ausgedrückt haben. Sie bezeugen die Entstehung eines religiösen Denkens, das die Grundlage des späteren mesoamerikanischen Pantheons war.

2500–1200 v. Chr. frühe Präklassik (Vorklassik)

Um 2400 v. Chr.	Beginn der Töpferei
2300 v. Chr.	Erste Statuette von Zohapilco
1600 v. Chr.	Beginn der Expansion der Mixezoken
1400 v. Chr.	Erste Besiedlung von Capacha im Westen Mexikos
1400 v. Chr.	San José Mogete, erstes Dorf in Oaxaca

1200–400 v. Chr. mittlere Präklassik

1200–1150 v. Chr.	Beginn der Blüte von San Lorenzo, der ersten Stadt Mesoamerikas
900 v. Chr.	Niedergang von San Lorenzo und Blüte von La Verna

Eine frühe Entwicklung
Diese originellen Gefäße mit übereinander gelagerten Bäuchen, die durch Verengungen getrennt und gitterförmig dekoriert sind, sind charakteristisch für die Grabbeigaben von Capacha im Westen Mexikos. Noch vor den Anfängen der olmekischen Expansion begann im Westen, vielleicht unter Einfluss von importierten Gegenständen, eine eigenständige Entwicklung.

Tänzer oder Geopferte?
Die früher wegen ihrer dynamischen Körperhaltung als Danzantes *bezeichneten Figuren stellen wahrscheinlich Geopferte dar, Symbole der wachsenden Macht von Monte Albán. Jede Stele entspricht einem Gebiet, das die junge Zapotekenhauptstadt unterworfen hat.*

Chupícuaro, eine unbekannte Welt
Die Gräber von Chupícuaro enthielten eine große Zahl dieser bunten Statuetten sowie Vasen und Tierfiguren. Der Einfluss Chupícuaros erstreckte sich bis nach Zentralmexiko. Man weiß immer noch nicht, woher die Künstler, die diese Wunderwerke gefertigt haben, stammten und wie sie lebten.

(Vorklassik)

800 v. Chr.	Erstes Auftreten des Stils von Chupícuaro
500 v. Chr.	Gründung von Monte Albán
400 v. Chr.	Zerstörung von La Venta

400 v. Chr.–150 n. Chr. späte Präklassik (Vorklassik)

Um 300 v. Chr.	Beginn der Errichtung von Gräbern und Brunnen
180 v. Chr.	Erste Wachstumsperiode von Teotihuacán
31 v. Chr.	Stele C von Tres Zapotes
24. Mai 143 bis 13. Juli 156	Stele von La Majorra, erste große bekannte Inschrift
Um 150	Cuicuilco unter Lava verschüttet

Blütezeit von Teotihuacán
150–650

Mit wahrscheinlich knapp 200 000 Einwohnern war Teotihuacán zu jener Zeit eine der größten jungsteinzeitlichen Städte. Es zog Vertreter fast aller Regionen Mesoamerikans an, und seine Ausstrahlung reichte bis in die Welt der Maya und zu den nördlichen Grenzen. Zweifellos war die frühe Klassik das Zeitalter Teotihuacáns.

GEPLANTER STÄDTEBAU
Die Mondpyramide von Teotihuacán (Hintergrundfoto) stand am Nordende der Totenallee, der Mittelachse der Metropole. Das riesige Bauwerk verbarg reiche Grabkammern, die warscheinlich den Herrschern der Stadt vorbehalten waren.

DER TOTENFÜHRER
Der Hund war zwar auch Nahrungsmittel, diente aber vor allem als Begleiter des Menschen, nicht zuletzt im Jenseits. Die realistische Darstellung sollte nicht die religiöse Bedeutung verhüllen: Als Grabbeigabe sollte er seinem Herrn auf der schwierigen Reise in das Totenreich beistehen.

VOM ALLTAG ZUM JENSEITS
In den Modellen von Häusern und Städten Westmexikos sind einige Aspekte des Alltagslebens zu erkennen. Ihr Vorhandensein in Gräbern lässt jedoch auf eine vor allem rituelle und symbolische Funktion schließen. Jedes Element – Haus, Baum, Figur – ist Zeichen eines komplexen religiösen Systems.

150–650 frühe Klassik

150	Errichtung der Sonnenpyramide in Teotihuacán
150–200	Erbauung der Pyramide und des Tempels von Quetzalcóatl
200–400	Teotihuacán wird zu einer kosmopolitischen Metropole
292	Erste datierte Mayastele
400	Beginn der Blütezeit Teotihuacáns und erste Anzeichen für eine Militarisierung
400–700	Blüte und größte Ausdehnung der Kultur Teotihuacáns nach Westen

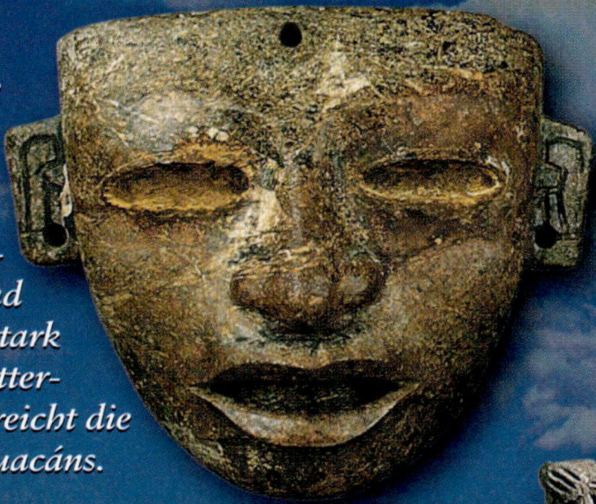

Der maskierte Tod
In Teotihuacán wurden zahlreiche dieser Totenmasken aus Halbedelstein produziert. Da sie zu klein waren, um getragen zu werden, dienten sie wohl als Grabbeigaben. Ihr feierlicher Ausdruck und ihr stilisiertes Aussehen erinnern stark an die geometrische Kunst der Götterstadt. Ihre Gleichartigkeit unterstreicht die Anonymität der Bewohner Teotihuacáns.

Die Tierwelt
Die prächtigen Fresken von Teotihuacán stellen sehr realistisch ein ganzes Universum dar. Diese Eule mit ausgebreiteten Flügeln stammt aus dem Palast von Tetila. Sie besticht durch ihr naturalistisches Aussehen, ohne aber ihre religiöse Bedeutung zu verdecken, die mit der Nachtwelt verknüpft ist.

Die Gräber
Die Grabkammern der Zapoteken enthielten eine reiche Ikonografie, die komplexe Glaubensvorstellungen widerspiegelt. Sie waren oft mit bunten Fresken bedeckt. Am Eingang standen häufig Graburnen, die beispielsweise Gottheiten oder hochrangige Persönlichkeiten mit ausgefeilten Frisuren darstellten.

445 Stele 31 von Tikal
468–533 Blüte von Cerro de las Mesas im Süden von Veracruz
600 El Tajín beginnt zu wachsen; Ankunft der Olmecas-Xicalancas in Cacaxtla
650 Brand des Stadtzentrums von Teotihuacán

Stadtstaaten 600–900

Das Ende von Teotihuacán führte zum Zerfall der mesoamerikanischen Einheit. Kurzlebige Mächte in Form rivalisierender Stadtstaaten nutzten die Gelegenheit, um sich zu etablieren. Ihre Macht war eher kriegerischer als religiöser Natur. Die Städte übertrafen einander im handwerklichen Geschick, und obgleich ihre Blüte von kurzer Dauer war, haben sie der mesoamerikanischen Welt ihren größten Glanz verschafft.

EINE SYMBOLISCHE ARCHITEKTUR
Die mesoamerikanische Pyramide war nicht nur der Sockel eines Tempels oder ein Grabmal. Mit ihren 365 Nischen, die über die Stufen verteilt waren, verfügte die Pyramide in El Tajin (Hintergrundfoto) über eine rituelle Dimension, in der das Sonnenjahr und der Kalender eine wesentliche Rolle spielten. Andere Bauwerke symbolisierten den heiligen Berg und die Abstufung der Himmelsebenen.

EINE HYMNE AUF DIE MACHT
Lange Zeit hielt man die Reliefs des Tempels der gefiederten Schlange von Xochicalco für rituelle Darstellungen. Doch zu sehen sind tatsächlich die Herrscher des Ortes. Das Bauwerk ist eine Lobpreisung der Kriegsmacht und drückt die Personalisierung aus, die für die Blüte der Stadtstaaten kennzeichnend ist.

DER FLEDERMAUSGOTT
Die Maske besteht aus einem prächtigen Jademosaik mit eingesetzten Augen. Sie stammt aus Monte Albán und vereint menschliche Züge mit denen einer Fledermaus. Wahrscheinlich stellt dieses Juwel der zapotekischen Kunst eine Gottheit dar, die mit der Nacht und dem Jenseits in Verbindung steht.

600–900 späte Klassik

600–700	Errichtung der späteren Stadtstaaten
600–900	Rückkehr mesoamerikanischer Kolonisten von den nördlichen Grenzen
700	Ende der Teotitlán-Kultur und Ausdehnung Mesoamerikas nach Westen
750–800	Aufgabe von Monte Albán

ALLGEGENWÄRTIG: DER TOD
Leben und Tod waren in Mesoamerika eng verknüpft. Der Tod spendete Leben, das Menschenopfer erneuerte die Welt. Diese Votivbeile, die mit dem Ballspiel in Verbindung stehen, erinnern im Allgemeinen an die Opferung, die am Ende des Spiels stand und das Wachstum der Pflanzen, der Lebensquelle, ermöglichte. Die meisten dieser Stücke sind in Gräbern gefunden worden.

DIE GEFIEDERTE SCHLANGE
Auf den Fresken von Cacaxtla wurde eine sonderbare Darstellung aus dem Hochland Zentralmexikos übernommen. Die aus dem Grenzgebiet der Mayawelt stammenden Herrscher teilten mit ihren Nachbarn kriegerische Bräuche, Opferriten und den Glauben an die Bedeutung der gefiederten Schlange, des Gottes Quetzalcóatl.

EIN MEHRDEUTIGES LÄCHELN
Die Völker der Golfküste haben eine eigene Kunst entwickelt, in der überwiegend Keramikfigürchen gefertigt wurden. Die Figuren scheinen zu lächeln. Doch die artige Erscheinung wirkt bei längerer Betrachtung aufgrund der Grimasse, der leeren Augen und des halluzinierenden Aussehens beunruhigend. Diese Figuren sind der Totenwelt zuzuordnen und werden häufig mit Drogengenuss in Verbindung gebracht.

750 **Ankunft von Gruppen aus Coyotlatelco in Tula und in der Ebene von Mexiko**

800 **Einführung der Metallbearbeitung in Mesoamerika**

850 **Aufgabe von La Quemada**

900 **Niedergang von Xochicalco**

Aufstieg und Fall von Tula

950–1250

Tula, der letzte Stadtstaat, erlangte dauerhaften Erfolg und Ansehen. Während seiner Blüte erfuhr Mexiko eine Zeit der Vereinheitlichung. Von nun an teilten alle Kulturen dieselben Grundeigenschaften, auch wenn jede von ihnen ihre Eigenheiten beibehielt. Der im Norden von den Chichimeken bedrohte mesoamerikanische Kulturraum dehnte seinen Einfluss nach Süden bis zur Halbinsel von Nicoya, Costa Rica und Nicaragua aus.

KNOCHENSCHNITZEREI
Das Kunsthandwerk der Mixteken enthüllt seinen Reichtum in der Feinheit und der Qualität der Produkte. Die hervorragenden mixtekischen Goldschmiede fertigten Objekte wie dieses Schnitzwerk auf Jaguarknochen, auf dem ein Fries mythischer Gestalten, Adler und Jaguare aus dem Pantheon zu sehen sind.

DIE MIXTEKEN IM TAL VON OAXACA
Die Mixteken stammten aus den nördlichen Regionen und siedelten sich nach und nach im Gebiet der Zapoteken an. Sie brachten ihren eigenen Kunststil mit. Ihre Paläste waren mit geometrischen Motiven geschmückt, die auf den Fassaden endlos wiederholt wurden. In Mitla (Hintergrundfoto) sind sie besonders gut erhalten, aber ihr Einfluss reichte viel weiter.

EINE WELT IM ENTSTEHEN
Diese Maske eines toltekischen Kriegers, der aus einer Kojotenschnauze schaut, bezeugt das Zusammenwachsen der mesoamerikanischen Welt. Der Keramikkorpus dieses Kunstwerks stammt aus Guatemala, die Muscheln für die Perlmutttafeln aus beiden Ozeanen und die Edelsteine wurden aus entfernten Regionen importiert.

950–1200 frühe Nachklassik

950	Besiedlung von Tula durch die Tolteken
Um 1000	Auftreten mexikanischer Elemente in Chichén Itzá
900–1300	Blüte des Keramikstils von Aztatlán im Westen
1011–1063	Herrschaft von 8 Hirsch „Jaguarkralle", des ersten Führers der Mixteken
1150	Zusammenbruch von Tula
1150–1200	Beginnender Niedergang von El Tajín

CHAC-MOOL

Chac-Mool war Bote des Regengottes. Er trug auf seinem Bauch eine Schale, in die die Opfergaben gelegt wurden. Dass es die typisch toltekische Gottheit auch in Michoacán an der Küste und in Chichén Itzá gab, ist Zeichen für die Vereinheitlichung der Kulte und Riten.

WEIT REICHENDE TAUSCHBEZIEHUNGEN

Die als Plumbate bezeichnete Keramik wurde in den südlichen Regionen von Guatemala gefertigt. Zu Beginn der Nachklassik war sie mit Recht berühmt. Ihre metallischen Reflexe, die Qualität der Werke und die Originalität der Darstellungen begünstigten ihre Verbreitung. Behälter dieser Art wurden überall zwischen Westmexiko und Yucatán gefunden.

ATLANTEN ODER KRIEGER

Diese Atlanten stützten mit ihren ausgestreckten Armen Altäre, Plattformen oder sogar Dächer. Sie trugen prächtige Rüstungen, manchmal auch Schilde und Schwerter. Sie demonstrierten die militärische Stärke der Tolteken und die neue Kultur der Gewalt, die dem Bild eines friedlichen Anführers wie Quetzalcóatl entgegengesetzt war.

1200–1300 **Die Mixteken siedeln sich fest im Tal von Oaxaca an**

1150–1200 **Beginn der chichimekischen Königreiche in der Ebene von Mexiko**

Das Reich der Azteken 1250–1521

Mit der aztekischen Expansion erfuhr Mesoamerika seine größte Einheit. Nach und nach entwickelte sich Mexiko-Tenochtitlán zur Hauptstadt eines echten Staates mit einer Verwaltung und einer gegliederten Regierung. Das Aztekenreich umfasste den größten Teil des heutigen Mexiko. Nur wenige Regionen entgingen seiner Herrschaft: das Taraskenreich, die Welt der Maya und natürlich die nördlichen Wüsten.

EINE VERSCHWUNDENE WELT
Von der aztekischen Architektur sind nur wenige Bauten des Templo Mayor und einige verstreute Bauwerke wie die Pyramide von Teopanzolco (Hintergrundfoto) im Süden der Hauptstadt erhalten geblieben.

COYOLXAUHQUI
Am Fuß der Pyramide Huitzilopochtlis befindet sich der Altar, der die enthauptete und zerstückelte Coyolxauhqui zeigt. Sie ist der Mond und die Schwester des Gottes Huitzilopochtli. Der junge Gott tötete sie, indem er sie vom Coatepec, dem heiligen Berg, stieß.

DER MIXTECA-PUEBLA-STIL
Die Mixteca-Puebla genannte Keramik war während der Nachklassik im ganzen mesoamerikanischen Kulturraum verbreitet. Die teils kopierten, teils exportierten bunten Gefäße waren sorgfältig gearbeitet und von den westlichen Grenzgebieten bis zu den Maya zu finden.

1250–1521 Aztekenreich (späte Nachklassik)

- **1325** Gründung von Mexiko-Tenochtitlán
- **1430** Sieg des Dreibunds über Azcapotzalco
- **1440** Thronbesteigung Montezuma I. und Beginn der aztekischen Expansion
- **1470** Gründung des Taraskenreichs in Michoacán
- **1487** Einweihung des großen Tempels in Mexiko
- **1502** Thronbesteigung Montezuma II.
- **1511** Schiffbruch Gerónimo de Aguilars vor Yucatán

KÖRPERSCHMUCK
Unter allen Völkern war das durch rituelle und gesellschaftliche Normen streng geregelte Tragen von Körperschmuck verbreitet. Gesichtsmalereien, Tätowierungen, Lippenpflöcke, Ohr- und Nasenringe bestimmten den Status eines Menschen und seine soziale Funktion. Diese prächtigen taraskischen Lippenpflöcke trugen ausschließlich hohe Würdenträger.

EINE AUSSERGEWÖHNLICHE SKULPTUR
Die am nordöstlichen Rand der mesoamerikanischen Welt lebenden Huaxteken hatten vieles mit ihren Nachbarn gemein, bewahrten aber ihre Individualität. Ihre länglichen Skulpturen – Menschen und Götter – waren mit eingeritzten Motiven verziert.

DER WOHLTÄTIGE REGEN
Neben Huitzilopochtli nahm Tlaloc in Tenochtitlán einen wichtigen Platz ein. Er war der Gott der Landwirtschaft und damit einer der Grundpfeiler der aztekischen Welt. Vor allem auf Manuskripten (hier der Codex Borbonicus*) ist er in seiner Rolle als Verteiler des segensreichen Wassers zu sehen.*

1519	Landung von Cortés in Veracruz
30. Juni 1520	Niederlage von Cortés in der Noche Triste
13. August 1521	Einnahme Mexikos

1524 Nach der Eroberung

1524	Ankunft von Franziskaner-Missionaren
1541	Krieg von Mixtón: letzter großer Aufstand der Chichimeken in Mesoamerika

Mexiko: von den Olmeken zu den Azteken

Michael D. Coe

Kapitel 1

Mesoamerika

Stein der vier Glyphen
Man vergisst oft, dass die mesoamerikanischen Zivilisationen Schriftkulturen waren, wie dieser Stein beweist.

Was versteht man unter Mesoamerika?

Die frühen Kulturen Mexikos bevölkerten zusammen mit den Maya eine Region, die von Archäologen „Mesoamerika" genannt wird. Diese Bezeichnung, die der Anthropologe Paul Kirchhoff prägte, steht für fast die gesamte zentralamerikanische Landbrücke zwischen Nord- und Südamerika. Die Bewohner Mesoamerikas waren in erster Linie Bauern und lebten mehrere tausend Jahre weitgehend isoliert von den einfacheren Ackerbaugesellschaften des amerikanischen Südwestens und Südostens. Die ausgedehnten Wüstengebiete im Norden Mexikos wurden in vorspanischer Zeit von halbnomadisierenden Jägern und Sammlern durchstreift. Jenseits der südöstlichen Grenzen Mesoamerikas lagen die kleinen Stammesfürstentümer des südlichen Mittelamerika. Die Bewohner produzierten feine Keramikarbeiten und stellten großen Mengen von wunderschönem Gold- und Jadeschmuck her, den sie ihren Herrschern im Überfluss mit ins Grab legten.

Weiter im Süden schloss sich mit Ecuador, Peru und Bolivien die Andenregion an, die vor allem für ihre letzte glanzvolle Epoche, das Imperium der Inka, bekannt wurde. Es gab hier jedoch bereits im 10. Jh. v. Chr. Kulturen, und die großen Tempelanlagen lassen sich sogar noch weiter zurückdatieren. Die höchste Ausprägung der indianischen Kulturentwicklung findet sich in der Andenregion und in Mesoamerika. Daneben wirkt der damalige Entwicklungsstand des übrigen Kontinents zweitrangig – allerdings scheint dieses Bild eine starke Vereinfachung darzustellen, denn jüngere Forschungen im Tiefland an der Pazifikküste Ecuadors, an der Karibikküste Kolumbiens sowie am Oberlauf des Amazonas haben ergeben, dass sesshaftes Leben, gekennzeichnet durch Siedlungsbau, Landwirtschaft und Töpferkunst, seine frühen Anfänge wahrscheinlich in jenen Gebieten genommen hat.

Papagei von Cacaxtla
(S. 20) Dieser bunte Fresko, der einen in kräftigen Farben gehaltenen Vogel zeigt, stammt aus dem 9. Jh.

Die verschiedenen Kulturen Mesoamerikas heben sich von den anderen Kulturen der Neuen Welt durch eine Reihe von gemeinsamen Merkmalen ab. Der herausragendste Unterschied ist ein kompliziertes Kalendersystem, bei dem ein heiliger Zyklus von 260 Tagen und das Sonnenjahr mit 365 Tagen ineinander greifen. Andere Charakteristika sind die Hieroglyphenschrift, Bücher aus Rindenpapier oder Hirschlederhaut, die nach der Art eines Leporello zusammengefaltet wurden, Landkarten, umfassendes astronomisches Wissen, ein basketballähnliches Mannschaftsspiel, das auf einem besonderen Spielfeld mit einem harten Kautschukball gespielt wurde. Darüber hinaus zeichneten sich diese Kulturen durch andere Merkmale aus: Sie hatten riesige, gut organisierte Märkte, Kakaobohnen als Zahlungsmittel, führten Kriege, um Gefangene für rituelle Menschenopfer zu machen, kannten das persönliche Bekenntnis von Vergehen, gefolgt von Bußopfern durch Blutentnahme an Ohren, der Zunge oder am Penis sowie eine Götterwelt von außergewöhnlicher Komplexität.

CODEX FEJERVARY-MAYER

Dieser mixtekische Codex unterscheidet sich in seiner Herstellung von den aus Rindenpapier gefertigten Codices Zentralmexikos: Mineral- oder Pflanzenfarben wurden auf Hirschhautstreifen aufgetragen, dann wurde der Codex wie ein Akkordeon gefaltet.

Die Völker Mesoamerikas pflegten aber auch andere Bräuche, die allen Indianern der Neuen Welt gemeinsam sind, wie das zeremonielle Tabakrauchen. Ihre typische Art der Essenszubereitung war hingegen einzigartig.

Die Nahrungsgrundlage bildeten vier Pflanzen: Mais, Bohnen, Kürbis und Chili. Der Mais wurde damals wie heute mit Kalk gekocht. Die aufgequollenen Körner wurden dann mit einem Handreibstein auf einem trog- oder sattelförmigen Mahlstein gemahlen. Aus dem entstandenen Teig wurden entweder dünne Fladen, die *Tortillas*, gebacken oder *Tamales* gekocht. Eine Feuerstelle bestand in Mesoamerika immer aus drei Steinen; sie galt damals wie heute als symbolischer Mittelpunkt der Welt und ist deshalb ein heiliger Ort.

Der geographische Rahmen

Auf der Landkarte gleicht Mexiko einem großen Trichter oder vielmehr einem Füllhorn, das sich nach Norden weit öffnet und nach Südosten hin in einer schmalen Biegung ausläuft. Dort schließt sich das ausgedehnte Gebiet der Maya an. Nur wenige Regionen der Erde weisen so vielfältige Landschaftsformen auf. Mexiko vereint alle klimatischen Extreme der Erde, von arktischer Kälte auf den Gipfeln der höchsten Vulkane bis hin zu feuchtheißen Temperaturen in den Regenwäldern. Bei der Fahrt von einem Tal in ein anderes begegnet der Reisende völlig unterschiedlichen ökologischen Bedingungen.

Eine solche Vielfalt von Landschaftsformen und Klimazonen lässt auf ähnliche Unterschiede bei den Natur- und Anbauprodukten in den einzelnen Regionen schließen – das gilt vor allem für die große Anzahl an Feldfrüchten mit ihren verschiedenen Erntezeiten. Diese Verschiedenheiten haben auch zur Folge, dass keine Region jemals wirklich selbstversorgend war oder ist. Seit frühester Zeit waren die einzelnen Gebiete und damit die verschiedenen Völker zwangsläufig miteinander verbunden.

Die Völker Mexikos lebten durch den Austausch ihrer Produkte in einer Art Symbiose und bildeten eine gemeinsame Entwicklungslinie, unabhängig davon, wie heterogen ihre Sprachen und Kulturen gewesen sein mögen. Aus diesem Grund konnten innerhalb von vergleichsweise kurzen Zeiträumen erhebliche Fortschritte in der gesamten Region erzielt werden.

Der Popocatepetl
Der immer noch aktive Vulkan von rauer Schönheit verkörpert seit präkolumbianischer Zeit die Kraft einer Landschaft, die Schauplatz zahlreicher Naturkatastrophen war.

Weite Teile des Landes liegen auf über 900 Meter Höhe, und es gibt nur wenige Ebenen. Das mexikanische Hochland, der wichtigste Schauplatz dieses Bandes, erhält seine Form durch die Bergketten, die von Norden her das Land durchziehen, durch die dazwischen liegenden Hochtäler und die zahlreichen Vulkane, deren Kegel erst in geologisch jüngerer Zeit entstanden sind. Die Westliche Sierra Madre, eine Fortsetzung der Rocky Mountains, ist davon das höchste und breiteste Gebirge; zwischen ihren kiefernbewachsenen Hängen und denen der Östlichen Sierra Madre liegt ein gewaltiges Hochplateau, eine weite mit Mesquitbäumen bewachsene Graslandschaft, die an manchen Stellen einen wüstenähnlichen Charakter zeigt. Außerhalb der Grenzen der mesoamerikanischen Anbaugebiete war das mexikanische Hochland die Heimat von nomadisierenden Jägern und Sammlern. Nach Süden laufen die beiden Sierras aufeinander zu, bis das Ödland etwa 500 Kilometer nördlich des Hochtals von Mexiko endet.

Die Hochebene von Mexiko, das Zentrum des Aztekenreiches, ist eines von zahlreichen natürlichen Becken in einer ausgedehnten Region mit ausgeprägtem Vulkanismus und häufig vorkommenden Erdbeben. Auf einer Höhe von 2700 Metern erstreckt sich das Tal über eine Fläche von fast 8000 Quadratkilometern. Einst bedeckte ein heute fast vollständig ausgetrockneter flacher See weite Teile davon. An seinen fruchtbaren sumpfigen Ufern, den fälschlicherweise als „schwimmende Gärten" bezeichneten *Chinampas*, bauten die Azteken Feldfrüchte an und erzielten dabei hohe Erträge.

Im Südosten des von Gebirgszügen umgebenen Hochtals erheben sich die Vulkane Popocatepetl (*Der rauchende Berg*) und Iztaccihuatl (*Die weiße Dame*), die mit ihren schneebedeckten Gipfeln das Landschaftsbild bestimmen. Auf dem mexikanischen Hochplateau herrschen in der Regel mäßige Temperaturen, auch wenn es gelegentlich schneien kann. Vor der Abholzung durch den Menschen wuchsen hier Kiefern und Eichen, in den höheren Regionen sogar nordische Wälder. Wie in ganz Mexiko gibt es zwei stark ausgeprägte Jahreszeiten – eine Trockenzeit im Winter mit sehr wenig Niederschlag und eine Regenzeit im Sommer. Die Niederschläge entsprechen nicht einmal der Hälfte der Regenfälle im Tiefland, und es kann dort sogar zu Dürreperioden kommen.

Das Tiefland besteht aus einem relativ schmalen Streifen entlang der Küsten und hat am Golf von Mexiko die größte Ausdehnung. Dieses schmale Band, ursprünglich Schwemmland, erstreckt sich ohne Unterbrechung von Louisiana und Texas durch die mexikanischen Bundesstaaten Tamaulipas, Veracruz und Tabasco bis hin zur Halbinsel Yucatán. Für die Entwicklung sesshaften Lebens und die Entstehung der Zivilisation in Mexiko war es von entscheidender Bedeutung. Die Landenge Tehuantepec mit ihren sanft gewellten Hügeln und träge dahinfließenden Flüssen verbindet die Golfküstenebene mit der schmaleren und weniger feuchten Pazifikküste.

Ackerbau und Jagd

Im Tiefland herrschen das ganze Jahr hindurch sehr hohe Temperaturen, außer wenn Nordwinde über die Golfküste hereinbrechen, die kalten Regen mit sich führen. Im Sommer kann der Regen so heftig sein, dass er vielerorts den Boden stark auslaugt. Zurück bleibt eine mineralstoffarme rote Erde. Treten die Flüsse durch diese Sommerregen über die Ufer, werden die Böden mit Schlick angereichert und können dadurch sehr fruchtbar werden. Die Trockenzeit im Winter ist so stark ausgeprägt, dass viele tropische Bäume die Blätter verlieren. Dort, wo mit dem Nordwind im Winter viel Niederschlag fällt, stößt man auf üppigen Regenwald. Das zuweilen breitflächige, mit Savannensteppe bewachsene Tiefland war für die Bauern, die den Pflug noch nicht kannten, ohne Nutzen.

So haben sich im Verlauf der Jahrtausende unterschiedliche, den jeweiligen Gegebenheiten angepasste Methoden des Ackerbaus entwickelt. Hochlandbauern können ihr Land recht intensiv nutzen, da die Felder nur kurze Brachezeiten brauchen. Viele Ackerbauern im Tiefland dagegen, die

DER HUND: AUF DEM TELLER UND IM SARG

In Mesoamerika hatte man nur selten Haustiere: weder Pferde noch Rinder und nicht einmal Lamas wie bei den Völkern der Andenwelt. Der offensichtliche Mangel an Last- und Zugtieren hatte zweifellos Konsequenzen für das Transport- und Verkehrswesen sowie für den Handel. Das bedeutet aber nicht, dass es überhaupt keine Haustiere gab. Zu den domestizierten Arten zählten der Truthahn und andere Vögel, Bienen und vor allem der Hund *(Canis familiaris)*. Er war mit dem Menschen aus Asien eingewandert und hatte neue Rassen ausgebildet. Typisch für Mesoamerika war der Nackthund, Itzicuintli, der mit dem *Canis africanus* verwandt ist.

Das kleine, feiste Tier war zugleich Haustier und Nahrungsquelle. An den ältesten Fundstellen befanden sich unter den Müllresten Knochen, die auf einen Verzehr von Hundefleisch hindeuten. Der Hund war aber nicht nur Teil der menschlichen Ernährung, sondern er hatte auch eine große rituelle Bedeutung, wie unzählige Darstellungen zeigen.

Er begleitete die Toten auf ihrer letzten Reise, das bedeutet, er wurde mit begraben. Als Geschöpf der Nacht und treuer Begleiter des Menschen war der Hund außerdem der Partner von Xolotl, dem Zwillingsbruder von Quetzalcóatl, der Gottheit des Abends und der Nacht.

ZENTRALES HOCHLAND
In Mexiko sind drei Klimazonen zu finden: trockenheiße Gebiete, gemäßigte Regionen und mit Schnee bedeckte Vulkane, an deren Fuß im fruchtbaren Hochland die landestypische Pflanze Maguey wächst.

mit riesigen Wäldern, geringem Bodenpotenzial, stark wucherndem Unkraut und Trockenheit in den Wintermonaten zu kämpfen haben, entwickelten eine Art des Wanderfeldbaus. Auf dem einzusäenden Land wird der Wald abgeholzt und verbrannt. Für den Lebensunterhalt einer einzigen Familie ist dabei ein sehr großes Terrain erforderlich, da ausgelaugte Felder bis zu zehn Jahre brachliegen müssen. Mit dieser Art der Nahrungsbeschaffung war es nicht möglich, viele Menschen zu ernähren, und man nimmt an, dass weite Teile des Tieflands immer dünn besiedelt waren.

Wildtiere, deren Bestand im heutigen Mexiko Besorgnis erregend dezimiert ist, gab es damals in großer Zahl. Die wichtigsten für die Ernährung gejagten Tiere waren der Weißwedelhirsch und das Halsbandpekari, die in allen Regionen heimisch waren. Ausschließlich im Tiefland leben Tapire, Brüll- und Spinnenaffen, die auch heute noch von den Indianern als besondere Leckerbissen geschätzt werden. Das Tiefland ist auch die Heimat des inzwischen selten gewordenen Jaguars, dessen Fell bei den Würdenträgern des zivilisierten Mexiko heiß begehrt war. Wasservögel, vor allem Enten, kommen in großer Zahl auf den Seen und in den Sümpfen der Hochebenen vor, während wilde Truthähne die abgelegeneren Gebiete des Landes vorziehen. Federn von tropischen Vögeln wie dem Cotinga, dem Rosalöffler, dem Kolibri und vor allem dem Quetzal mit seinem schil-

lernden blaugrünen Federkleid lieferten die regenbogenfarbene Pracht für Kopfputz und andere Accessoires. In den größeren Hochlandseen wie dem Pátzcuaro-See in Michoacán und dem großen See des Hochtals von Mexiko wimmelte es von kleinen Fischen. Die Tieflandflüsse und Küstengewässer waren so reich an Barsch, Snapper und Schildkröten, dass diese Ressourcen für die frühe Bevölkerung einen höheren Anteil an der Ernährung hatten als Säugetiere.

In der Neuen Welt gab es keine Wildart, die sich als Zugtier eignete. Das einheimische amerikanische Pferd war gegen Ende der Eiszeit ausgerottet. Das südamerikanische Lama wurde nur als Packtier eingesetzt. Fahrzeuge mit Rädern waren den Indianern vor Ankunft der Europäer unbekannt. Obwohl das Prinzip des Rades bekannt schien und bei Spielzeugen und Götterfiguren aus Ton zu finden ist, erfolgte der gesamte Überlandtransport im alten Mexiko auf dem Rücken von Männern. Die einzigen Warmblüter, die als Haustiere gehalten wurden, waren Hunde und Truthähne, die beide ihres Fleisches wegen geschätzt wurden. Im tropischen Tiefland wurde auch der Honig einer winzigen, stachellosen Biene gesammelt.

Sprachen und Völker

Im präkolumbischen Mexiko wurden erstaunlich viele Sprachen gesprochen. Die linguistische Forschung hat sie systematisch geordnet, wobei für Mesoamerika 14 Sprachfamilien definiert werden. Die wichtigste davon ist *Uto*-Aztekisch, die größte und für die Geschichte Mexikos wohl auch die bedeutendste Sprachfamilie. Sie umfasst Dutzende von Sprachen, die vom Nordwesten der Vereinigten Staaten bis hinunter nach Panama gesprochen werden.

Da die größte Vielfalt innerhalb dieser Familie im Nordwesten Mexikos anzutreffen ist, geht man davon aus, dass diese wilde Region das Kernland der utoaztekischen Völker war. Die größte Sprachengruppe innerhalb des Uto-Aztekischen ist das *Nahua. Nahuatl,* ein Dialekt des *Nahua,* war die Umgangssprache der Azteken im gesamten Reich. Noch heute sprechen mehrere hunderttausend Bauern im zentralen Hochland Mexikos und im Staat Guerrero *Nahuatl.*

GRABURNE
Diese polychrome Keramik eines Jaguars zeigt uns durch ihre Größe von 85 cm und die präzise Art der Darstellung, wie gut die Künstler von Monte Albán das Töpferhandwerk beherrschten.

Taraskanisch oder *Purépecha*, die Sprache eines großen unabhängigen Königreichs zur Zeit der Azteken am Pátzcuaro-See im westlichen Teil der vulkanischen Kordilleren, ist mit keiner anderen Sprache der Welt verwandt. *Otomí-Pame* war die Sprache jener Völker, die im Norden des Hochtals von Mexiko als Halbnomaden lebten. *Totonakisch* wird an der mittleren Golfküste gesprochen, vor allem in der Region der alten *Tajín*-Kultur. *Mixtekisch* und *Zapotekisch* sind die Sprachen, die im Staat Oaxaca im südlichen Mexiko dominieren, und schriftliche Aufzeichnungen in Zapotekisch reichen mindestens bis ins 4. Jh. v. Chr. zurück. Die Sprachfamilie *Mixe-Zoque* erstreckt sich vom Isthmus von Tehuantepec bis zur Grijalva-Senke. Hierbei könnte es sich um die Sprache der alten *Olmeken* gehandelt haben. *Huave* war und wird von primitiven Fischern an der Pazifikküste der Landenge gesprochen. Im Osten schließt sich die große Gruppe der Maya-Sprachen an; innerhalb dieser Familie gibt es eine rätselhafte Sprache, das *Huaxtekisch*, das an der Golfküste nördlich von Totonakisch gesprochen wird und diesem Gebiet den Namen Huaxteca gegeben hat. Wie das Huaxtekisch einst dorthin gelangte, ist wissenschaftlich nicht geklärt. Forschungen im Rahmen der Glottogonie, einem Zweig der Linguistik, lassen darauf schließen, dass sie sich um 900 v. Chr. von der Hauptgruppe der Maya-Sprachen absonderte. Welche Bedeutung das für die Entwicklung der mesoamerikanischen Kulturen gehabt haben könnte, ist noch unklar.

Uto-Aztekisch breitete sich in fast ganz Mexiko aus; isolierte Nahua-Sprachinseln selbst im südlichen Zentralamerika, Nahua-Ortsnamen und Nahua-Begriffe in vielen anderen Sprachen zeugen von großen Wanderbewegungen. Es ist bekannt, dass Nahua-Eroberungen und -Wanderbewegungen lange vor dem Imperialismus der Nahuatl sprechenden Azteken stattgefunden haben, Ereignisse, von denen auch die traditionelle Geschichtsschreibung dieser Völker Zeugnis ablegt.

SPRACHEN UND SCHRIFTEN
Der großen Menge von Sprachfamilien entsprach auch die Anzahl von Schriften – hier eine präklassische zapotekische Stele aus Monte Albán.

Epochen

Die Azteken, die die spanischen Eroberer und Missionare antrafen, wussten, dass vor ihnen bereits andere Völker auf mexikanischem Boden gelebt hatten. Sie erzählten den Spaniern, dass sie Nachfahren eines wunderbaren Volkes seien, das sie *Tolteken* oder auch *Volk von Tollan* nannten. Vor dieser Epoche existierte ein mystisches Traumreich, das unter dem Namen *Tamoanchan* bekannt war, ein Paradies, das von den Göttern und den Vorfahren der Menschen bewohnt war. Außerdem verkündeten die aztekischen Gelehrten, die Welt sei schon viermal erschaffen und wieder zerstört worden, und wir befänden uns nun im fünften Zeitalter, dem Zeitalter der Sonne, das aber auch dem Untergang geweiht sei. Die Azteken wussten von der Ruinenstadt Teotihuacán im Nordosten ihrer Inselhauptstadt; sie sagten, die Götter hätten sich dort zusammengefunden, um unser ge-

DIE AZTEKEN ALS ARCHÄOLOGEN

Der aztekische Mythos von der Fünften Sonne erzählt, wie die Götter sich in Teotihuacán trafen, um unsere Welt zu schaffen. Zwei von ihnen wurden auserwählt, sich auf einen Scheiterhaufen zu werfen, um dadurch Sonne und Mond zu gebären. Der Mythos impliziert, dass die Azteken von der Existenz älterer Völker wussten. Sie waren als letztes Volk in die Ebene von Mexiko gekommen. Auf ihrer Reise an Tula vorbei waren sie auf andere Völker getroffen, die seit langem sesshaft gewesen waren. Die Existenz einer Vorzeit, die oft mythisiert wurde, war Teil des aztekischen Denkens. Die Azteken beschränkten sich jedoch nicht auf die Erinnerung und Überlieferung, sondern forschten offenbar nach Zeugnissen früherer Welten. So waren unter den Opfergaben für den Großen Tempel beispielsweise Mezcala-Figuren, Masken aus dem Teotihuacán der klassischen Periode und eine präklassische olmekische Maske.

Natürlich könnte es sich dabei um zufällige Funde gehandelt haben, denen die Azteken keinen Altertumswert zuschrieben, wenn man nicht wüsste, dass sie tatsächlich in Tula und Teotihuacán Grabungen vorgenommen haben.

Auf der Suche nach Kunstobjekten, die ihr kulturelles Erbe bereichern und in eine kontinuierliche Entwicklung eingebettet werden sollten, haben sie auch Architekturformen und Ornamente entdeckt, die sie imitierten. Der Rote Tempel in der heiligen Stadt greift den Wechsel von Neigung und Ebene aus Teotihuacán auf, ohne auf die Konstruktionsweise Rücksicht zu nehmen. Am Adlerhaus von Tenochtitlán sind Friese angebracht, die an die des Palasts von Tula erinnern. Man kann also von einer aztekischen Archäologie sprechen, das heißt von einer Archäologie, wie sie auch in der Alten Welt praktiziert wurde.

genwärtiges Zeitalter und die Sonne als Lebensspender zu erschaffen. Erst in den frühen Jahrzehnten des 20. Jh. konnte die archäologische Forschung die Vorgeschichte Mexikos und seiner Völker in groben Zügen darlegen. Die erste Ausgrabung im Hochtal von Mexiko, die Schicht für Schicht vorgenommen wurde, belegte nicht nur, dass Teotihuacán lange vor den Azteken entstanden war, sondern auch, dass die Teotihuacán-Kultur auf den Überresten einer einfacher strukturierten Kultur eines Volkes von Töpfern basierte.

AUSGRABUNGEN IN TEOTIHUACÁN
Nur durch Grabungen ist es möglich, eine Chronologie der entdeckten Gegenstände zu erstellen. Dass dies manchmal nicht ungefährlich ist, zeigt dieses Beispiel einer Grabung.

Wie früh sind diese präaztekischen Kulturen anzusiedeln? Diese Frage ließ sich erst mit der Entwicklung der Radiokarbontechnik Mitte des 20. Jh. beantworten. Einige dieser frühen Kulturen sind bis auf die Anfänge des 1. Jt. v. Chr. zurückzudatieren, während die Teotihuacán-Kultur zeitgleich mit der frühen klassischen Epoche der Maya (250 bis 900) ihre Macht entfaltete.

Allgemeine Einigkeit herrscht im Hinblick auf die einzelnen Entwicklungsstufen im präkolumbischen Mexiko. Die erste Besiedlung trägt den Namen Frühe Jäger und reicht von der Zeit der ersten Einwanderer in dieses Gebiet bis ca. 7000 v. Chr. In dieser Zeit lebten die Menschen in sehr kleinen nomadisierenden Gruppen, jagten Großwild und sammelten Wildfrüchte. Während der folgenden archaischen Periode begannen die Vorfahren der Mexikaner mit der Kultivierung dieser Nahrungspflanzen, hauptsächlich Mais, der zur Nahrungsgrundlage aller nachfolgenden Zivilisationen in dieser Hemisphäre wurde. Mit Einführung der Töpferei und den ersten dörflichen Strukturen um 1800 v. Chr. beginnt die vorklassische Epoche, die ca. 150 n. Chr. endet. In diese Phase fällt die Blütezeit der Olmeken und anderer früher Zivilisationen. Die unmittelbar daran anschließende klassische Epoche bildet den Höhepunkt der mexikanischen Kulturen mit dem Aufstieg und Fall mächtiger Staaten wie Teotihuacán, Monte Albán und El Tajín sowie der großen Maya-Städte im Regenwald.

Bis 900 n. Chr. waren diese Staaten ausgelöscht oder im Untergang begriffen. Ihnen folgten die militaristischen Staaten der Postklassik, beginnend mit den Tolteken bis zu den Azteken. Als die aztekische Kultur im Jahr 1519 von den Spaniern entdeckt wurde, stand sie in voller Blüte. 1521 wurde sie von den Eindringlingen zerstört – und dieses Ereignis markiert das tragische Ende der über 15 000 Jahre alten indianischen Frühgeschichte.

KAPITEL 2

Frühe Jäger

Die ersten Völkerwanderungen

Hoch oben an den Hängen der Berge, die das Hochtal von Mexiko umschließen, zeichnen sich deutlich sichtbar die Spuren von Ufersäumen ab, die der riesige See, der einst weite Teile der Ebene bedeckte, hinterlassen hat. Schon allein daraus lässt sich schließen, dass andere Niederschlagsbedingungen geherrscht haben müssen als heute oder auch schon zu Zeiten der Azteken. Eine eingehende Untersuchung von fossilem Blütenstaub, der durch tiefe Bohrungen gewonnen wurde, zeigt, dass die jährliche Niederschlagsmenge vor vielen tausend Jahren sehr viel höher gewesen sein muss und seither drastisch abgenommen hat.

Wollen wir diese Veränderungen verstehen, müssen wir uns um mehr als zwei Millionen Jahre zurückversetzen. Damals veränderte sich aus Gründen, über die sich die Geologen nach wie vor nicht einig sind, das allgemein warme und feuchte Klima auf dem Erdball grundlegend, und die Eiszeit (Pleistozän) setzte ein. Die Temperaturen fielen, und es begann heftig zu schneien. Ungeheure Schneemengen lagerten sich nun auf den sich immer höher auftürmenden Bergflanken im Norden ab. Sie formten sich zu massiven Eisplatten, die sich einen Weg über weite Teile des alten nördlichen, eurasischen Kontinents und Nordamerikas nach Süden bahnten. Während dieser Eiszeit gab es zahlreiche Gletscherbewegungen. Unterbrochen wurde die Kälteperiode immer wieder durch längere Zeiträume mit warmem Wetter, in denen mäßigere Klimabedingungen vorherrschten.

In südlicheren Regionen wie Mexiko wirkte sich der Vorstoß der Eismassen aus dem Norden vermutlich in Form von längeren Regenperioden aus, das heißt, es setzten regenreiche, kühle Zeiten ein, die sich mit sehr trockenen Phasen abwechselten. Der riesige See im Hochland entstand und so konnten sich auch die urzeitlichen Strände im Hochtal von Mexiko entwickeln.

DIE WAFFEN DER GROSSEN JÄGER
Große Faustkeile wurden aus Feuerstein oder Obsidian gefertigt. Sie waren fein geschnitten und gefeilt und eigneten sich für die Jagd auf Mammuts und Pferde.

Wann die ersten Menschen ihren Fuß auf diesen Erdteil gesetzt haben, lässt sich nach wie vor nicht mit abschließender Sicherheit bestimmen. Die letzte größere Eiszeit setzte vor rund 50 000 Jahren ein und endete, begleitet von vielen klimatischen Schwankungen, vor etwa 9000 Jahren. Große Regenmengen wurden in Form von Eis gebunden. Als Folge daraus sank der Meeresspiegel um etwa 60 Meter unter den heutigen Stand; dadurch wurde eine mindestens 1600 Kilometer breite Landbrücke zwischen Sibirien und der Westküste Alaskas freigelegt. Obwohl weite Teile Nordamerikas in jener Zeit unter einer enormen Eisschicht begraben lagen, waren die Landbrücke, der Westen von Alaska und das Yukon-Tal eisfrei. Viele der frühesten nomadisierenden Jäger – so kann man aus diesen Erkenntnissen schließen – sind wahrscheinlich von Asien über die baumlose, kahle Tundralandschaft des heutigen Sibirien nach Nordamerika eingewandert.

Die Neue Welt muss für die ersten Jäger ein unberührtes Paradies gewesen sein. Gigantische Herden großer Weidetiere wie Mammuts, Mastodone, Kamele, Pferde und Riesenbisons durchstreiften die beiden Subkontinente. Unter solch idealen Bedingungen konnte die Bevölkerung vermutlich recht schnell wachsen und sich ausbreiten. Radiokarbonmessungen belegen, dass an der Magellanstraße um 9000 v. Chr. Faultiere, Pferde und Guanacos vom Menschen gejagt wurden, und es ist sehr wahrscheinlich, dass weite Teile Südamerikas bereits lange vor diesem Datum bevölkert waren.

Die frühesten der Wissenschaft bekannten Spuren menschlichen Lebens in Nordamerika stammen von einer sehr einfachen Kultur von Jägern und Sammlern, deren Werkzeuge zumeist grob behauene Steingeräte waren.

Um 9500 v. Chr. hatte jedoch mit der Erfindung einer durch Schlag und Druck fein bearbeiteten Steinspitze vom so genannten *Clovis*-Typ ein großer technischer Fortschritt stattgefunden. Diese Clovis-Spitzen haben, ausgehend von der Basis, eine breite Kannelierung auf einer oder auch auf beiden Seiten. Um diese Kehlung herzustellen, wurden die langen, schmalen Steinstücke mittels einer Technik entfernt, die bislang noch nicht nachempfunden werden konnte. Clovis-Spitzen sind in weiten Teilen Nordamerikas gefunden worden, von Alaska bis hinunter nach Panama.

Im amerikanischen Südwesten tauchte etwa 8000 v. Chr. die Folsom-Spitze auf, die eine Weiterentwicklung der Clovis-Spitze darstellt und durch eine feinere Bearbeitung charakterisiert ist. Die Kannelierung ist breiter und länger und bedeckt fast die gesamte Oberfläche des Stücks, die Basis ist breiter und eingedellt. Es wird davon ausgegangen, dass all diese Spitzen aufgrund ihrer Größe und ihres Gewichts als Projektilspitzen für Speere dienten, die mithilfe einer Speerschleuder (*Atlatl*) abgeschossen wurden. Ein mit dem *Atlatl* geschleuderter Speer erreichte die 15fache Geschwindigkeit und die 200fache Aufschlagkraft eines handgeworfenen Speers. Daher überrascht es nicht, dass der *Atlatl* bis zur Eroberung durch die Spanier eingesetzt wurde.

Pfeil und Bogen wurden erst spät in Mexiko bekannt und in vielen Gebieten überhaupt nicht verwendet. Natürlich gehörten diese Werkzeuge zur Ausrüstung von Völkern, die keinen Ackerbau kannten und in erster Linie von der Jagd und dem Sammeln von Wildfrüchten lebten. Diese Art der Nahrungsbeschaffung verhinderte ein Bevöl-

DIE URSPRÜNGE DER BESIEDLUNG MESOAMERIKAS

Die Diskussion über die Ursprünge des amerikanischen Menschen bleibt weiter offen und führt zu immer neuen, manchmal erbitterten Kontroversen. Zwar stimmen alle darin überein, dass die ersten Menschen über die Beringstraße aus Asien einwanderten, doch über den Zeitpunkt herrscht Unklarheit. Während die einen meinen, dass die Einwanderung erst vor rund 10000–12000 Jahren erfolgt ist, vertreten andere Wissenschaftler die Ansicht, die ersten Menschen seien schon vor 30000–40000 Jahren nach Amerika eingewandert. Für den Menschen von Tepexpan, eine Frau, erbrachten Datierungen ein Alter von 10000–12000 Jahren. Diese Datierung ist allerdings umstritten, vieles deutet darauf hin, dass die Frau erst später gelebt hat. Außer wenigen Spuren aus dem Tal von Tehuacán und dem Fund einiger steinzeitlicher Faustkeile gibt es kaum Hinweise auf eine frühe Präsenz des Menschen.

Andere Ausgrabungsarbeiten haben zu deutlich älteren Datierungen geführt. An der Grabungsstätte von Tlapacoya I in der Ebene von Mexiko hat die Anwendung der Radiokarbonmethode ein Alter von rund 20000 Jahre ergeben. Andere Datierungen sind noch älter. So wurden während der Errichtung eines Staudamms bei Valsequillo in der Ebene von Puebla Grabungen durchgeführt. Die Datierungen der Fundstücke liegen noch um einige Jahrtausende früher.

Derzeit richtet sich die Aufmerksamkeit vor allem auf die Grabungsstätte von El Cedral bei San Luis Potosi. Dort haben Forscher zwischen den Knochen ausgestorbener Großtiere eine Wohnstätte und einfache Werkzeuge gefunden. Reicht das als Beweis? Sollte das der Fall sein, wäre das mit einer Radiokarbondatierung von 31000 v. Chr. das früheste Zeugnis menschlicher Präsenz in Mesoamerika.

kerungswachstum über die Größe eines kleinen Stammesverbands hinaus. Die gesamte Neue Welt vor 7000 v. Chr. zählte wohl zu keinem Zeitpunkt mehr als eine halbe Million Bewohner, von denen 30 000 in Mexiko lebten.

In der späten Eiszeit bot Mexiko ein vollkommen anderes Landschaftsbild als heute. Damals regnete es in Regionen, in denen heute kaum ein Tropfen Wasser fällt, und viele Halbwüsten müssen ein einziges Grasmeer gewesen sein. Der große See im Hochtal von Mexiko, die wichtigste archäologische Fundstätte für die Epoche der Frühen Jäger, war zu jener Zeit wesentlich breiter und tiefer als heute.

Die Jäger im mexikanischen Hochtal

Wie das Leben und die Umwelt dieser Jäger aus dem Hochtal von Mexiko zu damaliger Zeit aussah, kann nur in groben Zügen rekonstruiert werden, denn während es einige Zufallsfunde hinsichtlich ihrer Jagdkünste gibt, ist über die Art ihrer Lagerstätten nichts bekannt.

Man weiß, dass das Klima feuchter und kühler war als heute und dass die jetzt öden Ausläufer des Tals mit Kiefernwäldern bedeckt waren. In der Ferne spuckten die jungen Kegel der aktiven Vulkane Rauch, Asche und Lava und störten vermutlich von Zeit zu Zeit den Rhythmus des Lebens der Menschen im Tal, ohne es jedoch ernsthaft zu gefährden.

DER KOJOTE VON TEQUIXQUIAC
Dieser von Menschen bearbeitete Kamelschädel aus der Zeit der frühen Jäger ist das älteste Kunstwerk Mesoamerikas. Er erinnert an das Gesicht eines Kojoten, einem in Mexiko sehr bekannten Tier.

Das majestätische Mammut scheint die sumpfigen Ufer des großen flachen Sees bevorzugt zu haben. Für eine Gruppe organisierter Jäger dürften diese Riesen eine verhältnismäßig leichte Beute gewesen sein. Bewaffnet mit Speeren, die sie mit *Atlatls* schleuderten, und ausgerüstet mit Steinmessern und anderen Schlachterwerkzeugen trieben die Jäger die schweren Giganten in seichtes Wasser, wo sie im schlammigen Seeboden hoffnungslos stecken blieben. Dort wurden die Mammute dann getötet. Das war angesichts des Risikos, von den beachtlichen Stoßzähnen der eingekreisten Tiere aufgespießt zu werden, sicherlich nicht ganz ungefährlich – das Erlegen eines Mammuts nur mit Speeren erforderte immer eine gehörige Portion Mut.

Es wäre jedoch falsch, diese Epoche als eine Zeit zu verstehen, in der die Menschen ausschließlich Großwild wie das Mammut jagten, um zu existieren. Tatsächlich stammen die meisten Knochenfunde und anderen Überreste, die man an den damaligen Wohnstätten gefunden hat, von relativ kleinen Tieren wie Nagern, Schlangen, Schnecken und Muscheln. Die Menschen sammelten und verzehrten alles, was essbar war, und kannten vermutlich auch sehr magere Zeiten. Wie bei den heutigen Pygmäen, die in der afrikanischen Savanne ebenfalls Elefanten jagen, muss eine erfolgreiche Jagd ein kurzes Fest bedeutet haben, bei dem sich alle maßlos den Bauch vollschlugen und danach wieder für lange Zeit mit dem auskommen mussten, was sie auf ihren täglichen Streifzügen fanden.

Kapitel 3

Die archaische Epoche

Die Zivilisation in der Wüste Nordamerikas

Der Hund von Colima
Hunde waren nicht nur ein beliebtes Nahrungsmittel, sie stellten auch die Verbindung zwischen Toten und Lebenden her. Sie führten den Verstorbenen auf seiner Reise ins Jenseits und sind daher häufig als Grabbeigabe zu finden.

Nach 7000 v. Chr. folgte auf den letzten Vorstoß des Eises ein Zeitraum von etwa 6000 Jahren, in dem nahezu anhaltend hohe Temperaturen herrschten – an einigen Orten bis zu 2 °C über den heutigen Durchschnittswerten. Für Westeuropa war dies eine Zeit mit optimalem Klima. Die Bewohner der an den Atlantik grenzenden Gebiete fanden ein wesentlich feuchteres und auch wärmeres Klima als heute vor, vermutlich sogar die mildesten Wetterbedingungen, die in jenen Regionen jemals herrschten. Solch günstige Bedingungen waren weltweit nahezu einzigartig. Allerdings bescherte diese Klimaphase weiten Teilen Nordamerikas eine lang anhaltende Dürre. Während sich im feuchten Europa riesige Eichenwälder ausbreiteten, verwandelten sich große Flächen der Neuen Welt in wüstenartiges Ödland.

Erstaunlich ist, dass selbst in den Gebieten Nordamerikas, die von größter Trockenheit betroffen waren, weiterhin Menschen lebten, obwohl kurz nach Beginn dieser Periode eine Großwildart nach der anderen ausstarb. Zu den Tierarten, die um diese Zeit verschwanden, gehören beispielsweise das Mastodon, das Mammut, das Pferd (es wurde erst von den spanischen Entdeckern wieder eingeführt), das Kamel, der Riesenbison, das Boden-Faultier und der Wolf.

Aber die Bewohner Amerikas überlebten. Neue Werkzeuge, insbesondere Geräte zum Mahlen von Nahrungsmitteln, neue Jagdmethoden, andere Nahrungsquellen, vielleicht auch andere Wohnbauten – das alles ermöglichte es den Menschen, sich an die radikal veränderten Lebensbedingungen anzupassen.

Diese neue Stufe der kulturellen Anpassung durch die Bewohner der Neuen Welt wird von der Wissenschaft heute als die archaische Epoche bezeichnet und entspricht dem so genannten Mesolithikum (Mittelsteinzeit) im westlichen Teil der Alten Welt. Die Indianer, die nicht mehr über die reichen Jagdgründe ihrer Vorfahren aus der Eiszeit verfügten, konzentrierten sich in kleinen Gruppen auf wirkungsvollere Methoden bei der Jagd auf Kleinwild, auf den Fischfang und das Suchen von Muscheln und Schnecken, sowie in einem immer stärkeren Umfang auf das Sammeln von ganz bestimmten essbaren, wild wachsenden Pflanzen.

DIE HÖHLE DER PFEILE (SÜDKALIFORNIEN)
Die außergewöhnlichen Wandmalereien in dieser von Jägern und Sammlern bewohnten Welt stellen stilisierte Menschenfiguren in Lebensgröße dar. In ihnen spiegeln sich die Glaubensvorstellungen der Nomaden des Nordens wider.

In den Halbwüsten des Großen Beckens und im Südwesten Nordamerikas lebten die Jäger und Sammler der Archaik in Höhlen und unter freiem Himmel. Sie hielten sich in der Nähe der austrocknenden Seen oder an Sickerstellen auf. Die Lebensform in dieser unwirtlichen Umgebung wird als Wüstenkultur bezeichnet und wurde von den nomadisierenden Indianern des Großen Beckens bis ins 19. Jh. beibehalten. Zu den Merkmalen dieser Kultur gehörten eine spärliche Bevölkerungsdichte, das Leben in Höhlen oder Felskammern, die Subsistenzwirtschaft – das heißt, die Menschen nutzten die je nach Jahreszeit vorhandenen Nahrungsressourcen, beispielsweise Kaninchen, Wildfrüchte oder auch Insekten – und die Verarbeitung von Pflanzen auf einem flachen Mahlstein. Charakteristische Gegenstände dieser Kultur sind Korbflechtwaren, Matten und Sandalen, Speere mit relativ kleinen bearbeiteten Steinspitzen, die mit dem *Atlatl* geschleudert wurden, sowie eine Vielzahl von grob gefertigten Schabern, Hackbeilen und anderen Gerätschaften. Schließlich taucht der Hund am Anfang dieser Periode zum ersten Mal in

Nordamerika auf. Die interessanteste Frage für die Wissenschaft ist aber: Wo, wann und wie wurden die Hauptnahrungspflanzen von der amerikanischen Urbevölkerung kultiviert? Denn erst der Anbau von Mais, Kürbis und Bohnen ermöglichte die Entwicklung der Hochkulturen Mexikos.

Die Ursprünge mexikanischer Kulturpflanzen

Die Azteken glaubten, dass *Quetzalcoatl*, den sie als Held und Gott verehrten, der die Menschheit mit seinem Blut geschaffen hatte, sich einst in eine Ameise verwandelte, um ein einzelnes Maiskorn von dem Vorrat zu stehlen, den das Ameisenvolk in einem Berg versteckt hatte. Das brachte er den Menschen, damit sie zu essen hatten. Der Mais war und ist die eigentliche Grundlage des sesshaften Lebens in Mexiko und darüber hinaus in allen präkolumbischen Zivilisationen der Neuen Welt. Diese Tatsache gab Anlass zu zahlreichen Spekulationen über die Herkunft dieser wichtigsten Nahrungspflanze.

Die Forschungen der Botaniker haben sich auf eine merkwürdige Varietät namens Spelzmais konzentriert, eine Sorte, die auf primitiven Maisfeldern in Südamerika zu finden war. Anders als beim modernen Mais sind die Körner des Spelzmaises vollständig von Spreu umhüllt. Der reife Kolben ist nur teilweise von Blättern umhüllt, sodass sich die Samenkörner, anders als beim kultivierten Mais, ohne menschliche Hilfe ausbreiten können. Der Vorgänger der heutigen Maispflanzen hatte vermutlich viele Eigenschaften des Spelzmaises, aber auch einige Merkmale des Popcornmaises, der kleine, harte Samenkörner hat. Bei den wild wachsenden Vorfahren handelte es sich um eine kleinwüchsige Pflanze mit einem einzigen Stiel, einer weiblichen Blüte (Kolben), die die Samenkörner nach der Befruchtung trug, und einer männlichen Blüte (Narbenfäden) darüber. Diese Pflanze hat sich auf natürliche Art selbst reproduziert. Wie der heutige Spelzmais hatte sie eine leichte Spreu und im Anfangsstadium eine Hülse.

Für die zahlreichen Veränderungen der Pflanze war offensichtlich eine einzige genetische Abweichung verantwortlich, die verschiedene Auswirkungen haben sollte. Die ursprüngliche Veränderung war eine Rückbildung der Spreu; dadurch wurde Energie zur Entwicklung eines größeren Kolbens mit schwereren Körnern freigesetzt. Das Ergebnis

PFLANZEN, DIE MEXIKO DER WELT SCHENKTE

In der Schule lernt man, dass die Kartoffel aus Südamerika stammt und im 16. Jh. von den spanischen Eroberern nach Europa gebracht wurde – zum Hauptnahrungsmittel entwickelte sich die vielseitige Knollenfrucht jedoch erst ab den Napoleonischen Kriegen. Heute ist sie aus der deutschen Küche nicht mehr wegzudenken, doch vergisst man über ihrer Bedeutung leicht, dass die Entdeckung Amerikas noch weitere Änderungen in Bezug auf unsere Bräuche und Ernährungsgewohnheiten zur Folge hatte.

Zu den zahlreichen Pflanzen, die Mexiko der Welt geschenkt hat, gehört der Tabak. Und was wären unsere Süßigkeiten ohne Kakao und Schokolade, die sich dank der spanischen Eroberer zunächst auf der Iberischen Halbinsel ausbreiteten? Sie kamen durch die spanische Ehefrau Ludwigs XIV. bald auch an den französischen Hof. Der Mais, die Tomate, die Avocado und zahlreiche Gewürze gelangten ebenfalls aus der Neuen Welt auf unsere Tische, und es ist schwer vorstellbar, wie unsere Küche ohne sie aussähe.

Auch im Bereich der Pharmazie und der Medizin lieferte Mexiko wichtige Beiträge. Das mesoamerikanische Arzneibuch enthielt viele Rezepturen, die unser Leben tiefgreifend verändert haben. Man denke an das Chinin, das zur Behandlung von Malaria und zahlreichen anderen Krankheiten und als Fieber senkendes Mittel lange Zeit unerlässlich war.

Ein anderes bemerkenswertes Produkt ist der Naturkautschuk. Das prähispanische *ulli* ist seit den Olmeken bekannt. Es wird aus dem Stamm des Gummibaums gewonnen. Kautschuk ist u. a. ein wesentlicher Bestandteil unserer Autoreifen. Und wenn wir Kaugummi kauen, sollten wir gelegentlich einmal daran denken, dass er vom mesoamerikanischen *chicle* abstammt.

DER ZYKLUS DES MAISES
Auf diesem mixtekischen Codex sind in allegorischer Ansicht das Wachstum und das Absterben von Mais unter göttlichem Einfluss dargestellt. Zuerst wird der Mais von Tlaloc begünstigt, später wird er zum Opfer von Xipe Totec.

dieser Mutation war jedoch eine Pflanze, die als Wildpflanze schließlich nicht mehr überlebensfähig war.

Hier könnte der Mensch auf den Plan getreten sein. Eine Gruppe primitiver Sammler bevorzugte den wilden Mais mit seinen größeren Kolben und brachte ihn mit ins Lager. Dort landeten einige Maiskörner auf den Abfallhaufen des Lagers. Auf diese Weise wären die Mutanten ausgewählt worden, in Form einer bewussten und gleichzeitig unbewussten Kultivierung. Sobald die frühen Amerikaner verstanden, dass die Pflanzen höhere Erträge brachten, wenn das Stück Erde, auf dem sie wuchsen, von Unkraut freigehalten wurde, eröffneten sich neue Wege für den Maisanbau.

Aber wo fanden diese Entwicklungen statt? Fossile Funde, die Licht auf diese Frage werfen, stammen aus Bohrungen im Hochtal von Mexiko. In Ablagerungen, die ein Alter von mindestens 80 000 Jahren haben und daher aus einer Zeit stammen, in der dieser Teil der Erde vom Menschen unberührt war, wurden Pollen gefunden, die schlüssig belegen, dass der Wildmais damals in Mexiko bereits vorkam. Nördlich vom eigentlichen Mesoamerika, im Süden New Mexicos, sind verkohlte Kolben einer primitiven Maisart gefunden worden, die ins Jahr 2500 v. Chr. zurückdatieren. Obwohl die Kolben nicht größer als Erdbeeren waren, handelte es sich bei ihnen doch um eine Kulturpflanze, offenbar aus einer sehr frühen Phase des Kultivierungsprozesses.

Die Ureiwohner Mesoamerikas hatten also mehrere tausend Jahre vor Christus eine höchst primitive Wildform der wichtigsten Pflanze der Neuen Welt unter ihre Kontrolle gebracht. Dies war zweifelsohne der entscheidende Schritt auf dem Weg zu den großen prähispanischen Kulturen.

Weitere Kulturpflanzen

Mais war unbestritten der wichtigste Bestandteil der mesoamerikanischen Ernährung, aber immer gehörten auch andere Gemüsepflanzen, insbesondere Chili, dazu. Die Palette der Nahrungspflanzen der Mexikaner in vorspanischer Zeit war außerordentlich breit gefächert; sie reichte von verschiedenen Bohnen- und Kürbissorten bis hin zu Chili und Obst. Man kann sich jedoch nur schwer ein Bild davon machen, wie die Küche in Mexiko und Peru vor der Eroberung durch die Spanier aussah.

Die Gartenbohne, von der heute zahlreiche Sorten bekannt sind, hatte vermutlich schon immer einen vorrangigen Stellenwert in der mexikanischen Ernährung. Ihre große Bedeutung beruht auf der Tatsache, dass ihre Proteine die ideale Ergänzung zu den Kohlenhydraten der Maiskörner darstellen.

In Mexiko wachsen drei wichtige Kürbissorten: der Gartenkürbis, der Moschuskürbis (Warzen- oder Tripoliskürbis) und die Zucchini, die es in unglaublich großer Artenvielfalt gibt – wie jeder Tourist, der einmal einen mexikanischen Markt besucht hat, bestätigen wird. Über die Ursprünge all dieser von Wildarten abstammenden oder durch Kreuzungen entstandenen Varietäten ist nur wenig bekannt.

Das gilt auch für die ursprünglich aus Mexiko und Peru stammenden Chili, die heute weltweit der wichtigste Bestandteil scharfer Gerichte sind. Das Hauptproblem bei der Erforschung dieses Gewürzes, das auch als

MAGUEY
Neben Mais und Bohnen spielten auch weniger bekannte Pflanzen wie Maguey, eine Agavenart, in Mexiko eine wichtige Rolle. Der Saft, die Fasern und selbst die Stacheln dieser Pflanze hatten Nähr- oder auch Nutzwert.

DIE FRÜHZEIT DER LANDWIRTSCHAFT

Von 1500 v. Chr. an war Mais das wichtigste Grundnahrungsmittel der mesoamerikanischen Ernährung. Man hatte vermutet, dass er die erste Kulturpflanze gewesen war und auf der Basis dieser Hypothese das Tal von Tehuacán, wo die Bedingungen für die Konservierung von Pflanzenresten ideal sind, genauer untersucht. Bei den Ausgrabungen barg man an mehr als 456 Grabungsstätten 200 000 botanische Proben und 700 000 andere Fundobjekte. Die Jahre dauernde Auswertung ergab überraschenderweise, dass zwischen 7200 und 5200 v. Chr. bereits Pfeffer und Avocado kultiviert wurden, während Mais nur in der Wildform vorkam.

Außerdem bauten einige Gruppen von Jägern und Sammlern während weniger Monate im Jahr Pflanzen wie beispielsweise die Kalebasse an. Reste einer kultivierten Form fand man in einem Felsvorsprung in Oaxaca, sie werden auf 8000 v. Chr. datiert. Trotz der Bedeutung von Mais für die Ernährung der Mesoamerikaner ist bekannt, dass seine Kultivierung später erfolgte als die anderer Pflanzen. Ab 3400 v. Chr. wurden die ersten Siedlungen gegründet. Zu diesem Zeitpunkt schlossen sich kleine Gruppen, die zumindest saisonal nomadisch lebten, zu größeren Gemeinschaften zusammen. Sie wurden weitgehend sesshaft und betrieben Ackerbau.

Vitaminquelle für die indianischen Völker von großer Bedeutung war, besteht darin, zwischen wilden und kultivierten Arten zu unterscheiden.

Über den Ursprung vieler anderer Kulturpflanzen gibt es nur wenige oder gar keine archäologischen Nachweise; dies erklärt sich zum Teil daraus, dass Wurzelgemüse leicht verderblich ist. So sind beispielsweise Alter und Stellenwert von Maniok, das bis heute im tropischen Tiefland Mesoamerikas eine wichtige Rolle spielt, nicht bekannt.

Ebenso wichtig sind die Heil- und Zierpflanzen Mexikos, wie Dahlie, Ringelblume und Zinnie. Die Ringelblume ist zum Beispiel aus der langen Reihe mexikanischer Heilpflanzen nicht wegzudenken. Wirtschaftlich wichtige Bäume, die wertvolle Früchte, Holz und Chicle-Kautschuk für Kaugummi produzierten, wie der Kautschukbaum, der Brotnussbaum, der heilige Ceiba-Baum und die Mahagonie, wurden eher geschützt als kultiviert.

FRAU AM MÜHLSTEIN
Bevor man den Mais essen konnte, musste er mithilfe eines zylinderförmigen Mörsers auf einem metate, *einem Mahlstein, fein gemahlen werden. Die Frauen verbrachten damit einen großen Teil ihrer Zeit.*

Höhlen und Felskammern im Nordosten Mexikos

Die Suche nach den Ursprüngen des Ackerbaus und des sesshaften Lebens in Mexiko führt zunächst in die fast regenlose Halbwüste von Tamaulipas, dem nordöstlichsten Bundesstaat Mexikos. Streng genommen liegt diese Region außerhalb der Grenzen Mesoamerikas: Bei den Stämmen, auf die die Spanier in diesem verlassenen Hinterland trafen, handelte es sich mit wenigen Ausnahmen um Jäger und Sammler, denen jede Form von Ackerbau unbekannt war. Den Archäologen Richard MacNeish zog es hierher, weil durch die Trockenheit in Tamaulipas die Fundstücke in Höhlen und Felskammern optimal erhalten geblieben waren. Im Verlauf der Grabungen fand er den ersten Nachweis für eine bislang völlig unbekannte Phase in der prähistorischen Geschichte Mexikos: die archaische Periode, die von ca. 7000 v. Chr. bis nach 2000 v. Chr. dauerte.

Die in Tamaulipas gefundenen Werkzeuge sind typisch für die Wüstenkultur im Westen und Süden Nordamerikas. Es gab aus Stein geschlagene Schaber, Hack- und Schlaggeräte sowie flache Steinscheiben, von denen die meisten wahrscheinlich zur Zubereitung der pflanzlichen Nahrung benutzt wurden. Wurfgeschossspitzen für die Jagd auf Hirsche wurden mit Harz an den Schäften der Wurfspeere befestigt (kurze Speere, die mit dem *Atlatl* abgeschossen wurden). Essbare Pflanzen wurden mit geschliffenen Steinwerkzeugen wie Mörsern, Stößeln, Handreibsteinen und groben Mahlsteinen verarbeitet. Die Menschen ernährten sich von der Jagd und dem Sammeln von wild wachsenden Früchten. Sie stellten einfache Netze und Korbflechtwaren aus den Fasern von Pflanzen wie Yucca und Agave her. Nachts schliefen sie auf geflochtenen Matten, den *Petates*, die man heute noch im Hinterland Mexikos finden kann.

Pflanzliche Abfallstoffe und getrocknete Fäkalien sind in großen Mengen und bemerkenswert gut erhalten, da die frühen Bewohner der Felskammern nur sehr dürftige Vorstellungen von Hygiene hatten. Der pflanzliche Anteil an der Nahrung war sehr hoch, und es wurden bereits ganz bestimmte Nahrungspflanzen angebaut. Zuallererst taucht der Flaschenkürbis (die Kalebasse) auf, der sich auf etwa 6500 v. Chr. zurückdatieren lässt. Damit ist er die älteste Kulturpflanze der Neuen Welt. Rätselhaft bleibt aber die Geschichte des Flaschenkürbisses, der nur als Gefäß verwendet werden kann, weil sein Fleisch nicht essbar ist. Man glaubt, dass er aus der Alten Welt stammt und wahrscheinlich zunächst in Afrika kultiviert wurde. Man hat festgestellt, dass seine Samen auch dann noch lebensfähig sind, wenn der getrocknete Kürbis jahrelang im Meer gelegen hat. Demnach könnte die Pflanze von Afrika aus an die Ostküste der Neuen Welt getrieben worden sein. Wie kam es dann, dass die amerikanischen Ureinwohner seinen Nutzen entdeckten? Möglich ist, dass irgendein Strandgutsammler, der weiter im Landesinnern lebte, den Kürbis zufällig entdeckte, ihn mit zurück ins Lager nahm und die Samen aussäte.

DIE WÜSTE VON SONORA
Wegen des extrem trockenen Klimas haben sich in einigen Regionen organische Reste besonders gut erhalten. Dort konnte man den Ursprung der Kultivierung von Pflanzen erforschen.

Das Tal von Tehuacán

Zu den aufregendsten archäologischen Entdeckungen der letzten Jahre zählen die Überreste von Wildmais, die in Ablagerungen im Hochland von Mexiko gefunden wurden. Im Jahr 1960 wandte Richard MacNeish seine Aufmerksamkeit dem Tal von Tehuacán im südöstlichen Puebla zu, etwa 220 Kilometer südöstlich von Mexiko-Stadt. Dieses Tal liegt im Regenschatten der Sierra-Madre-Kette, die es im Osten abschirmt, und gleicht mit seiner wüstenhaften Vegetation aus Kakteen und Dornengestrüpp dem südlichen Arizona. In einem derart trockenen Klima kann sich die Bevölkerung nur dann vom Ackerbau ernähren, wenn die Felder bewässert werden – eine Technik, die kulturgeschichtlich bis ins 1. Jt. v. Chr. zurückreicht. Bei früheren Erkundungen fand MacNeish in den an das Tal angrenzenden pulvertrockenen Höhlen und Felskammern Wildmaiskolben und darüber hinaus auch Überreste der frühesten bekannten Kultursorten.

Die Besiedlung des Tals durch die frühen Jäger endete etwa 7000 v. Chr. Während der nachfolgenden so genannten El-Riego-Phase (etwa 7000–5000 v. Chr.) fanden zwei wesentliche Veränderungen statt. Zunächst einmal wurde das Klima wärmer, was auch unter Mitwirkung des Menschen dazu führte, dass das Großwild ausgerottet wurde. Des Weiteren war es den Bewohnern des Tehuacán-Tals bis zum Ende dieser Phase gelungen, Avocado, Chili, Amaranth und Zucchini zu kultivieren. Wie in Tamaulipas belegen zahlreiche Mörser und Stößel, dass die Nahrung in jener Zeit vorwiegend aus pflanzlichen Bestandteilen, sowohl von Wild- als auch von Kulturpflanzen, stammte.

Auch El Riego hält einige Überraschungen bereit. Es wurden zwei Samenkapseln einheimischer Baumwolle gefunden, offensichtlich die ersten der Erde. Einige aufwändig geschmückte Grabstätten aus dieser Phase entdeckte man in Höhlen. Die Körper waren in Decken und Netze gehüllt, bei manchen hatte man die Köpfe abgetrennt, rituell zertrümmert und in Körbe gelegt. In einer Grabstätte von zwei Kindern fand man den Kopf des älteren in einem Korb, der auf der Brust des jüngeren ruhte. Möglicherweise handelt es sich hier um sehr frühe Menschenopfer.

Während die Bevölkerung wuchs, führten die Menschen von El Riego ein jahreszeitlich bedingtes Nomadenleben. In der Trockenzeit lebten sie in sehr kleinen Gruppen

in Lagern und ernährten sich vorwiegend von der Jagd. Im Frühling wanderten sie zu den Berghängen am Rand des Tals und sammelten Samen; im Sommer, in der Regenzeit, ernteten sie Früchte. Wenn es ungewöhnlich starke Regenfälle gab, konnten sie sich zu größeren Gruppen zusammenschließen. Im Herbst, wenn die Nahrungsvorräte wieder geringer wurden, zogen sie zurück in ihre Winterlager.

Die nächste Phase bringt eine der bedeutsamsten Übergangszeiten in der Vorgeschichte der Neuen Welt (etwa 5000–3400 v. Chr.). Sie wird Coxcatlan-Periode genannt. Wirtschafts- und Besiedlungsmuster blieben nahezu unverändert, aber in die Liste der Kulturpflanzen wurden der Flaschenkürbis, die Gartenbohne, die Schokoladenpuddingfrucht und der Moschuskürbis aufgenommen.

Entscheidend war das Aufkommen der ersten Maispflanzen in der Neuen Welt. Nachweislich gab es zwei Arten, eine wilde und eine vermutlich schon früh kultivierte Art, die

CODEX TRO-CORTESIANO (MADRID)
Fresken und Codices zeigen oft Motive aus der vielfältigen Pflanzen- und Tierwelt. Diese Abbildungen lassen uns auch verstehen, wie die mesoamerikanischen Völker ihre Umgebung wahrnahmen. Bemerkenswert ist hier die Darstellung von Schmetterling, Kolibri und Eule.

wie auch andere bereits vorhandene Kulturpflanzen wahrscheinlich gepflanzt wurde, wenn die Kleingruppen im Frühjahr zusammenkamen. Damit hatte der Mensch die ertragreichste Kulturpflanze der Welt unter seine Kontrolle gebracht!

In der darauf folgenden *Abejas*-Phase (etwa 3400–2300 v. Chr.) kam es zu einer entscheidenden Veränderung im Siedlungsmuster des Tehuacán-Tals: Dort entstanden kleine Dörfer mit fünf bis zehn Grubenhäusern.

Neu auf dem Speisezettel standen jetzt kultivierte Pflanzen wie die Tepary-Bohne, möglicherweise auch der Gartenkürbis und der Hybridmais. Während 70 Prozent der Nahrung aus Wildpflanzen und Tieren bestand, führte die zunehmende Kultivierung von Wildfrüchten, die in speziellen Verstecken und Erdgruben gelagert wurden, dazu, dass sich die Gruppen immer länger im Lager aufhielten. Diese Entwicklung eröffnete die Möglichkeit, das ganze Jahr über an einem Ort zu bleiben – die Nomaden wurden allmählich sesshaft.

Die archaische Periode und die Ursprünge sesshaften Lebens

Die Vorstellung, dass die Erfindung und der Einsatz einer systematischen Nahrungsmittelherstellung zu einer Revolution in der Entwicklung der Menschheit führte, hat die Denkweise von fast allen beeinflusst, die sich mit diesem Thema der Menschheitsgeschichte beschäftigen.

Sowohl in Peru als auch in Mexiko war das sesshafte Leben nachweislich das Ergebnis eines sehr langsamen Prozesses: Dieser Prozess muss dort im Rahmen einer allmählichen Evolution stattgefunden haben. Langfristig gesehen waren die Folgen der Nahrungsmittelherstellung jedoch von größter Bedeutung. Die Bevölkerungsdichte war 25-mal höher als zur Zeit der primitiven Jäger und Sammler – die Kultivierung von Pflanzen und die Domestizierung von Tieren führte auf Dauer zu einem gewaltigen Anstieg der Weltbevölkerung.

In Mexiko, und wahrscheinlich ganz allgemein in Mesoamerika, begann die Entwicklung des Pflanzenanbaus in der archaischen Periode – in einem einer Wüstenkultur ähnlichen Umfeld. In diesen frühen Zeiten zogen die Vorfahren der mächtigen Azteken und anderer Kulturvölker Mexikos als Halbnomaden in Gruppen umher, und die Kargheit des regenarmen Landes zwang sie in einen saisonalen Zyklus aus Jagen und Sammeln. Im Lauf der Zeit waren sie jedoch im Sammeln von Pflanzen erfolgreicher als bei der Jagd, was dazu führte, dass immer mehr Gruppen sesshaft wurden – die Lager glichen mit der Zeit kleinen Dörfern.

Durch die systematische Nutzung wurden bestimmte Pflanzen, insbesondere wilde Gräser wie der Mais, zu Nahrungspflanzen kultiviert und als Energiespender für den Menschen nutzbar. Der Mais gehörte wahrscheinlich bereits spätestens gegen Mitte des 6. Jt. v. Chr. zu den Kulturpflanzen im Süden Mexikos, auch wenn er zu jener Zeit noch kaum Ähnlichkeit mit den mächtigen Hybridpflanzen moderner Maisfelder hatte. Viele andere Kulturpflanzen wie beispielsweise die Erdnuss, die in Mexiko ebenfalls Bedeutung erlangen sollte, wurden dagegen erst später „domestiziert".

Bereits zu Beginn der vorklassischen Epoche, der Zeit der frühen Dorfbewohner, die Feldbau betrieben, finden sich viele Merkmale sesshaften Lebens: alle wichtigen Gerätschaften wie Mahlsteine und Handreibsteine, auf denen der Mais zerkleinert wurde, Körbe, Netze, Seile, Matten und offensichtlich sogar die Häuser mit Flechtwerkwänden und Lehmbewurf. Mit der Herstellung von Töpferwaren, deren Ursprung mit großer Wahrscheinlichkeit im südamerikanischen Tiefland zu suchen ist, und der Kultivierung des Maises wurde in dieser bedeutsamen Übergangsphase der Weg für eine Lebensform geebnet, die sich bis zum heutigen Tag im ruhigen Landesinneren Mexikos erhalten hat.

REVISIONEN DER CHRONOLOGIE

Die Chronologie der Entwicklung des mesoamerikanischen Kulturraums gilt seit langem als feststehend, die neuere Forschung hat aber zu gewissen Modifikationen geführt. Der Zeitpunkt der Einwanderung des Menschen bleibt strittig. Sicher scheint, dass um 7000 v. Chr. tief greifende klimatische Veränderungen, die mit dem Ende der Eiszeit zusammenhingen, den Menschen zur Änderung seiner Gewohnheiten zwangen. Das war das Ende der großen Jäger. Die archaische Periode, deren wichtigste Kennzeichen die Entwicklung des Ackerbaus, die Sesshaftwerdung und die Töpferei waren, begann. Der Beginn der Präklassik wird um 2500 vermutet. Ab etwa 1800 v. Chr. haben die Menschen dauerhafte Siedlungen gebaut. Diese Periode, die um 150 n. Chr. zu Ende ging, wird in frühe, mittlere und späte Präklassik unterteilt. Die Olmeken, die man für die erste mesoamerikanische Zivilisation hält, breiteten sich erst in der mittleren Präklassik aus. Es gab vorher aber bereits Ansiedlungen an der Pazifikküste Guatemalas, in Chiapas und in Oaxaca auf olmekischem Gebiet. Am Ende der Präklassik wurden die Grundsteine für die großen Zivilisationen gelegt. Die Datierung von 150 n. Chr. für den Beginn der Klassik ist ungenau. Der Anfang der Maya-Kultur wird offiziell auf das Jahr 292 datiert. Zu diesem Zeitpunkt war Monte Albán bereits eine mächtige Stadt, und Teotihuacán gab es seit 200 Jahren.

Die Klassik unterteilt man in eine frühe und eine späte Phase. Teotihuacán beherrschte die erste Periode, während sein Untergang um 650 den Aufstieg anderer Stadtstaaten ermöglichte – hierunter die blühenden Mayastädte, aber auch Xochicalco, Cantoná, Cacaxtla, El Tajin und Tula. Mit Tula begann bereits die nachklassische Periode, deren Ende 1519–21 anzusetzen ist.

KALEBASSE UND FISCH
Die Wichtigkeit der Pflanzen- und Tierwelt kommt in der mesoamerikanischen Kunst deutlich zum Tragen. Zahlreiche Darstellungen der Vielfalt dieser Nahrungsquellen sind nicht leicht zu interpretieren, denn sie hatten fast immer auch eine religiöse oder rituelle Bedeutung.

Eine vielschichtige Landwirtschaft

Mesoamerika war gegenüber der Alten Welt technologisch rückständig. Der Mangel an Zuchttieren, der Nichtgebrauch des Rades und die dadurch erschwerten Transport- und Handelsmöglichkeiten, die späte Einführung der Metallverarbeitung und der Gebrauch steinzeitlicher Werkzeuge stellten große Hindernisse für die Entwicklung dar. Die traditionelle Landwirtschaft zeichnete sich gerade durch ihre Einfachheit aus. Häufig wurde Brandrodung betrieben: Die Felder wurden urbar gemacht, indem man die Pflanzen oberflächlich abbrannte; die verbleibende Asche diente als Dünger. Die Saat wurde mithilfe eines Pflanzstocks verteilt. Nach zwei oder drei Jahren ließ man das Feld brachliegen.

Die Brandrodung verbrauchte jedoch riesige Flächen und brachte außerdem zu wenig Ernte ein, als dass eine größere Bevölkerung davon hätte ernährt werden können. Eine abwechslungsreiche Kultivierung ermöglichte eine langfristige Nutzung der Felder. So wurden z. B. Mais, Bohnen und Kürbisse zusammen gepflanzt, da sie unterschiedliche Nährstoffe benötigen und deshalb den Boden nicht allzu schnell auslaugen. In Hausgärten kultivierte man nahrungsergänzende Pflanzen.

Der Terrassenanbau vergrößerte die Nutzfläche. Auf den Hügeln um Teotihuacán und Monte Albán sind heute noch Spuren von Terrassen zu sehen. Im Tal von Oaxaca zeugt die Vielfalt der Bewässerungstechniken vom Erfindungsreichtum der Bauern: Brunnen, Wasserbecken, Kanäle und Dämme ermöglichten eine ausreichende Bewässerung der Felder. Ähnliche Techniken wurden wahrscheinlich von den Kolonisten in den Trockengebieten des Nordens eingesetzt.

In den Seengebieten erwies sich die Landgewinnung durch *Chinampas* als ausgeklügelte Methode: In flachen Seen schichtete man Erde auf künstliche Flöße, die durch das Gewicht auf den Grund gedrückt wurden. Die Erde wurde aufgefüllt, bis eine Fläche entstand, die hoch genug über der Wasseroberfläche lag, um darauf Pflanzen kultivieren zu können. Die Ränder sicherte man mit Bäumen. Eine solche Anbauweise lieferte mehrere Ernten pro Jahr. Die Kanäle selbst wurden zur Zucht von Wasserpflanzen benutzt. Außerdem konnten sie mit Booten befahren werden und erleichterten auf diese Weise die Versorgung der Städte.

Die Maiszivilisation
Außer Mais waren in der Neuen Welt auch zahlreiche andere pflanzliche Nahrungsmittel von Bedeutung. In der Kunst von Teotihuacán werden sie auf unterschiedliche Art dargestellt: als Keramik, als Wandmalerei oder, wie hier, als Basaltskulptur.

Der Kakao
Unter den landwirtschaftlichen Produkten in der Neuen Welt nahm der Kakao einen hohen Stellenwert ein. Als Genussmittel hat er sich weit über die mesoamerikanische Welt hinaus verbreitet.

DIE „SCHWIMMENDEN GÄRTEN"

Die *Chinampas* lieferten nicht nur eine regelmäßige und gleich bleibende Ernte, die für Mexiko lebenswichtig war. Manche waren auch für den Anbau von Pflanzen bestimmt, die aufgrund der Höhenlage und der Witterungsverhältnisse nicht gedeihen konnten. Solche Pflanzen aus feuchtwarmen Tropengebieten und gemäßigten Zonen waren sehr begehrt, sowohl wegen ihrer Schönheit als auch wegen ihrer Bedeutung: Es gab Blumen, die für hohe Anlässe und den Götterkult bestimmt waren, Heilkräuter sowie Kräuter und Gewürze für den Kaiser. Die in Treibhäusern gezüchteten Pflanzen sollten auch die Größe des Reiches bezeugen. Der Kaiserpalast verfügte über einen zoologischen Garten, in dem Tiere aus den heißen Klimazonen mit der heimatlichen Fauna zusammen gehalten wurden.

Florentiner Codex
Dieser Codex, der geradezu eine ethnologische Abhandlung ist, illustriert auf eindringliche Weise Details aus dem Alltagsleben. Der traditionellen Landwirtschaft mit dem Gebrauch des Pflanzstocks zur Aussaat kam ein besonderer Stellenwert zu.

Centeotl
Aufgrund seiner Bedeutung für das Alltagsleben und den Wohlstand der Gemeinschaft galt Mais nicht nur als reines Nahrungsmittel. Er erlangte den Status einer Gottheit, Centeotl, die zum aztekischen Pantheon gehörte.

Kleine grüne Tomaten
Die Neue Welt hat außer Getreide zahlreiche weitere landwirtschaftliche Schätze hervorgebracht. Auch heute gehört diese Tomatenart zur Grundlage der mexikanischen Küche, wo sie ein äußerst beliebtes Gewürz ist.

Kapitel 4

Frühe Dorfbewohner

Die vorklassische Epoche

Im späten 19. Jh. waren die einzelnen Entwicklungsstufen des prähispanischen Mexiko noch völlig unbekannt. Natürlich wusste man, dass die Azteken erst sehr spät in Erscheinung getreten und selbst immer wieder von einem älteren Volk, den Tolteken, gesprochen hatten. Auch herrschte das vage Gefühl, dass die eindrucksvollen Ruinen von Teotihuacán von einem früheren Volk stammten. Wie groß muss demnach das Entzücken bei den mexikanischen Antiquitätenhändlern gewesen sein, als ihnen auf einmal kleine, handgearbeitete Tonfigurinen angeboten wurden, in einem naiven und heiteren Stil, der sich von den mit Formen hergestellten Produkten späterer Völker im Hochtal von Mexiko stark unterschied. Das Erstaunlichste war ihr unverkennbar hohes Alter. Die Gelehrten, die nun einmal alles mit einem Etikett versehen müssen, bezeichneten die Kultur, die diese Figurinen sowie zahlreiche weitere Töpferwaren hervorgebracht hatte, als „archaisch", und in den Jahren 1911 und 1912 konnte Manuel Gamio anhand der verschiedenen geologischen Formationen den folgenden Phasenverlauf für die Geschichte Zentralmexikos belegen: „archaisch", „Teotihuacán", „Aztekisch".

Heute ersetzt die Bezeichnung „Vorklassik" den alten Begriff „Archaik". Die Vorklassik ist die Zeit, in der erstmals Erträge mit dem Anbau von Mais, Kürbis und Bohnen erzielt wurden – Erträge in einer Größenordnung, die nun überall in Mexiko Dörfer und Weiler entstehen ließ. Somit ist die Vorklassik mit der Steinzeit in der Alten Welt

ZOHAPILCO: EIN ANDERES MUSTER DES SESSHAFTWERDENS

Ackerbau und Viehzucht gelten als geläufige Erklärung für das Sesshaftwerden der Menschen. Die Grabungen von McNeish im Tal von Tehuacán und die Forschungsarbeiten im Tal von Oaxaca wurden im Geist dieser Tradition durchgeführt. Andere Untersuchungen haben jedoch ungewöhnliche Ergebnisse erbracht.

In der Ausgrabungsstätte von Zohapilco, im südlichen Teil der mexikanischen Hochebene, hat man das Vorhandensein einer Sesshaftigkeit oder zumindest die konstante Besiedlung eines beschränkten, aber sehr reichen Gebiets nachweisen können. Die Ebene bietet zahlreiche Ressourcen wie Fische, Wasserpflanzen und Amphibien, die es das ganze Jahr über reichlich gibt. In der Regenzeit von Mai bis Oktober waren außerdem Wildpflanzen und Beeren vorhanden. In der Regenzeit im Winter gestaltete sich das Leben schwieriger, aber die Seen zogen Schwärme von Zugvögeln an. Mit anderen Worten, die Bewohner verfügten stets über ausreichend Nahrungsmittel und waren also nicht gezwungen, zur Lebenserhaltung neue Produktionstechniken zu entwickeln.

In der näheren Umgebung gab es Quellen für weitere wichtige Güter wie Holz und Tonerde. Die Bewohner dieser Gegend konnten sesshaft werden, ohne Landwirtschaft betreiben zu müssen. Sie haben schnell das Töpferhandwerk gelernt; die früheste Statuette stammt aus Zohapilco. Viel später erst haben sie mit dem Anbau von Pflanzen begonnen. Dieses Muster der Sesshaftigkeit erforderte wohlgemerkt eine besondere Umgebung.

Das gleiche Phänomen ist für die Küste des Golfs von Mexiko nachgewiesen, für die Karibik und für Peru. Diese Erkenntnis widerspricht nicht der gesamthistorischen Entwicklungstheorie, führt aber eine notwendige Nuancierung ein.

vergleichbar – mit Ausnahme der Viehzucht lassen sich fast alle in der Steinzeit bekannten Fertigkeiten nachweisen: die Errichtung fester Siedlungen, Töpferei, Weben, Steinbearbeitung durch Schleifen und Behauen und das Modellieren von Figuren aus Ton.

Das Errichten von Dörfern bedeutete Wohnraum für mehr Menschen, und mehr Menschen sind die Folge eines deutlich größeren Nahrungsangebots. Wann fand diese Veränderung statt? Der Beginn der vorklassischen Zeit wird mit dem ersten Erscheinen großer Mengen von Töpferwaren, also etwa um 1800 v. Chr., angesetzt. Sie endet in Zentralmexiko, als die große Stadt Teotihuacán um das Jahr 150 n. Chr. ihre heutige Gestalt annahm. Dazwischen liegen über 18 Jahrhunderte.

Die Frage liegt nahe, warum es so lange dauerte, bis die Mexikaner die Schwelle zur dörflichen Ackerbaugesellschaft überschritten. In der Alten Welt fand dieses Ereignis im hügelreichen Mesopotamien bereits 7000 v. Chr. statt, kurze Zeit nach den ersten Experimenten mit der Kultivierung von Pflanzen und der Domestizierung der ersten Haustiere. In Mexiko dauerte der Domestizierungsprozess mindestens 4500 Jahre. Was war die Ursache für diese Verzögerung? Der Mangel an Tieren, die für die Haustierhaltung geeignet waren, besondere Eigenarten der kultivierten Pflanzen, das kulturelle Umfeld in Mexiko oder ein ganz anderer Faktor? Bislang konnte noch keine Antwort darauf gefunden werden. Doch die beschriebene Verzögerung war der wahre Grund, warum das Mexiko des 16. Jh. Europa technologisch unterlegen war, denn nachdem die Schwelle zum bäuerlichen Leben überschritten war, entwickelte sich die frühe mexikanische Kultur mit derselben Geschwindigkeit wie die der Alten Welt. Angesichts dieses späten Beginns sollte die Zivilisation, die von Cortés zerstört wurde, nicht mit der Renaissance in Europa, sondern eher mit der Bronzezeit im Nahen Osten oder in China verglichen werden.

Die vorklassische Epoche lässt sich in drei Phasen einteilen: eine frühe Phase von 1800 bis 1200 v. Chr., eine mittlere von 1200 bis 400 v. Chr. und eine späte von 400 v. Chr. bis 150 n. Chr. Dabei hat es in allen drei Phasen sowohl einfache Dorfstrukturen als auch komplexere Gesellschaftsformen gegeben.

ÜBERLAGERUNG VON SCHICHTEN
Diese Rekonstruktion von Fundschichten zeigt die Abfolge der Kulturen, die seit der Präklassik in der Ebene von Mexiko entstanden.

DER CANYON DEL SUMIDERO
In Zentralmexiko, in der Region um Chiapas, findet man statt der Vulkane Berge und Schluchten. Sie wurden vom Río Grijalva ausgewaschen und sind zum Teil durch Hochebenen voneinander getrennt.

Die frühen Dorfbewohner der Präklassik in Chiapas

Das Wissen um die frühe präklassische Kultur in Chiapas ist relativ neu, ausgelöst wurden die Forschungen im Jahr 1950 durch das Interesse der archäologischen Stiftung *New World Archaeological Foundation (NWAF)* in Chiapa de Corzo. Die dort im Zentrum der trockenen Grijalva-Senke von Chiapas durchgeführten Ausgrabungen haben 18 aufeinander folgende Besiedlungen von der Frühzeit bis heute ans Tageslicht gebracht. Offensichtlich war das Grijalva-Wassereinzugsgebiet die meiste Zeit wenig mehr als eine Pufferzone zwischen den Maya im Osten und einer Reihe von kleineren Völkern im Westen, Süden und Norden. In der vorklassischen Epoche bestanden jedoch Verbindungen zu den entfernteren Dorfkulturen, Stammesfürstentümern und selbst zu Staaten im südöstlichen Mexiko und zum Maya-Gebiet.

In jüngerer Zeit hat die NWAF ihre Aufmerksamkeit der Soconusco-Region zugewandt, der ausgedehnten Küstenebene am Pazifik im Südosten von Chiapas und dem angrenzenden Guatemala, wo die ältesten Kulturen der Vorklassik, von der *Barra*-Kultur bis hin zur komplexen und hoch entwickelten Kultur der *Ocós*, von den Archäologen entdeckt wurden. Heute ist bekannt, dass die frühe präklassische Besiedlung von Chiapa de Corzo durch die vermutlich Mixe-Zoque sprechenden Bewohner von Soconusco erfolgte, die ihr Siedlungsgebiet ausdehnten.

Wie aus Abfällen, die bei einer Probegrabung in Chiapa de Corzo gefunden wurden, rekonstruiert werden konnte, liefert die *Chiapa I* oder *Cotorra-Phase* genannte Zeit, nach Schätzungen die Spanne von 1400 bis 1200 v. Chr., ein gutes Beispiel für die Kultur der frühen Vorklassik. Zwar können die Archäologen bislang nur ein unvollständiges Bild von den ersten Bauern in Chiapa de Corzo vermitteln, aber sicher ist, dass diese ihren Mais auf einfachen Mahlsteinen mahlten. Diese sind sehr stark abgenutzt, was darauf hindeutet, dass es davon nicht viele gab. Darüber hinaus stellten die Bauern massive, von Hand gearbeitete Tonfiguren her. Ihre Töpferware zeugt von einer fortgeschrittenen Herstellungstechnik und weist anspruchsvolle Formen und Verzierungen auf. Meist handelt es sich um monochrom weiße oder rot-weiße Schalen und große Vorratsgefäße aus gebranntem Ton, entweder kugelförmig oder mit Hals. Interessant ist auch die plastische Verzierung am Rand der ansonsten schlichten, halslosen Gefäße: mit Pflanzenfasern gebürstete Muster, mit dem Daumennagel eingeritzte Rillen, aus dem Gefäßinneren herausgedrückte Wölbungen und einfaches Wiegestempeln. Diese gekrümmten Linien als Oberflächengestaltung eines Krugs oder einer Schale werden mit einer ganz eigenen Technik, dem so genannten Wiegestempel, aufgetragen. Das Verfahren besteht darin, mit dem Rand eines halbmondförmigen Werkzeugs den feuchten Ton so zu bearbeiten, dass gebogene Wellenmuster entstehen. Dieses Muster findet man auch bei den zeitgenössischen Gefäßen der verbündeten *Ocós*. Sie verwendeten die gezackte Kante einer Herzmuschel als Werkzeug. Tatsächlich war diese Technik in der Vorklassik vom Hochtal von Mexiko bis nach Peru bekannt. Wo immer der Ursprung dieser Technik liegen mag, sie hat sich vermutlich bereits zu einem frühen Zeitpunkt in den höher entwickelten Regionen der Neuen Welt ausgebreitet.

Das Tal von Oaxaca, Heimat der *Zapoteken* und Sitz der bemerkenswerten späteren *Monte-Albán*-Kultur, hat drei Arme in Form eines umgekehrten Y. Bei Forschungen und Ausgrabungen wurden 17 feste Siedlungen aus der Zeit von 1600 bis 1300 v. Chr. identifiziert, bei denen es sich fast ausschließlich um Weiler mit höchstens zehn Häusern handelte; die größte Siedlung im Tal von Oaxaca war damals San José Mogote, ein kleines Dorf mit etwa 150 Einwohnern, das über ein mit Kalk verputztes öffentliches Gebäude verfügte. Die Dorfbewohner bauten Mais und Avocados an, sammelten wild wachsende Nahrungspflanzen und jagten Hirsche, Kaninchen und anderes Wild.

Bis zur nächsten Phase (1300–1200 v. Chr.) war San José Mogote zu einem Dorf mit 80 bis 120 Haushalten angewachsen und hatte sich mit einer geschätzten Bevölkerung von 400 bis 600 Menschen auf eine Fläche von etwa 20 Hektar ausgedehnt. Funde von karbonisierten Samen belegen, dass verschiedene Feldfrüchte angebaut wurden: Mais, Chili, Zucchini, Moschuskürbisse und vermutlich auch Avocados.

Die glockenförmigen Erdgruben, die hier und auch andernorts im vorklassischen Mesoamerika in der Nähe von Siedlungskernen zu finden sind, dienten wahrscheinlich in erster Linie als Nahrungsspeicher. Viele konnten eine ganze Tonne Mais aufnehmen. Mit einem flachen Stein bedeckt boten sie aufgrund des mangelnden Sauerstoffes möglicherweise auch Schutz gegen Schädlinge. Wenn sie „sauer“ wurden oder aus sonstigen Gründen nicht mehr zur Lagerung von Mais geeignet waren, dienten sie anderen Zwecken wie der Aufbewahrung von Gegenständen für den Haushalt oder als Abfallbehälter – und manchmal sogar als Grabstätten.

Die einzigen Haustiere, die verzehrt wurden, waren Hunde – im präklassischen Mesoamerika die Hauptfleischquelle – und Truthähne. Diese Vögel gehörten allerdings zu den selteneren Leckerbissen, weil sie große Mengen Mais fraßen und ihre Aufzucht da-

DER TRUTHAHN VON REMOJADAS
Neben der Biene und dem Hund war der Truthahn oder guajolote *eines der wenigen Haustiere Mesoamerikas. Bei Tierdarstellungen und in Mythen nimmt er einen wichtigen Platz ein.*

durch sehr kostspielig war. Wildtiere, die in San José Mogote auf dem Speisezettel standen, waren Kaninchen, Hirsche und Pekaris, die an den Berghängen gejagt wurden; dort wuchsen auch Eichen und Schwarznussbäume, deren Früchte ebenfalls als Nahrung dienten.

Die Häuser waren rechteckig, etwa sechs Meter lang und hatten einen in die Erde eingelassenen und mit Flusssand bedeckten Lehmfußboden. Die Wände bestanden aus Schilfrohr, das zwischen Holzpfähle gesteckt wurde; sie waren mit Lehm verputzt und weiß getüncht. Die Dächer deckte man ebenfalls mit Schilfrohr. Die Schlafstätten waren typisch mesoamerikanisch: Die Menschen schliefen auf Matten, die sie auf dem Boden ausrollten. In den einzelnen Haushalten und zwischen den verschiedenen Familien gab es Arbeitsteilung. Einige Häuser hatten sich beispielsweise auf die Herstellung von kleinen, flachen Spiegeln aus Magnetit spezialisiert, einem Eisenerz, das sich hochglanzpolieren lässt.

Bestimmte Bereiche in den Häusern wurden hauptsächlich von Frauen benutzt, wie Funde von Knochennadeln, Maisenthülsern aus Hirschknochen und Spinnwerkzeug aus Topfscherben belegen. Dagegen hat man in dem Bereich, in dem sich vorwiegend oder ausschließlich die Männer aufgehalten haben, Splitter, die beim Behauen von Steinen anfielen, sowie Grabstichel und Bohrer für die Herstellung von Muschel- und Micaschmuck gefunden.

OAXACA, EIN PARTNER DER OLMEKEN

Die Dörfer in der Gegend von Oaxaca haben um 1200 v. Chr. eine komplexe Sozialstruktur entwickelt. Für diese Zeit sind die ersten Spuren olmekischen Einflusses belegt.

Die Keramik und die Statuetten aus San José Mogote im Tal von Etla und aus Etlatongo im Tal von Nochixtlán weisen olmekische Züge auf. Auf der Keramik findet man Darstellungen wilder Tiere wie Krokodile und Adler, häufig werden aber auch Fantasiewesen wie die Feuerschlange oder der Jaguarmensch abgebildet. Viele der eindrucksvollen Statuetten stellen Menschen mit deformierten Schädeln dar, die an olmekische Häuptlinge erinnern.

Im Gegenzug wurden in San Lorenzo Tenochtitlán Spiegel aus Magnetit gefunden. Analysen ergaben, dass sie in San José Mogote hergestellt worden waren. Obgleich der Fund von Magnetitspiegeln an der Golfküste den Nachweis von Handel zwischen beiden Regionen erbringt, deutet die Aneignung der Symbole der anderen Kultur durch Oaxaca darauf hin, dass dies nicht nur eine Handelsbeziehung war. Einige Forscher meinen, die Völker von Oaxaca hätten ausländische Symbole eingeführt, um ihre Macht zu steigern; andere vermuten, die olmekische Besetzung von Orten in Oaxaca habe lediglich die plastische Art der Darstellung beeinflusst.

Nicht alle Haushalte hatten denselben Status. Magnetitspiegel galten als Statussymbol, das mit der aufstrebenden Kultur der Olmeken an der Golfküste verknüpft war. Ihre Anzahl variierte von Haus zu Haus oft innerhalb des gleichen Dorfes. Außerdem gab es deutliche soziale Abstufungen bei den Grabbeigaben: Bei hochgestellten Personen fanden sich Spiegel, bearbeitete Muscheln, Jadeohrschmuck im Grab und vor allem graue oder weiße Keramikgefäße, die im olmekischen Stil bemalt waren. Hier handelte es sich nicht um eine egalitäre Gesellschaft. Sie wies eine eindeutig olmekische Prägung auf, die man auch in Tlatilco im Hochtal von Mexiko vorfand.

Die Ausgrabungsstätte Tlatilco

Wie die in Oaxaca gewonnenen Erkenntnisse zeigen, ist die Vorstellung, dass es über ganz Mexiko verstreut „steinzeitliche“ Dörfer und keine sozialen Unterschiede gab, eine zu starke Vereinfachung. Schon damals hatten einige Siedlungen eine Vorrangstellung, sowohl nach sozialem Status als auch im Hinblick auf die wirtschaftliche Entwicklung. Der wichtigste Ort für die frühe Vorklassik im Hochtal ist Tlatilco. Diese Stätte wurde 1936 entdeckt, als Maurer – und leider keine Archäologen – nach Lehm gruben. Der heutige

Besucher findet nur noch einige große, von Fabriken umgebene Löcher in der Erde vor. Tatsächlich wurde nur ein winziger Teil von Tlatilco jemals unter wissenschaftlichen Bedingungen freigelegt.

Tlatilco, das gegen 1300 v. Chr. besiedelt wurde, war ein großer Marktflecken, der sich auf einer Fläche von etwa 65 Hektar erstreckte. Es lag westlich des großen Sees an einem kleinen Wasserlauf, unweit vom Seeufer, wo die Bewohner fischten und Vögel fingen. In den Abfällen von Tlatilco wurden Knochen von Hirschen und Wasservögeln gefunden. Auf den irdenen Gefäßen sind Gürteltiere, Opossums, wilde Truthähne, Bären, Frösche, Kaninchen, Fische, Enten und Schildkröten abgebildet. Auffällig sind die Umrisse von unterirdischen, glockenförmigen Erdgruben. Sie waren angefüllt mit Erde, Holzkohle, Asche, Figurinen und Tonscherben, Tierknochen sowie Klumpen verbrannten Lehms von den Wänden der Pfahl- und Schilfrohrhäuser. Wie in Oaxaca müssen sie ursprünglich als Getreidespeicher gedient haben.

In Tlatilco wurde die erstaunlich große Zahl von 340 Grabstätten freigelegt. In allen lagen ausgestreckte Skelette mit üppigen Opfergaben, insbesondere Figurinen, die sonst im präklassischen Mexiko nur selten als Grabbeigaben auftauchen. Es sind zwei Arten von Figurinen zu unterscheiden: Die eine ist groß, hohl und rot bemalt, die andere klein, massiv und unglaublich fein und kunstvoll gearbeitet. Letztere stellen meist Mädchen dar, deren einzige Kleidung aus in bestimmten Mustern aufgetragener Farbe besteht. Einige von ihnen scheinen mit einem Grasrock bekleidet zu sein. Auch männliche Figuren wurden gefunden, die einfache Hüfttücher tragen. Die Skulpturen gewähren uns einen ganz außergewöhnlichen Einblick in das Leben des präklassischen Adels. Sie zeigen Frauen, die Kinder oder Hunde im Arm tragen, Tänzer, einige mit Rasseln an den Beinen, Akrobaten und Schlangenmenschen sowie Paare auf Bänken. Viele Figurinen zeigen Spieler mit Hand- und Knieschutz, was darauf schließen lässt, dass ein Vorläufer des später so bedeutungsvollen Ballspiels bereits bekannt war.

Die Kunst der Einwohner von Tlatilco zeigt aber auch eindeutig einen makabren Zug – man scheint sich an Missbildungen ergötzt zu haben. Es gibt Abbildungen von zweiköpfigen Menschen, Köpfe mit drei Augen, zwei Nasen und zwei Mündern, Bucklige, Schwachsinnige und hässliche, manchmal maskierte Menschen, bei denen es sich um Schamanen handeln könnte. Tonmasken mit äußerst finsterem Ausdruck wurden gefunden, einige davon zeigten zwei verschiedene Gesichter, eins zum Beispiel einen Schädel, das andere einen Wahnsinnigen mit herausgestreckter Zunge. Der Dualismus, die Einheit von Gegensätzen wie Leben und Tod, bildet die Grundlage aller späteren Religionen in Mexiko, und die Masken zeigen den Ursprung dieser Vorstellung.

Akrobat von Tlatilco
Während der mittleren Präklassik entwickelte sich das kleine Tlatilco in der Ebene von Mexiko zu einem großen, hierarchisch organisierten Dorf. Die unnatürlichen menschlichen Darstellungen aus Terrakotta unterstreichen diese Entwicklung.

Die in Tlatilco hergestellten Keramiken gehören zu den ästhetisch ansprechendsten Werken, die je im alten Mexiko hergestellt wurden. Zu den unterschiedlichen Arten gehören Schalen, halslose Krüge, Flaschen mit langem Hals, kleine flache Schalen mit Ausguss wahrscheinlich für Trankopfer, Schalen und Krüge mit drei hohen Füßen und ausgefallene Krüge mit einem Ausguss, der an einen Steigbügel erinnert. Manchmal waren die Gefäße mit ein oder zwei Tonfarben (rot und weiß) bemalt und ihre Oberfläche durch Schraffuren gestaltet. Besonders beliebt war der Kontrast zwischen matten und polierten Flächen. Zur Darstellung stilisierter Jaguarpranken wurden Teile der Oberfläche ausgeschnitten und die Vertiefungen nach dem Brennen oftmals mit einer hellroten Pigmentfarbe ausgefüllt.

Die Entdeckung des Tlatilco-Komplexes sorgte für helle Begeisterung in archäologischen Kreisen, da etwas Ähnliches bereits bekannt war – mehrere tausend Kilometer weiter südlich in Peru. Hier zeigte die früheste Zivilisation auf dem südamerikanischen Kontinent, die *Chavín*-Kultur (etwa 900 bis 200 v. Chr.), dieselben auffälligen Keramikformen wie Steigbügel-Ausgüsse und Flaschen mit langem Hals, außerdem so ungewöhnliche Techniken wie den Wiegestempel und die rot ausgefüllten Vertiefungen, ebenso die Rollstempel, zudem Figurinen mit mexikanischem Aussehen und die geteilten Gesichter, die auf eine dualistische Weltanschauung hindeuten. Handelt es sich hierbei um zufällige Ähnlichkeiten? Eine weitere Besonderheit bei den Grabbeigaben von Tlatilco ist eine eigenartige Stilrichtung, die zur selben Zeit in den sumpfigen Regenwäldern der Golfküste auftaucht. Dieser so genannte olmekische Stil wurde von der ersten Zivilisation Mesoamerikas entwickelt und seine sonderbare Ikonografie, die häufig die Züge eines zähnefletschenden Jaguars mit denen eines Kleinkinds verbindet, ist eindeutig bei vielen Figurinen und auf Tonwaren zu erkennen. Der größere Reichtum und höhere gesellschaftliche Rang der Bewohner von Tlatilco gegenüber ihren einfacheren Zeitgenossen im Hochtal von Mexiko ist womöglich auf den Einfluss olmekischer Adliger aus dem östlichen Tiefland zurückzuführen. Gleichermaßen denkbar wäre, dass die Menschen in Tlatilco einen günstigen Standort gewählt hatten und unter dem starken Einfluss von Missionaren standen, die den olmekischen Glauben verbreiteten – eine Völkerwanderung wäre somit nicht erforderlich gewesen.

FIGURINE AUS TLATILCO
Das Thema Dualität beschäftigte seit der Präklassik das Denken der Mexikaner. Leben und Tod wurden als Einheit aufgefasst: Der Opfertod gebar das Leben, das seinen Höhepunkt im Tod fand.

Dörfer in der mittleren vorklassischen Epoche

Die Dörfer in der mittleren Vorklassik (etwa 1200–400 v. Chr.) säumten die Ufer des großen Sees, der in jener Zeit wieder seine volle Ausdehnung erreicht hatte. Ihre Überreste sind inzwischen von dem Moloch Mexico-Stadt verschlungen worden. Die schilfrohrbewachsenen Sümpfe, in denen Scharen von Wasservögeln lebten, das fruchtbare Schwemmland des Tals, die bewaldeten Hügel mit großem Wildbestand boten die besten Lebensbedingungen. Nach einer Erklärung, die Arnold Toynbee in seiner Welt- und Zivilisationsgeschichte *Der Gang der Weltgeschichte* entwickelt hat, war dieses Umfeld zu schön und lieferte den Bewohnern keinen Anreiz, um wirklich Fortschritte zu machen.

DER HIRSCH AUS DEM NORDEN
Der wegen seines Fleisches begehrte Hirsch war nicht nur Beutetier. Der Respekt vor der Natur führte dazu, dass man ihm den Status eines Opfertiers verlieh. Man gab ihm einen Platz im Kalender oder unter den Göttern, wie diesem Hirsch des Codex Vaticanus, der Partner von Mictlan ist.

Der Ort El Arbolillo markiert offensichtlich den Beginn der Besiedlung des Tals in der mittleren Vorklassik. Dieses kleine Dorf wurde direkt auf dem Sandstrand an einem Arm des großen Sees errichtet. Die angrenzenden Hügel schützten es vor dem kalten Winterwind und die Bauern lebten vom Ertrag ihrer Felder und von dem, was der See an Nahrung bot. Die mehr als sieben Meter hohen Abfallberge aus Hausmüll, Maisblättern und verbranntem, abgebröckeltem Lehmputz belegen, dass das Dorf mehrere Jahrhunderte lang bewohnt war. Zacatenco, ein anderer Ort am Seeufer, liefert weitere Beweise für ein blühendes dörfliches Leben der Ackerbauern im Tal. Es wurde so viel Abfall angehäuft, dass die Dorfbewohner ihn terrassenförmig planieren mussten. Entlang dieser Terrassen bauten sie Flechtwerkhäuser.

Obwohl sie Feldbauern waren, gingen die Bewohner von Zacatenco und El Arbolillo auch auf die Jagd, um ihr Nahrungsangebot zu er-

„OASIS AMERICA", EIN VORPOSTEN MESOAMERIKAS

Die Insel Loma Alta in Michoacán war von 100 v. Chr. bis 1500 n. Chr. besiedelt. In einer Ausgrabungsstätte, die in einer Hügelgruppe im ehemaligen Sumpfgebiet von Zacapu liegt, hat man Ascheurnen freigelegt. Bis dahin war nicht bekannt, dass es in dieser Gegend Totenkult gegeben hatte. In den Grabkammern wurden u. a. Knochenreste gefunden. Diese sollten offenbar verbrannt und anschließend in Tongefäße eingeschlossen werden. Außer den tönernen Urnen wurden unzählige Fragmente von Opfergaben gefunden, die, so vermutet man, rituell zerbrochen wurden. In Zusammenhang mit diesen Funden stehen offenbar archäologische Funde, die in Hohokam, einer Grabungsstätte bei Snaketown im Südwesten der USA, bei der Ausgrabung einer Siedlung gemacht wurden. Dort stieß man auf zahlreiche mesoamerikanische Spuren: das Ballspiel, Bewässerungssysteme zum Anbau von Mais und die Totenbestattung in Form von Leichenverbrennung – ganz ähnlich wie in Loma Alta. An beiden Fundorten entdeckte man Keramiken mit recht ähnlichen Motiven: Tiergestalten, Eidechsen, Vögel sowie geometrische Formen. Die Parallelen sind offensichtlich, aber die Art der Beziehung zwischen den Fundorten liegt noch im Dunkeln, weil das Gebiet, das beide Stätten trennt, weitgehend unerforscht ist.

weitern. Diese Theorie kann durch Funde riesiger Mengen von Hirsch- und Wasservogelknochen eindeutig belegt werden. Sie jagten mit kleinen Speerspitzen aus Obsidian, einem harten, schwarzen Glas vulkanischen Ursprungs, das sich leicht bearbeiten ließ. Die Hirsche lieferten nicht nur Fleisch, sondern auch Felle, die mit kleinen Obsidianschabern vom Fett befreit wurden, und Knochen, aus denen Ahlen und Nadeln für die Herstellung von Körben und die Verarbeitung von Häuten gefertigt wurden. In jedem Haus mahlte die Bauersfrau den eingeweichten Mais auf dem für Mesoamerika typischen Mahlstein. Zum Kochen und zur Aufbewahrung von Lebensmitteln gab es ansprechende, aber schlichte, rotbraune, glänzend polierte Töpferware.

Aus El Arbolillo stammt eine etwas anspruchsvollere Keramik: kleine dreifüßige, schwarze Schalen mit geritzten geometrischen Mustern, in die rote Farbe gerieben wurde.

Sowohl in Zacatenco wie auch in El Arbolillo, aber auch andernorts im Tal liefern die Müllberge riesige Mengen von Fragmenten weiblicher Tonfigurinen, die eine lebhafte Vorstellung von der damals üblichen Bekleidung – oder auch deren Nichtvorhandensein – vermitteln. Während Nacktheit offensichtlich die Regel war, sind Gesichter und Körper der Frauen kunstvoll mit schwarzer, weißer und roter Farbe bemalt, Frisuren und Kopfputz sind höchst phantasievoll. Ähnlich wie Lebkuchenmänner wurden diese Figurinen aus dem weichen Ton ausgestochen und anschließend verziert und bemalt.

Hervorzuheben ist, dass keine eindeutig erkennbaren Darstellungen von Gottheiten gefunden wurden. Dies legt die Vermutung nahe, dass die Figurinen das einzige Kultobjekt waren; vermutlich wurden sie von den jeweiligen Familien in den Häusern verehrt und waren für die Fruchtbarkeit der Felder zuständig.

Die Toten wurden auf die in Mesoamerika übliche Weise unter dem Boden der Häuser bestattet, gelegentlich fand man aber auch Friedhöfe. Die Toten wurden mit an die Brust angezogenen Knien und eingewickelt in die Matte, auf der sie ihr Leben lang geschlafen hatten, in ein einfaches Grab im Sand gelegt, das bisweilen von Steinplatten eingefasst und bedeckt war. Auf den Glauben an ein Leben nach dem Tod deuten folgende Grabbeigaben hin: Töpfe oder Werkzeuge und gelegentlich ein Jadestück, das dem Toten in den Mund gelegt wurde – in Mesoamerika und in China ein Symbol für das Leben. Die Kindersterblichkeit muss sehr hoch gewesen sein, da ein großer Anteil der gefundenen Skelette von nicht ausgewachsenen Menschen stammt.

Späte präklassische Kulturen im zentralen Hochland

Die Isolierung des Hochtals von Mexiko vom Geschehen im übrigen Mesoamerika verstärkte sich noch in der Zeit von 400 v. Chr. bis 150 n. Chr. In dieser Periode reichte der Einfluss höher entwickelter Kulturen vom Tiefland im östlichen Mexiko bis in das südliche Hochland und den Südosten der heutigen Republik.

Das Hochland blieb von dieser Strömung unberührt, mit Ausnahme der Gebiete, die von den Olmeken kontrolliert wurden. Größere und höhere Gefäßfüße sowie leuchtende Farben charakterisieren die Töpferware der späten Präklassik. Die Vorliebe für die Verwendung von zwei oder mehreren Farben zur Dekoration der Keramik wird durch die

Funde von Chupícuaro belegt, auf dem Friedhof eines Dorfes oberhalb des Flusses Lerma im Bundesstaat Guanajuato, etwa 140 Kilometer nordwestlich vom mexikanischen Hochtal. Hier fand man die Skelette von 390 Menschen: Fast alle lagen auf dem Rücken in einfachen Gräbern mit reichlichen Grabbeigaben wie Tongefäßen, Figurinen und Jadestücken. In jüngerer Zeit glaubten die Mexikaner, dass der Hund die Seele seines Herrn über den Fluss der Unterwelt geleitet, und so wurden in Chupícuaro auch Hunde begraben, viele davon mit großem Aufwand.

Die auf dem Friedhof gefundenen Tongefäße sind in Form und Dekoration sehr aufwändig gestaltet. Man findet Schalen mit den verschiedenartigsten Untergestellen: kurze Dreifüße oder gedrungene, brust- und sockelförmige Füße. Ferner wurden einige Gefäße mit Steigbügel-Ausguss gefunden – das letzte Mal, dass diese ungewöhnliche Form in Mexiko auftaucht, obwohl sie sich in Peru bis zur Kolonialzeit großer Beliebtheit erfreute. Die Gefäße sind mit abstrakten Mustern, offensichtlich nach textilen Vorbildern, lebhaft bemalt. Kleine handgeformte Tonfigurinen vom Typ der „Pretty Ladies" (Hübsche Damen) fanden sich ebenfalls als Grabbeigaben; diese entzückenden kleinen Skulpturen stellen unbekleidete Frauen mit geschlitzten Augen und phantasievollen, aus Tonstreifen modellierten Frisuren dar.

Der bemerkenswerteste Fortschritt im Zentralmexiko der späten Vorklassik war der Bau der ersten Tempelpyramide. Die frühen Tempel im Hochland unterschieden sich mit ihren vergänglichen Baumaterialien, wie beispielsweise Strohdächer, kaum von den Häusern der einfachen Leute. Sie wurden im Zentrum des Dorfes auf niedrigen Erdfundamenten errichtet und mit getrockneten Tonziegeln verkleidet.

In der späten Vorklassik waren diese Tempel als Mittelpunkt der inzwischen größer gewordenen Dörfer oder sogar Städte fast überall anzutreffen. Gegen Ende dieser Periode wurden die Lehmverkleidungen der Fundamente gelegentlich durch Stützmauern aus unbehauenen Steinen und mit einer dicken Stuckschicht ersetzt, wobei die Fundamente nun sehr viel größer waren und zuweilen aus mehreren Absätzen oder Stufen bestanden.

Dies zeigt eine eindeutige Weiterentwicklung von den kleinen Bauerndörfern mit ihrem auf die einzelnen Haushalte beschränkten Figurinen-Kult hin zu hierarchischen Gesellschaften mit Herrschern, die ihre Untertanen mit der Errichtung und Erhaltung großer

DIE FIGURINE VON CHUPÍCUARO

(S. 52) Die Kultur von Chupícuaro, die im Gebiet zwischen Guanajuato und Michoacán anzusiedeln ist, hat zahlreiche Darstellungen von Frauen verschiedener Stilrichtungen hervorgebracht. Am häufigsten fand man hohle Statuetten mit bunt bemaltem Gesicht und Körper.

DIE ERSTEN KULTUREN IM WESTEN

Der Archäologe I. Kelly hat eine bestimmte Keramikart, die man im Westen Mexikos gefunden hat, als *Capacha* bezeichnet. Sie existiert nur in einer geringen Anzahl von Stücken, die aus Plünderungen und Grabungen in Colima stammen. Einige Scherben wurden an Küstenorten in den Nachbarstaaten Jalisco und Nayarit gefunden. Die *Capacha*-Keramik besteht aus fein gearbeiteten Gefäßen mit übereinander geschichteten Bäuchen. Die Verzierungen bestehen meist aus Einritzungen. Es sind Sonnen mit Strahlenkränzen und Fischgrätmuster.

Bislang konnte diese Keramik nur mit Gräbern in Zusammenhang gebracht werden. Eventuell handelt es sich um Gegenstände, die ausschließlich als Grabbeigaben hergestellt wurden. Die Datierung bleibt unklar, die Keramik könnte während der olmekischen Blütezeit, aber auch viel früher hergestellt worden sein. In letzterem Fall würde daraus folgen, dass sich der Westen unabhängig von Mesoamerika entwickelt hätte. Da die formalen und dekorativen Elemente Ähnlichkeit mit Funden aus Machalilla in Ecuador haben, vermutet Kelly einen südamerikanischen Ursprung. Wissenschaftlich gesichert ist aber nur, dass die Capacha-Keramik auf eine eigenständige, frühere Entwicklung des mexikanischen Westens hindeutet.

PYRAMIDE VON CUICUILCO
Die Rundbauweise, die in Cuicuilco solch großartige Bauten hervorgebracht hat, verschwand mit dem Untergang dieser Stadt aus der Ebene von Mexiko. Erst in der Nachklassik tauchte sie in Tula wieder auf.

sakraler Bauwerke beauftragen konnten. Wie grandios einige dieser Bauten waren, beweist das neben der Staatlichen Universität gelegene Cuicuilco im Süden von Mexiko-Stadt.

Das markantestes Gebäude dieser Stätte ist eine Rundpyramide mit einem Durchmesser von 118 Meter, die in vier geneigten Stufen auf ihre heutige Höhe von 23 Meter ansteigt. Zwei Rampen auf jeder Seite der Plattform bilden den Zugang zur Spitze, die ursprünglich mit einer kegelartigen Konstruktion abschloss. So wurde eine Gesamthöhe von 27 Meter erreicht. Der heute noch vorhandene Bau ist mit Vulkangestein verkleidet und seine Füllung aus Sand und Geröll hat ein Gesamtvolumen von etwa 60 000 Kubikmetern.

Die Plattform ist von einem Lavafeld umgeben und teilweise auch davon bedeckt. Die daraus ablesbare Katastrophe ereignete sich, als der Vulkan Xictli, der sich am westlichen Horizont über dem Tal erhebt, ausbrach. Der Untergang von Cuicuilco wird auf die

Statuette von Mezcala
Der Mezcala-Stil aus der Region von Guerrero zeichnet sich durch die stilisierte Darstellung menschlicher Züge auf geometrischen Steinskulpturen, aber auch auf Beilen, aus.

Zeit von etwa 100 v. Chr. datiert und muss ein spektakuläres Ereignis gewesen sein. Der junge Xictli schleuderte zunächst nur Staub und Asche, die sich über den ganzen Ort legten, dann setzten die großen Eruptionen ein, und ein Strom glühender Lava bahnte sich den Weg über den südwestlichen Rand des Hochtals. Die Menschen müssen in Panik geflohen sein. Ahnten die Bewohner die bevorstehende Katastrophe? Gut möglich, denn unter den Überresten ihrer Kultur wurden auffällig viele Räuchergefäße in Form von *Xiuhtecuhtli*, dem Feuergott und Herrn der Vulkane, gefunden.

Da keine ausgedehnten Grabungen unter der Lava möglich waren, ist es schwierig, das Alter und die Funktion eines regionalen Zentrums wie Cuicuilco zu bestimmen. Die Einwohnerzahl der Stadt wird auf 20 000 geschätzt. Man geht aber davon aus, dass Cuicuilco das bedeutendste Zentrum für die vielleicht 140 000 Menschen war, die im ganzen Tal lebten. Ganz sicher handelte es sich um einen Vorläufer der Klassischen Periode der großen Teotihuacán-Kultur.

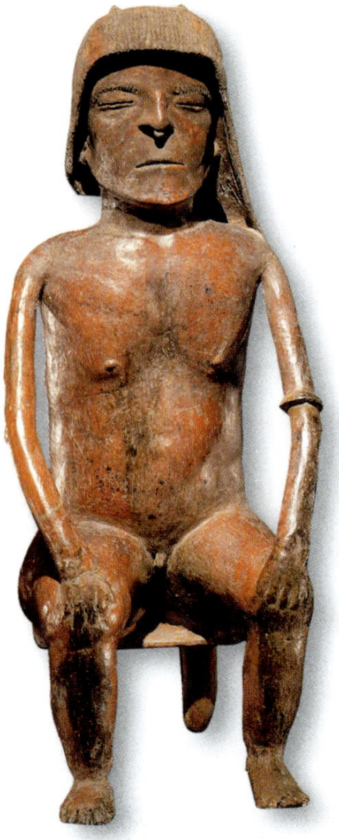

TONFIGUR AUS COLIMA
Diese realistisch gestaltete Statuette eines sitzenden Alten war als Grabbeigabe gedacht.

Das Rätsel von Mezcala

Auch wenn in dieser Gegend sehr viele kleinere Jadeobjekte im olmekischen Stil gefunden wurden, ist das recht trockene Becken des oberen Balsas- oder Mezcala-Flusslaufs im Bundesstaat Guerrero eine der archäologisch am wenigsten erforschten Regionen Mexikos.

In der mittleren und späten Präklassik taucht der so genannte Mezcala-Stil auf, der möglicherweise auf olmekischen Einfluss zurückzuführen ist. Die einzigen Zeugnisse dieses Stils sind Skulpturen aus Andesit und Serpentin, die aus Raubgrabungen sichergestellt werden konnten. Bei diesen Objekten handelt es sich um abstrakte Darstellungen meist menschlicher Figuren, die in Form und Technik an die einfacheren, kleinen Werke von Teotihuacán erinnern, deren Vorläufer sie möglicherweise sind. Darüber hinaus sind Miniaturmodelle von Säulentempeln gefunden worden und Steinplastiken in Form von Muschelschalen.

Die genauen Daten und das kulturelle Umfeld der Mezcala-Kunst waren lange Zeit unbekannt, da die Mehrzahl dieser Kunstobjekte aus Grabplünderungen durch die örtliche Bevölkerung stammt – eine Praxis, die bereits bei den Azteken zu beobachten war: Bei neueren Ausgrabungen im Großen Tempel von Tenochtitlán wurden viele Objekte im Mezcala-Stil gefunden.

Das Rätsel der zeitlichen Bestimmung konnte schließlich von Louise Paradis von der Universität Montreal gelöst werden. In der Ausgrabungskampagne von 1989 bis 1990 stieß er in Ahuinahuac, nördlich des Mezcala-Flusses, auf eine Fundstelle mit Mezcala-Objekten, die nach der Radiokarbonmethode auf die Zeit zwischen 500 und 200 v. Chr. datiert werden konnten.

Die Schachtkammergräber der Westkulturen

Nayarit, Jalisco und Colima sind drei aneinander grenzende Staaten an der Pazifikküste zwischen Guerrero und dem Golf von Kalifornien. Hier entwickelte sich in der späten Vorklassik in mehreren Zentren eine abwechslungsreiche Keramikkunst, und einige die-

GUACHIMONTONES UND SCHACHTGRÄBER IM WESTEN

Die Kulturlandschaft von Teuchitlán liegt im Seengebiet von Jalisco. Sie zeichnet sich durch gewaltige Bautenkomplexe aus, die aus riesigen Rundpyramiden, den *guachimontones*, bestehen. Im Gegensatz zu den meisten mesoamerikanischen Gesellschaften hatte Teuchitlán seinen Ursprung nicht bei den Olmeken und offenbar auch keine Verbindung mit Teotihuacán. Seine Tradition, die um 300 v. Chr. entstand, betonte vielmehr die regionalen Eigenheiten als Reaktion auf den kulturellen Druck, den die Expansion Teotihuacáns erzeugte. Während der Klassik hatte Teuchitlán seine Blütezeit. Um 600 n. Chr. umfasste es einen Teil von Guanajuato, den Südosten und die Küste von Nayarit, den Süden von Zacatecas sowie das Seengebiet, die Küste und den Norden von Jalisco.

Eine andere Besonderheit in Teuchitlán war der Bau von Schachtgräbern. Diese Bauten, deren Zugang im Extremfall von einem bis zu 16 m tiefen Schacht gebildet wurde, bestanden aus einer oder mehreren Kammern, die in den vulkanischen Tuffstein gehauen waren. Die Grabungsstätte von Huitzilapa in Jalisco enthält ein einziges monumentales Grab mit einer doppelten Kammer. Im Zentrum der rechteckigen Konstruktion führt ein Schacht von 7,6 m Tiefe in die beiden Kammern, in der jeweils drei Menschen begraben lagen. Den Toten waren reiche Gaben beigegeben: mehr als 130 dekorierte Gefäße und acht Tonstatuetten.

Die Ausstattung der nördlichen Grabkammer war reicher und eleganter. Hier wurde ein bedeutender Mann bestattet, der mehrere Perlenketten trug sowie Schmuck aus Jade und Obsidian. Um seinen Leib lagen elf dekorierte Schnecken. Bei den anderen Skeletten handelt es sich wahrscheinlich um Verwandte, aber man weiß noch nicht, ob sie in einem Kollektivopfer starben.

ser Gegenstände zeugen von einem lebhaften Sinn für Humor. All diese Objekte wurden vermutlich aus Schachtkammergräbern geraubt, die über etwa sechs Meter tiefe Schächte erreichbar waren. Die Grabkammern, auf die die Archäologen stießen, waren bereits ausgeräumt. Einige dieser Gräber bestehen aus mehreren Kammern, und man geht davon aus, dass diese Gewölbe von großen Familien über mehrere Generationen hinweg genutzt wurden.

Nayarit spezialisierte sich auf lebhafte Einzelfiguren und Gruppen, die auf rötlichem Grund schwarz, weiß und gelb bemalt waren. Dargestellt werden Männer und Frauen in natürlichen Haltungen, einige spielen Flöte oder schlagen Trommeln aus Schildkrötenpanzern, Krieger schwingen Keulen. Es wurden aber auch Tempel mit Schilfrohrdächern, zweigeschossige Häuser und sogar ganze Dörfer und Ballspielplätze, auf denen das Spiel im vollen Gange ist, gefunden. Auch wenn diese Skulpturen vom künstlerischen Standpunkt her wenig bemerkenswert sind, so sind die realistischen Szenen doch von großem ethnologischen Interesse, da sie einen detaillierten Einblick in das Alltagsleben im alten Mexiko geben.

Eine polierte und künstlerisch wertvollere Keramik wurde in Jalisco und Colima hergestellt. Bekannt sind die spitzbäuchigen, haarlosen Hunde von Colima, die von den Mexikanern als besondere Delikatesse geschätzt und wie Mastgänse gestopft wurden. Sie sind schlafend, spielend, knurrend und in anderen Posen dargestellt. Ein besonders phantasievoll modelliertes Exemplar trägt eine menschliche Maske – vielleicht mit dem Gesicht seines Herrn. Andere Plastiken zeigen verschiedene Vögel, Krieger oder Bucklige sowie alle Szenen, an denen die Töpfer interessiert waren, darunter pornographische Szenen, was eine Seltenheit in der mexikanischen Kunst ist. Von besonderer Schönheit sind die roten Keramiktöpfe, die mit Wasserlilienblättern eingefasst sind und von Vögeln oder menschlichen Figuren getragen werden. Frühere Forscher vertraten die Meinung, dass die Skulpturen aus den Schachtkammergräbern lediglich eine Art Genrekunst waren: realistisch, anekdotenhaft und ohne religiöse Bedeutung. Der Ethnologe Peter Furst aber war der Ansicht, dass die Symbolik der Grabkunst sehr stark an schamanische Initiations- und Bestattungsriten erinnert und an den Glauben an ein Leben nach dem Tod. In Anbetracht des Umfelds, in dem diese Skulpturen gefunden wurden, klingt seine These logisch. Doch der auf den ersten Blick realistische Stil dieser Kunst täuscht, und viele Fragen sind noch offen.

FIGURINEN AUS TERRAKOTTA
Die anthropomorphen Statuetten aus dem Westen stellen ein sitzendes Ehepaar dar. Der Mann trägt zwei Hörner auf seinem Kopf, deshalb hat man den Stil cornudos *genannt.*

Mann mit Stab
Die huaxtekische Bildhauerei thematisiert einerseits priesterliche, andererseits gemarterte Figuren, die sich stets durch eine klare Linienführung auszeichnen. Dieser Stil ist aufgrund seiner Thematik eindeutig als mesoamerikanisch einzuordnen.

Die Grenzen Mesoamerikas

Nach der Überlieferung wurde den Olmeken der Ursprung der meisten mesoamerikanischen Eigenarten zugeschrieben. Anfangs wurden alle Kulturen, die mittel- oder unmittelbar mit ihnen in Kontakt waren, ihrem Kulturraum zugerechnet, die restlichen Regionen, wie der mexikanische Westen, als Randgebiete eingeordnet. Capacha, Chupícuaro und Teuchitlán sollten nur untergeordnete Beziehungen mit Mesoamerika unterhalten haben, und der mesoamerikanische Einfluss auf den Westen hätte im 7. Jh. n. Chr. begonnen. Die Wirklichkeit ist jedoch komplexer: Tatsächlich hatte von Beginn an auch der Westen mesoamerikanische Charakteristika aufzuweisen; und die westlichen Traditionen trugen wiederum stark zur kulturellen Entwicklung Zentralmexikos bei. Dies zeigte sich schon in der mittleren Präklassik, z. B. in Tlatilco, wo olmekische, westliche und lokale Traditionen miteinander verschmolzen.

In den chichimekischen Wüsten des Nordwestens und in „Oasis America" stellt sich die Situation komplizierter dar. Die Hohokam-Kultur dürfte mit den Entwicklungen in Michoacán und der mesoamerikanischen Expansion in Zacatecas und Durango verknüpft gewesen sein, wo sich Bauern und Krieger niederließen, die Vorfahren der Tolteken waren. Ihr Rückzug am Ende der klassischen Periode könnte von einem Vorrücken der sesshaften Bevölkerung von „Oasis America" begleitet gewesen sein. Im Nordosten entstand in der Nachklassik an der Grenze, die sich entlang der Golfküste nach Texas erstreckt, die Huaxteken-Kultur. Obwohl dort in älteren Grabungsstätten zwar entsprechende Hinweise (z. B. auf Maisanbau oder das Ballspiel) gefunden wurden, kann diese Gegend für die Klassik nicht völlig eindeutig als mesoamerikanisch bestimmt werden.

Mit Mittelamerika standen die Mesoamerikaner stets in Kontakt. Ihr Einfluss vermischte sich jedoch mit lokalen Entwicklungen und Traditionen, die aus den nördlichen Anden stammten. Dieser Brückenraum entwickelte eine Eigendynamik (Töpferei, Bildhauerei, Metallbearbeitung), die dort entstandenen Kulturen erlangten jedoch nie die Vielschichtigkeit ihrer Nachbarn. In der Nachklassik erweiterten die Mesoamerikaner ihren Einfluss bis zur Pazifikküste Nicaraguas und Costa Ricas. Die Grande Nicoya markiert den südlichsten und schwächsten Punkt ihrer Ausdehnung.

Anthropomorphes Gefäss
Neue Formen und polychrome Dekors verbanden sich mit menschlichen und geometrischen Motiven; die häufigsten Farben waren Braun, Weiß und Rot. Die Einflüsse aus Mesoamerika und „Oasis America" verliehen Casas Grandes eine besondere Note.

Schale aus Panama
Auch wenn es ikonografische Themen gibt, die ganz Amerika gemeinsam sind, so unterscheidet sich die Darstellung des Skorpions auf dieser polychromen Cocle-Schale aus Panama von der desselben Tiers in Mesoamerika. Das gilt auch für den entsprechenden Schmuck.

Casas Grandes
Die Architektur aus Erde und Lehmziegeln in Casas Grandes ist eng mit den mesoamerikanischen Traditionen verknüpft.

Metates
Diese Mühlsteine (Metates) sind wenig funktional. Sie sind reich mit geometrischen Motiven verziert und typisch für die Bildhauerei Mittelamerikas. In anderer Auslegung wurde ihnen auch die Funktion eines Throns zugedacht.

CHONTALES – EIN ANDERER STIL

Die an den Südgrenzen des mesoamerikanischen Kulturraums gelegene Region von Chontales in Nicaragua weist eine hohe kulturelle Vielfalt auf. Sie wurde ab 1200 n. Chr. besiedelt und bildete den Schnittpunkt verschiedener kultureller Strömungen. Die mesoamerikanischen Einflüsse, die über das benachbarte Grande Nicoya einströmten, schienen dabei zu dominieren. Metallgegenstände aus Gold oder Legierungen stammten jedoch aus dem Süden, aus Panama und Kolumbien. Die Bildhauerei wies wiederum einen Stil auf, in dem sich lokale Motive mit denen aus der Andenregion vermischten. In der Spätzeit, ab 1400, besiedelten die Chontales die Region, die ihrerseits einen eigenen Stil einbrachten. Sie verdrängten die früheren Bewohner, womit gleichzeitig die mesoamerikanischen Einflüsse in den Hintergrund getreten sein dürften.

Figurengefäss
In der Nachklassik geriet die Pazifikküste von Nicaragua und Costa Rica unter mesoamerikanischen Einfluss. In Grande Nicoya wurde eine sehr schöne polychrome Keramik mit unterschiedlichen Formen gefunden, in denen Einflüsse der Maya und der Mixteca-Puebla zu erkennen sind.

Kapitel 5

Frühe Kulturen

Institutionen zivilisierten Lebens

Der Fortschritt in Kunst und Technik, der in dem Begriff „Zivilisation“ enthalten ist, steht nach allgemeiner Auffassung in einem engen Zusammenhang mit der Gründung von Städten. Diese Vorstellung trifft jedoch für einige Kulturen der Alten und der Neuen Welt, denen Städte unbekannt waren, nicht zu. So gab es bei den Khmer in Kambodscha und den mykenischen Griechen offensichtlich keine Städte. Andererseits wird den großen Maya-Stätten der klassischen Epoche, die einst als nahezu unbewohnte Zeremonialstätten galten, inzwischen eindeutig städtischer Charakter zugesprochen. Angesichts dieser widersprüchlichen Thesen stützen sich mesoamerikanische Archäologen mittlerweile auf andere Zivilisationskriterien. Als solche sehen sie vor allem bedeutende öffentliche Bauwerke und einheitliche, monumentale Kunststile, die sich über die Jahrhunderte entwickelt haben.

Der Ringer von Uxpanapa
Diese olmekische Steinskulptur von etwa 66 cm Höhe stammt aus dem Süden von Veracruz. Der bärtige Mann mit Schlitzaugen vermittelt den Eindruck geballter Kraft oder Macht.

Das Leben wurde unter der Führung einer Elite organisiert, die sich dabei in der Regel auf eine Schrift und eine Verwaltungsbürokratie stützte. Frühe Zivilisationen unterschieden sich qualitativ von den ihnen vorangegangenen Stammeskulturen. Die Kunst, die sie hervorbrachten, spiegelt die Kraft wider, die diese ersten zivilisierten Gesellschaften zusammenhielt, nämlich eine Staatsreligion, in der die politischen Anführer die Vermittler zwischen Göttern und Menschen waren. Die monumentalen Skulpturen dieser alten Völker sind daher meist mit religiösen Symbolen bedeckt, um dem Betrachter gebührende Ehrfurcht einzuflößen.

Wann die Staatenbildung erstmals auftrat, ist mit archäologischen Funden allein nur schwer festzustellen. Ein Staat definiert sich nicht nur durch einen zentralisierten bürokratischen Apparat, sondern auch durch die Ausübung von Zwang in Form eines stehenden Heeres und einer Polizei. Die mesoamerikanische Archäologie liefert unzählige Daten über das Entstehen von Elitegruppen, jedoch weit weniger über Kriegsführung oder staatliche Kontrolle, auch wenn beides mit Sicherheit 2000 Jahre vor Ankunft der Spanier bekannt war.

Die späteren Kulturen Mesoamerikas zeigten sehr unterschiedliche Grade der Verstädterung. Diese reichten von solchen Kulturen, bei denen ein Elitezentrum von einer Bevölkerung, die in weit verstreuten Dörfern lebte, getragen wurde, bis hin zu jenen, die regelrechte Metropolen errichteten. In all diesen Kulturen war eine Verwaltungshierarchie ausgebildet. Die Herrscher konnten die Landbevölkerung zum Frondienst heranziehen, um Tempel und Paläste zu bauen und um diejenigen mit Nahrungsmitteln zu versorgen, die nicht in der Landwirtschaft tätig waren: Könige, Priester und Handwerker. Mit der Entwicklung eines komplizierten Ritual- und Zivilkalenders war ein ordnungsgemäßer Zeitablauf sichergestellt, wodurch die Elite wichtige Ereignisse oder Feste zelebrieren konnte. Zudem entstand schon bald eine Schrift. In den städtischen Zentren wurden regelmäßig Märkte abgehalten, auf denen Gemüse und andere Waren aus dem Umland und dem Zentrum feilgeboten wurden. Dieses Grundmuster der mesoamerikanischen Gesellschaften bildete sich in der Vorklassik heraus und bestand in vielen Gebieten bis zur Ankunft der Spanier.

Die Olmeken

Die älteste mexikanische Kultur ist unter dem Namen der Olmeken bekannt. Seit vielen Jahren waren den Archäologen kleine Jadeskulpturen und andere Objekte bekannt, die sich durch einen unverkennbaren und kraftvollen Stil auszeichneten und Menschenkinder mit den Gesichtszügen eines zähnefletschenden Jaguars darstellten. Die meisten stammten aus der feuchtheißen Golfküstenebene, der Region des südlichen Veracruz und dem angrenzenden Tabasco, das im Westen an das Maya-Gebiet stößt. Der Archäologe George Vaillant erkannte bei all diesen Werken die einheitliche Linie und sprach sie den Olmeken zu, den geheimnisvollen „Gummimenschen“, die der aztekischen Überlieferung zufolge in den ausgedehnten Kautschukwäldern entlang der Golfküste zu Hause waren.

DIE SPRACHLICHEN URSPRÜNGE DER OLMEKEN

Die Sprache eines Volkes zu kennen, scheint von untergeordneter Bedeutung zu sein, ist aber im Grenzgebiet zwischen Archäologie, Inschriftenkunde und Ethnologie durchaus wichtig. Die sprachliche Einordnung ermöglicht die kulturelle Einordnung. Auf diese Weise kann man auch in der Ikonografie Fortschritte machen. Welche Sprache hatten die Olmeken? Eine erste Orientierung liefert die Verteilung der Mayasprachen. Nahezu alle Maya sprechenden Völker lebten im südlichen Mesoamerika, aber die Huaxteken, die im Nordosten des Kulturraums ansässig waren, sprachen ebenfalls Maya. Beide Gebiete waren durch Hunderte von Kilometern und andere Völker voneinander getrennt. Die Trennung muss um etwa 1000 v. Chr. stattgefunden haben. Hatten die Olmeken eine Mayasprache? Oder sind sie für die Trennung verantwortlich? Die zweite Vermutung ist plausibel, wenn man bedenkt, dass es im Gebiet der Olmeken während ihrer Blütezeit zahlreiche Hinweise auf Einflüsse von der Pazifikküste der Chiapas gab, wo man Mixezokisch sprach. Die Mixezoken hatten stets eine enge Bindung zu den Olmeken. Ferner konnten die wenigen bekannten Inschriften der olmekischen Kultur, darunter die großartige Stele von La Mojarra, mit dieser Sprachgruppe in Zusammenhang gebracht werden.

Tatsächlich ist von dem Volk, das diese olmekischen Kunstwerke herstellte, nichts bekannt, weder wie es sich selbst nannte, noch wo es herkam. Alte Gedichte in *Nahuatl*, die nach der Eroberung durch die Spanier aufgezeichnet wurden, erzählen von einem legendären Land an der Ostküste namens Tamoanchan, dessen Könige über einen langen Zeitraum an der Macht gewesen sind, lange vor der Gründung Teotihuacáns, zu einer Zeit vor jeder Zeitrechnung jenseits aller Erinnerung.

Über die historische Zuordnung der Kultur der Olmeken herrschte zunächst Uneinigkeit. Erst mithilfe umfangreicher Radiokarbonmessungen an dem bedeutenden Olmeken-Fundort La Venta konnte sie in die Zeit zwischen 200 und 400 v. Chr. eingestuft werden. Damit fällt die Blütezeit dieses Kulturzentrums in die mittlere Vorklassik. Weitere Messungen ergaben, dass der Fundort San Lorenzo noch älter ist und in die frühe Vorklassik (1800–1200 v. Chr.) gehört, also in die Zeit von Tlatilco eingeordnet werden muss. Inzwischen wird allgemein davon ausgegangen, dass alle späteren Kulturen Mesoamerikas, ob die der Mexikaner oder der Maya, letztlich auf der olmekischen Tradition aufbauen.

Charakteristisches Merkmal der olmekischen Kultur ist ihr Kunststil. Dessen ungewöhnlichster Aspekt ist die ihm zugrunde liegende Ikonografie, die uns Einblick in eine seltsam anmutende Religion gibt. Offensichtlich glaubten die Olmeken, dass sich in grauer Vorzeit eine Frau mit einem Jaguar vereinigte. Aus dieser Verbindung ging eine Rasse von Jaguarmenschen hervor, die sowohl menschliche als auch katzenartige Züge aufwies. In der Kunst werden diese Kreaturen meist als infantile Wesen dargestellt, mit den Rundungen kleiner, wohlgenährter Säuglinge, mit zurückgezogenen Lefzen, zahnlosen Gaumen oder langen gebogenen Reißzähnen und sogar Krallen. Die Köpfe sind oben gespalten und stellen womöglich eine angeborene Abnormität dar. Jaguarmenschen erscheinen immer geschlechtslos und erinnern in ihrer Leibesfülle an Eunuchen. In gewisser Weise steht der Jaguarmensch im Mittelpunkt der olmekischen Kultur.

ZWERG VON CERRO DE LAS MESAS
Das Jadefigürchen hat typisch olmekische Gesichtszüge wie die dicken Lippen, die Stumpfnase und den absichtlich deformierten Kopf, der ihm ein merkwürdig tierartiges Aussehen verleiht.

Der Zufallsfund einer großen Jadefigur in der Nähe des Dorfes Las Limas in Veracruz beweist jedoch, dass die Olmeken-Ikonografie wesentlich komplexer war. Diese Figur zeigt einen Jüngling oder jungen Mann, der einen Säugling mit Jaguarzügen in seinen Armen hält, ein Bildmotiv, das auch an einigen olmekischen „Altären" zu finden ist. Auf den Schultern und den Knien des jungen Mannes sind die Köpfe von vier Olmeken-Gottheiten im Profil eingeritzt, mit jeweils unterschiedlichen ikonografischen Zügen, alle jedoch mit gespaltenem Kopf.

Die Figur aus Las Limas zeigt, dass die Olmeken verschiedene Götter anbeteten, von denen nur einige die Züge eines Jaguars aufwiesen. Durchaus gleichwertig in diesem Pantheon waren Furcht erregende Tieflandkreaturen wie der Kaiman oder der Harpyienadler oder gefürchtete Meereslebewesen wie etwa der Hai. Diese Gottheiten wurden so vielfältig miteinander kombiniert, dass die Darstellungen auf den modernen Betrachter recht verwirrend wirken.

Trotz ihrer sonderbaren Inhalte ist die Olmeken-Kunst durchaus realistisch und zeugt von einem meisterhaften Umgang mit Formen. Die großen Basaltmonumente aus dem Kernland der Olmeken und andere Skulpturen zeigen Szenen, in denen offensichtlich natürliche Personen abgebildet sind; viele davon haben einen Bart, manche eine Adlernase. In den Flachreliefs der Olmeken werden auch leere Flächen wirkungsvoll eingesetzt. In der Darstellung entsteht so eine räumliche Spannung, die im Zusammenspiel mit dem langsamen Rhythmus der stets gebogenen Linien den überwältigend monumentalen Charakter des Stils erzeugt, mag das Objekt auch noch so klein sein.

Die Olmeken arbeiteten vor allem in Stein, von den wahrhaft gigantischen Kolossalköpfen, Stelen und Altären der Veracruz-Tabasco-Region bis zu den fein gemeißelten Fauststeinen, Figurinen und Gehängen aus Jade. Typisch ist eine Kombination aus Meißeln, Bohren (mit einem Rundstab und nassem Sand) und feinem Einritzen. Olmekische Skulpturen sind in der Regel rundum bearbeitet, sie können von allen Seiten betrachtet werden. Sehr kleine Skulpturen und Figurinen aus wunderschöner blaugrüner Jade und aus Serpentin waren leicht zu transportieren, sodass die Herkunft vieler dieser Stücke nicht mit Sicherheit zu bestimmen ist. Objekte olmekischer Kleinkunst wurden in ganz Mexiko gefunden, inbesondere im Staat Guerrero im Westen der Republik. Die meisten von ihnen könnten jedoch durch Handel oder auch durch olmekische Missionare dorthin gelangt sein. Darunter befinden sich meisterhaft gefertigte Äxte aus Jade, Basalt oder anderem Stein. Einige sind so dünn, dass sie als Äxte vollkommen unbrauchbar sind und rituellen Zwecken gedient haben müssen. Neben anderen olmekischen Gottheiten sind auf vielen dieser Äxte die Jaguarmenschen dargestellt, mal mit überwiegend katzenartigen Zügen, dann wieder mit überwiegend anthropomorphen Zügen. Aber auch Gefäße und Figurinen aus Ton und sogar aus Holz weisen den olmekischen Stil auf.

Die Region des südlichen Veracruz und des angrenzenden Tabasco wird zu Recht das Kernland der Olmeken genannt. Hier befinden sich ihre größten Stätten und die meisten Monumente, und hier erscheint der in der olmekischen Kunst dargestellte Mythos in seiner ausgereiftesten Form. Wenig Zweifel besteht daran, dass die Kultur ihre Wurzeln in diesem ungefähr 225 Kilometer langen und 90 Kilometer breiten Gebiet hatte und auch hier ihre höchste Entwicklungsstufe erreichte. Das Kernland zeichnet sich durch eine hohe Niederschlagsmenge (etwa 300 Zentimeter im Jahr) aus und lag vor Ankunft des „weißen Mannes“ in einem dichten Regenwald, unterbrochen von Savannen. In diesem scheinbar so unwirtlichen Umfeld entstand die erste Kultur Mesoamerikas.

Die Olmeken von San Lorenzo

Die Entdeckung der Olmeken-Kultur ist Matthew Stirling zu verdanken, der in den 1930er- und 1940er-Jahren mit seiner Frau Marion Tres Zapotes, La Venta und San Lorenzo erforschte und ausgrub. 1945 stießen sie in San Lorenzo an einem Pfad auf ein steinernes Auge, das aus dem Erdboden schaute. Sie erkannten, dass sie einen typisch olmekischen Kolossalkopf vor sich hatten und legten ihn frei. Dabei entdeckten sie eine Fülle von Skulpturen.

Bei anschließenden Ausgrabungen stellte sich heraus, dass San Lorenzo eine Art Plattform war, die sich etw 45 Meter über die umliegende Ebene erhob; sie erstreckte sich etwa 1,2 Kilometer in Nord-Süd-Richtung, während lange Kämme auch nach Nordwesten, Westen und Süden zeigten. Was mögen die Olmeken mit dieser gigantischen Konstruktion aus Erde, Lehm und anderen Baustoffen, die die Bauern auf ihrem Rücken heranschleppten, nur bezweckt haben? Vielleicht wollten sie das Abbild eines riesigen Tieres erschaffen, das sie jedoch nie vollendeten, da der Ort vorher zerstört wurde.

Olmekische Votivaxt

Dieses Objekt zeigt in stilisierter Form das mehrdeutige Aussehen der olmekischen Figuren, die halb Mensch, halb Tier sind.

Der „Altar" von San Lorenzo
Atlanten tragen die obere Platte, auf der in stilisierter Form der olmekische Jaguar dargestellt ist. Unklar ist, ob es sich um einen Altar oder eher um einen Thron handelt, auf dem der Herrscher dieses wichtigen Zentrums saß.

San Lorenzo wurde um 1700 v. Chr. besiedelt und befand sich um 1500 v. Chr. ganz in olmekischer Hand. In seiner Blütezeit wurden – ganz ohne den Einsatz von Metallwerkzeugen – einige der großartigsten und erhabensten Skulpturen, die jemals in Mexiko entdeckt worden sind, geschaffen. Analysen des Materials haben ergeben, dass es sich dabei um Basaltblöcke handelt, die aus den 90 Kilometer (Luftlinie) entfernten Steinbrüchen des Vulkans Cerro Cintepec in den Tuxtla-Bergen stammten. Vermutlich wurden die Steine an befahrbare Flüsse gezogen, auf große Flöße aus Balsaholz geladen, zunächst zur Golfküste und von dort den Fluss Coatzacoalcos hinauftransportiert. Von da ab mussten sie zur San-Lorenzo-Plattform gezogen werden, was wahrscheinlich mithilfe von Rollen erfolgte. Unvorstellbar groß ist die Zahl der dazu erforderlichen Arbeitskräfte.

Zu den Skulpturen von San Lorenzo, die zur frühen vorklassischen Epoche zählen, gehören acht meisterhaft gefertigte Kolossalköpfe. Sie sind bis zu 2,85 Meter hoch und viele Tonnen schwer; vermutlich handelt es sich bei allen um Porträts von großen Herrschern der Olmeken. Die Gesichter sind flach und haben wulstige Lippen. Ihre Kopfbedeckung, die an Football-Helme erinnert, diente sicherlich nicht nur als Schutz in der Schlacht, sondern auch bei dem zeremoniellen Ballspiel mit einem Kautschukball, das in ganz Mesoamerika verbreitet war. Tatsächlich fanden die Archäologen in San Lorenzo Figurinen, die Ballspieler darstellten, sowie einen einfachen Platz aus gestampftem Lehm, der für dieses Spiel angelegt war. Charakteristisch sind auch die „Altäre": große, oben abgeflachte Basaltblöcke, die bis zu 40 Tonnen wiegen. Auf der Vorderseite dieser „Altäre" ist eine Nische, in der in Stein gemeißelt ein Herrscher sitzt, der entweder einen Säugling mit den Gesichtszügen eines Jaguars in den Armen hält (vermutlich das Kennzeichen königlicher Abstammung) oder an einem Seil gefesselte Gefangene, die als Relief auf den Seiten dargestellt sind (Thema Krieg und Eroberung). Bei diesen „Altären" wird es sich eher um Thronsitze gehandelt haben. Einer der bemerkenswertesten „Altäre" von San Lorenzo wurde nahe der Trabantenstadt Potrero Nuevo gefunden: Zwei dickbäuchige Zwerge stützen die „Altar"-Platte mit ihren erhobenen Händen.

In San Lorenzo kamen auch große Mengen an Scherben von Haushaltsgegenständen zum Vorschein, darunter Schalen und Schüsseln aus Ton im typischen Olmekendekor, wunderschöne olmekische Figurinen und Kaolin-Fragmente von Säuglingen mit Jaguargesichtszügen, kleine Spiegel aus poliertem Eisenerz, einige davon mit konvexer Wölbung, die aus fernen Regionen wie dem Oaxaca-Hochland auf dem Handelsweg an diesen Ort gelangt sein könnten. Tausende von Obsidianartefakten wurden ausgegraben, meist rasiermesserartige Klingen, aber auch Pfeilspitzen und Werkzeuge aus Knochen. In der Golfküstenregion gab es keine Obsidianvorkommen, und Spurenelementanalysen wiesen nach, dass dieses Material aus vielen verschiedenen Vorkommen im Hochland Mexikos und in Guatemala stammte, was wiederum von dem ausgedehnten Handelsnetz zeugt, das der aufstrebende Olmekenstaat in jener Zeit kontrollierte.

Pflanzenreste wurden nicht gefunden, aber gelegentliche Einschlüsse von Abfällen enthielten Säugetier-, Fisch- und Amphibienreste. Die Olmeken von San Lorenzo ernährten sich in erster Linie von Fisch wie dem Barsch und vom Haushund.

Menschenknochen mit deutlichen Schlacht- und Brandspuren waren ebenfalls in großer Menge vorhanden – ein Hinweis auf Kannibalismus. Ferner wurden viele Knochen der Aga-Kröte gefunden (*Bufo marinus*), einem Lebewesen, das aufgrund der in seiner Haut vorhandenen Giftstoffe ungenießbar ist, aber vielleicht wegen seiner Produktion von Bufotenin, einem bekannten Halluzinogen, begehrt war.

Die meisten Bewohner waren Maisbauern, die auf dem höher gelegenen Land, das von den Überschwemmungen der Regenzeit unberührt blieb, zwei Ernten pro Jahr einbringen konnten. Die olmekische Elite behielt sich die fruchtbaren Ufersäume vor, die nach Rückgang der Überschwemmungen im Sommer Rekordernten brachten. Der erste mesoamerikanische Staat, der von einer erblichen Elite mit legislativer, militärischer und religiöser Macht beherrscht wurde, hatte seine Entstehung offenbar zwei Faktoren zu verdanken. Zum einen war dies eine Umwelt mit sehr hohem Agrarpotenzial infolge des ganzjährigen Niederschlags und der Überschwemmung der Flussufer in der Regenzeit, in Verbindung mit reichen Fischvorkommen. Der zweite Faktor war der geregelte Zugriff auf das beste Land infolge der Entstehung sozialer Schichten. Die Parallele zum alten Ägypten – dem „Geschenk des Nils“ – ist nicht zu übersehen.

DAS ENDE VON SAN LORENZO

Um 900 v. Chr. fand San Lorenzo ein gewaltsames Ende, auch wenn der Ort nicht vollständig verlassen wurde. Die Zerstörung wurde vom Wegzug des Großteils der Bevölkerung begleitet. Einige Monumentalstatuen scheinen mutwillig zerstört, andere in Schluchten gestürzt worden zu sein. Die übereinstimmenden Hinweise sind meist als Zeichen eines Aufstands gegen die Herrscher des Ortes interpretiert worden. Aber die mutwillige Zerstörung von Skulpturen kann auch darauf zurückzuführen sein, dass die Bevölkerung sie nicht Räubern überlassen wollte. Daraus ergäbe sich eine andere Hypothese: beispielsweise der Angriff einer rivalisierenden Stadt. Neuere Grabungen haben Hinweise auf tektonische Bewegungen in der benachbarten Bergregion von Tuxtlas ergeben, die stark genug gewesen sein dürften, um die Gegend von San Lorenzo tief greifend zu verändern. Die Erderschütterungen scheinen vor allem die Wasserwege so umgeleitet zu haben, dass die Stadt lebenswichtiger Ressourcen beraubt war. Hierdurch könnten die Lebensbedingungen verändert und vor allem soziale, politische und wirtschaftliche Probleme verursacht worden sein. Vielleicht hat die Kombination dieser Faktoren schließlich zur Aufgabe der Stadt, deren Versorgung vermutlich gefährdet war, geführt.

Die San-Lorenzo-Gesellschaft war weit davon entfernt, allen Mitgliedern dieselben Rechte zuzuerkennen – die Kolossalköpfe sprechen für sich. Die Kontroll- und Zwangsmaßnahmen, die für den Bau des großen Plateaus und die Transporte der Monumente erforderlich waren, endeten schließlich in einer gewaltigen Katastrophe. Um 1200 v. Chr. wurde San Lorenzo entweder durch einen feindlichen Einfall oder eine Revolution oder eine Kombination von beidem zerstört. Die grandiosen Monumente, die ihre Herrscher und Götter verherrlichten, wurden rücksichtslos zertrümmert oder entstellt und dann an den Hängen in langen Reihen rituell begraben. Einige davon (die von Stirling entdeckten) wurden später durch Erosion freigelegt und stürzten in die Schluchten. Die Heftigkeit der zerstörerischen Kraft, die sich an diesen Steinen entlud, entspricht in gewisser Weise der Arbeit und Genialität, mit der sie geschaffen worden waren. Kulturen im frühen Mesoamerika gingen nicht mit leisem Wehklagen unter, sie erloschen mit einem lauten Knall.

HOLZBÜSTE AUS EL MANATÍ
Die außergewöhnliche Entdeckung dieser Holzschnitzereien, die 3000 Jahre alt sind, trägt zur Lösung des Rätsels um die plötzliche Entstehung der olmekischen Kunst bei: Wie viele Stücke aus vergänglichen Materialien, die eine graduelle Entwicklung bezeugen könnten, sind wohl verschwunden?

El Manatí

Lange Zeit klagten die Archäologen, die im Olmeken-Kernland arbeiteten, darüber, dass die Fundstätten nur schlecht erhalten waren – das geschnitzte Holz, die Textilien und fast alle anderen organischen Materialien waren zerfallen, ohne Spuren zu hinterlassen. Da war die Aufregung groß, als nur 36 Kilometer südöstlich von San Lorenzo der Ort El Manatí zum Vorschein kam. Zahlreiche Quellen sorgen an diesem Ort dafür, dass die Stätte vollständig unter Wasser steht. Dadurch sind die ansonsten vergänglichen olmekischen Materialien außerordentlich gut erhalten. Die dort gefundenen Stücke stammen alle aus der Endphase der San-Lorenzo-Periode, also aus der Zeit um 1200 v. Chr. In den Jahren 1988 und 1989 konnte ein Team von Archäologen zehn Holzfiguren untersuchen und konservieren. Alle Figuren haben „Babygesichter" wie die olmekischen Hohlfigurinen aus Ton. Jede Figur ist 50 Zentimeter hoch und besteht aus wenig mehr als einem Torso. Sorgfältig in Matten eingewickelt und verschnürt lagen sie mit dem Kopf in Richtung Bergspitze.

Gut erhalten waren darüber hinaus polierte Steinäxte, Jade- und Serpentinperlen, ein Holzstab mit einem Vogelkopf am einen und einem Haizahn am anderen Ende (sicherlich zur Blutentnahme) sowie ein Obsidianmesser mit einem Griff aus Erdpech. Zur allgemeinen Überraschung stießen die Archäologen auf ein Versteck mit drei Kautschukbällen, die einen Durchmesser von 8–13 Zentimeter hatten, die einzigen bis dahin gefundenen Exemplare eines damals sicherlich sehr alltäglichen Gegenstands, die

ALS DIE OLMEKEN DEN KAUTSCHUK ENTDECKTEN

Olmecas, die Menschen aus dem Kautschukland, war der Name, den die Azteken den Bewohnern der Südküste des Golfs von Mexiko gaben. Zunächst durch einen Irrtum, dann durch Übertragung bezeichnete der Name auch die erste große Zivilisation Mesoamerikas. Das Gebiet, in dem die ersten olmekischen Städte entstanden, war für das Wachstum des Kautschukbaums, der auf Nahuatl *ulli* heißt, günstig. Man weiß, dass die Region in der aztekischen Epoche jährlich 16 000 Kautschukballen als Tribut an Tenochtitlán lieferte. Die Entdeckung mehrerer Kautschukbälle unter den Opfergaben in El Manatí belegt, dass die Olmeken den Wert dieses Produkts kannten und seine Gewinnung sowie seine Verarbeitung beherrschten. Daraus auf eine bestimmte Verwendung zu schließen, zum Beispiel das Ballspiel, ist nicht leicht. Man weiß, dass Kautschuk in der mesoamerikanischen Welt vielfältig verwendet wurde. Oft eingesetzt wurde er im Bereich der Medizin und diente dazu, Gewebe undurchlässig zu machen. Bei Selbstopferungen hielt er in Form von Kugeln die dafür verwendeten Nadeln. Der Rauch, der bei seiner Verbrennung entstand, beschwichtigte die Götter. Der Kautschuk war das erste Geschenk, das die Olmeken der mesoamerikanischen Welt und auch unserer eigenen Zivilisation machten.

das präkolumbische Mesoamerika überlebt haben. Sie bestätigen, dass das Ballspiel mindestens so alt ist wie die Kultur der Olmeken.

BASALTSÄULEN IN LA VENTA
Handelt es sich um eine symbolische Hütte? Ein Grab? Einen Jaguarkäfig? Diese Konstruktion zeigt uns, welche Anstrengungen die Olmeken zusätzlich zur figürlichen Kunst unternahmen, um ihre rituelle Welt in Stein zu übersetzen.

Die Olmeken von La Venta

Nach dem Niedergang von San Lorenzo ging die Macht auf La Venta in Tabasco über, eine der bedeutendsten Stätten der Olmeken, die durch die Erdölindustrie heute jedoch weitgehend zerstört ist. Sie liegt auf einer Insel in einem auf Meereshöhe gelegenen Küstensumpfland am Fluss Tonalá, ungefähr 30 Kilometer vom Golf von Mexiko landeinwärts. Die Insel umfasst wenig mehr als fünf Quadratkilometer trockenes Land.

Das bedeutendste Monument von La Venta ist eine riesige, 34 Meter hohe, kegelförmige Pyramide aus Lehm. Welche Absicht hat wohl hinter einer solch gewaltigen Erdaufschüttung gesteckt, handelt es sich doch hierbei um die größte Pyramide ihrer Epoche in Mexiko? Es hat fast den Anschein, als ob die Menschen sich bemüht hätten, ihre Tempel möglichst hoch in den Himmel zu bauen, um den Göttern näher zu sein. Dies kann jedoch nicht die einzige Funktion gewesen sein, denn in vielen Pyramiden Mesoamerikas wurden aufwändige Gräber gefunden, die während der Bauzeit dieser Pyramide angelegt wurden. Es ist also denkbar, dass die Tempelpyramide eine Weiterentwicklung der alten Idee eines Grabhügels oder Grabmonuments war. Ob dies auch bei der Pyramide von La Venta der Fall ist, bleibt offen, da sie, obgleich sie erhalten ist, niemals geöffnet wurde.

Im Norden der Großen Pyramide erheben sich zwei lang gestreckte, niedrige Erdhügel zu beiden Seiten der Mittellinie sowie eine niedrige Aufschüttung in der Mitte. Daran schließt sich ein breiter rechteckiger Hof oder Platz an, der einst von über zwei Meter hohen Basaltsäulen eingerahmt war, die Seite an Seite auf einer niedrigen Mauer aus Adobeblöcken standen. Zum Schluss erhebt sich an der Mittellinie ein großer, terrassenförmig angelegter Lehmhügel. Manche deuten die Anordnung der zentralen Bauwerke der Stätte als riesige abstrakte Jaguarmaske.

Dieses Elitezentrum muss von mindestens 18 000 Einwohnern getragen worden sein, die in seinem Umland siedelten; allein für den Bau der Hauptpyramide wurden etwa 800 000 Arbeitstage errechnet. Die „Insel" La Venta selbst war keine unbewohnte Zeremonialstätte, sondern vielmehr eine Stadt von beachtlichen Ausmaßen.

In seiner Glanzzeit muss dieser Ort sehr beeindruckend gewesen sein: Die Böden waren aus verschiedenfarbenem Lehm und die Plattformseiten in kräftigem Rot, Gelb und Violett gestrichen. Auf den Plätzen vor diesen regenbogenfarbigen Bauten standen unzählige Monumente aus Basalt. Zu den spektakulärsten Werken zählen die Kolossalköpfe, von denen in La Venta vier geborgen wurden. Ebenso standen dort große Stelen (große, flache Monumente) aus demselben Material. Besondere Beachtung verdient eine Stele, die von den Archäologen den Spitznamen „Onkel Sam" erhielt. Zu sehen sind zwei erlesen gekleidete Männer, die sich mit fantastischem Kopfputz gegenüber stehen. Die rechte Figur hat eine lange Adlernase und einen Spitzbart. Über beiden Männern schweben Keulen schwingend pummelige Jaguarwesen in Menschengestalt.

OPFERGABE NR. 4 VON LA VENTA
Von großem Wert wäre die Entschlüsselung der hier gezeigten Zeremonie. Hierbei stehen 15 Steinfigürchen einer Figur gegenüber, hinter deren Rücken sich sechs Votiväxte befinden.

An der Fundstätte stießen die Ausgräber auch auf vergrabene Opfergaben. Darunter befanden sich fein polierte Ohrstecker aus Jade mit Jadeanhängern in Form von Jaguarzähnen. Manche olmekischen Skulpturen und Figurinen zeigen Personen, die nach innen gewölbte Brustbehänge um den Hals tragen. Solche Gegenstände fand man später auch bei den Opfergaben. Es stellte sich heraus, dass es sich um Hohlspiegel aus Magnetit und Ilmenit handelte, deren reflektierende Oberflächen nach optischen Prinzipien poliert worden waren. Welchen Handlungen mögen diese Gegenstände wohl gedient haben? Experimente haben ergeben, dass sie nicht nur ein Feuer entzünden, sondern wie eine *camera lucida* auch Bilder an die Wand projizieren können. Sie hatten Löcher, um sie aufzuhängen, und man kann sich den Hokuspokus vorstellen, den manch mächtiger Olmeken-Priester mit diesen Spiegeln veranstaltet haben wird.

In der sauren Erde La Ventas zerfallen Knochen schnell, und nur sehr wenige Gräber wurden entdeckt. Eines davon verdient jedoch besondere Beachtung. Auf einem Boden aus flachen Kalksteinplatten lagen die Überreste zweier Kinder, die einzeln zu Bündeln gewickelt und mit einer dicken zinnoberroten Farbschicht bedeckt waren. Neben ihnen lagen als Grabbeigaben unter anderem fein gearbeitete Jadefigurinen, Perlen, ein Jadeanhänger in Form einer Muschelschale und der Stachel eines Stachelrochens. Vielleicht waren die Kinder oder Kleinkinder in dem Grab missgestaltet und glichen in den Augen der Olmeken Jaguarmenschen, sodass sie dieser Behandlung würdig waren.

Wie das ältere San Lorenzo wurde La Venta ebenfalls vorsätzlich zerstört. Mit Sicherheit erfolgte der Niedergang mit Gewalt, denn 24 der 40 Monumente sind absichtlich beschädigt worden. Dies muss sich zwischen 400 und 300 v. Chr. abgespielt haben, denn es wurden Opfer in Form von Töpferarbeiten gefunden, die aus der späten Vorklassik stammen, also aus der Zeit nach Aufgabe des Zentrums. La Venta hat seine Bedeutung als Kultstätte wohl nie wirklich verloren – in den zuletzt entdeckten Verstecken kam unter anderem ein spanischer Olivenkrug aus der frühen Kolonialzeit zutage, und auch in heutiger Zeit sind Opfergaben durchaus denkbar.

SCHLANGENMASKE VON LA VENTA
Das aus 485 Teilen bestehende Mosaik hat riesige Ausmaße (6 m mal 4,5 m) und ist auf einem 2 m tiefen Lehmziegelboden angebracht. Das spricht dafür, dass es für rituelle Opfergaben verwendet wurde.

Entschlüsselung eines Pantheons

Xipe Totec
Dem Gott der pflanzlichen Erneuerung war ein besonders grausames Ritual gewidmet: Den Geopferten wurde bei lebendigem Leib die Haut abgezogen, die der Priester trug, bis sie verfaulte.

Mit dem Versuch der spanischen Eroberer, die Götter nach dem Vorbild des lateinischen und griechischen Pantheons zu bestimmen, entwarfen sie von der mesoamerikanischen Religion ein völlig falsches Bild – denn diese ist einfacher und vor allem ganz anders.

Die Azteken verehrten Naturkräfte und -phänomene. Krieg, Regen, Berge, Wind oder Vulkane wurden ebenso vergöttert wie Mais oder *Pulque*, ein alkoholisches Getränk. Jede soziale Gruppierung, jede Vereinigung, jede Stadt hatte ihre eigenen Götter, die wiederum – je nach ihrer Erscheinungsform – verschiedene Namen erhielten. Quetzalcóatl hieß bei den Maya Gucumatz oder Kukulcan, aber auch Ehécatl, Xolotl und Tezcatlipoca.

Das mesoamerikanische religiöse Denken war stark dualistisch und von verschiedenen Richtungen her bestimmt. Der Gegensatz von Gut und Böse war jedoch unbekannt. Eine Gottheit konnte zugleich wohltätig und negativ, männlich und weiblich, Symbol für den Tag und die Nacht sein. Die Venus war Morgen- und Abendstern. Tlaloc brachte den fruchtbaren Regen wie auch den wütenden Sturm. Ferner waren jedem Gott eine Farbe und ein Alter zugeordnet. Die Zahl der Götter ist nicht so hoch, wie sie scheint, vielmehr sind es ihre jeweiligen Funktionen und Kulte, die so zahlreich sind. So hatte der aztekische Tlaloc, der Gott der Bauern, der den lebensspendenden Regen brachte, in Teotihuacán wahrscheinlich eine ganz andere Funktion: Sein Gesicht schmückte die Schilde der Krieger, die in der Maya-Kultur die Macht der Metropole verkörpern sollten.

Ein genaues Pantheon festzulegen, ist unmöglich, eher lassen sich Konstanten und Gemeinsamkeiten zwischen den Kulturen untersuchen. Quetzalcóatl beispielsweise gab es in Teotihuacán; ebenso wurde er aber als Schutzgott von Tula verehrt und verfügte wie Ehécatl über einen Tempel in Mexiko.

Der alte Gott des Feuers, Huehueteotl, der ein Kohlenbecken auf dem Kopf trug, wurde stets mit Vulkanen in Verbindung gebracht. Tlaloc, der Gott des Regens mit seinen runden Augen, wurde in Teotihuacán und von den Maya verehrt, war aber auch in Tenochtitlán von großer Bedeutung. Mictlantecuhtli, der König des Totenreichs, war einer der verehrtesten und am frühesten dargestellten Götter.

Mictlantecuhtli
Der Gott der Totenwelt wird sehr häufig abgebildet. Seine aus El Zapotal in Veracruz bekannte Darstellung beeindruckt sowohl durch ihren Realismus als auch durch ihre Technik, zumal sie aus Ton modelliert wurde.

Die Sonne
Hier wird die nach menschlichem Blut dürstende Sonne gezeigt, die ihre Strahlen aussendet und in Erwartung eines Opfers ihre Zunge herausstreckt.

Tlaloc
Der Gott der Bauern, der das segensreiche Wasser brachte, ist an seinen kreisförmigen Augen leicht zu erkennen. Ebenso besaß er zerstörerische Kräfte, und seine Reißzähne erinnern daran, dass er auch zahlreiche Opfer forderte.

Der Feuergott
In einem Land mit aktiven Vulkanen verwundert es nicht, dass eine der ältesten Gottheiten der Feuergott war, der auf dem Kopf ein Kohlenbecken mit kraterförmiger Öffnung trägt.

DER MYTHOS VON QUETZALCÓATL

Acatl Topiltzin Quetzalcóatl – die gefiederte Schlange – ist zweifellos der bekannteste aztekische Gott. Als Priesterkönig von Tula war er der perfekte Stadtgründer, der Wissen, Frieden und Wohlstand brachte. Aber er wurde durch die Hexereien von Tezcatlipoca, Verkörperung der Nacht und der Kriegermacht, besiegt und floh gen Osten – mit dem Versprechen zurückzukommen. Anderen Mythen zufolge opferte er sich im Feuer und wurde zum Planeten Venus. Quetzalcóatl war ein vielgestaltiger Gott: Als Venus stand er sowohl der Sonne und den Sternen als auch der Nacht, Tezcatlipoca, nahe. Als Symbol des Wohlstands war er Ehécatl, Gott des Windes, der mit Tlaloc, dem Regengott, in Verbindung stand. Außerdem galt er als göttlicher Förderer des Priestertums und der Wissenschaft.

Die Malereien von Cacaxtla
Diese stark von der Maya-Kunst beeinflussten Malereien zeigen, dass Quetzalcóatl, die gefiederte Schlange, und andere Gottheiten in unterschiedlicher Gestalt von allen mesoamerikanischen Völkern verehrt wurden.

Tres Zapotes und der Langrechnungskalender

Zu seiner Zeit war La Venta ohne jeden Zweifel der mächtigste und heiligste Ort im Kernland der Olmeken, heilig allein schon wegen seiner Unzugänglichkeit; in der mittleren vorklassischen Epoche konnten aber auch andere olmekische Zentren zu Macht und Einfluss gelangen.

Ungefähr 160 Kilometer nordwestlich von La Venta liegt Tres Zapotes, umgeben von einer niedrigen Hügelkette oberhalb des sumpfigen Beckens, das von den Flüssen Papaloapan und San Juan gebildet wird. Die Anlage umfasst um die 50 Erdhügel, die auf einer Länge von knapp vier Kilometern am Ufer eines Flusses aufgeschichtet waren. Töpferarbeiten und Tonfigurinen, die bei Ausgrabungen geborgen wurden, zeugen von einer frühen Besiedlung des Ortes Tres Zapotes, offensichtlich zeitgleich mit La Venta, sowie von einer späteren Besiedlung, die in die Zeit nach dem Untergang jenes bedeutenden Zentrums fällt. Diesem früheren, rein olmekischen Horizont sind zwei Kolossalköpfe zuzuordnen, die denen von La Venta gleichen. Die eigentliche Bedeutung von Tres Zapotes gründet jedoch auf seiner berühmten Stele, der Stele C. Sie ist ein fragmentarisches Basaltmonument und eines der ältesten datierten der Neuen Welt. Auf der einen Seite ist eine abstrakte Maske eines Jaguarmenschen dargestellt, deren Stil olmekische Einflüsse aufweist. Auf der Rückseite ist ein Datum in der Langrechnung eingearbeitet.

MONUMENT 19
Der Jaguar war das wichtigste, aber nicht das einzige Tier, das bei den Olmeken dargestellt wurde. Hier umschlingt eine Schlange als Schutzgott einen Menschen.

Das Langrechnungssystem zur Bestimmung des Datums bedarf einiger Erläuterung. Alle Völker Mesoamerikas verfügten über einen Kalender, der das 260 Tage zählende „Ritualjahr" mit dem Sonnenjahr aus 365 Tagen kombinierte. Ein Tag in dem einen Kalender traf nur alle 52 Jahre einmal auf einen bestimmten Tag im anderen Kalender. Auf diese Weise konnte jedes Datum innerhalb eines 52-Jahre-Zyklusses einmal platziert werden. Hierbei handelt es sich jedoch um ein System von Kalenderrunden, das bei Zeiträumen von über 52 Jahren nicht mehr aussagekräftig ist. In einem System, das die Tage bezogen auf einen bestimmten Ausgangspunkt – wie die Gründung Roms oder die Geburt Christi – zählt, lassen sich Daten mit größerer Genauigkeit ausdrücken. Diesen Anspruch erfüllte die Langrechnung, die sich nicht über die Tieflandbevölkerung Mesoamerikas hinaus verbreitet hat und von den Maya der klassischen Epoche zur höchsten Vollendung gebracht wurde. Aus uns unbekannten Gründen beginnt diese Zeitrechnung am 13. August 3114 v. Chr. – Datumsangaben werden durch eine Anzahl unterschiedlich langer Zeiträume angegeben, die seit Inkrafttreten dieser Zeitrechnung verstrichen sind. So betrug der längste Zeitraum 144 000 Tage, der nächst kürzere 7200 Tage, gefolgt von 360 Tagen, dann 20 Tagen, der kürzeste Zeitraum war ein Tag. Koeffizienten wurden in Form von Balken und Punkten dargestellt, wobei die Balken den Wert von fünf und die Punkte den Wert von eins hatten. So stehen ein Balken und zwei Punkte für die Zahl „sieben".

Auf der Stele C lautet das Datum 7.16.6.16.18 – das ist der 3. September 32 v. Chr. nach unserem Kalender. Ein weiteres Datum findet sich auf einer kleinen Jadefigur im olmekischen Stil, einer Figur mit Entenschnabel, Flügeln und menschlichen Gesichtszügen. Dies ist die in der olmekischen Region entdeckte Tuxtla-Statuette, die das Langrechnungsdatum 8.6.2.4.17 (14. März 162 n. Chr.) trägt. Da beide Daten in die späte vorklassische Periode fallen und die Objekte im Kernland der Olmeken gefunden wurden, erscheint die These nicht abwegig, dass die Erfindung der Langrechnung und möglicherweise auch gewisse astronomische Beobachtungen, die in der Regel den Maya zugesprochen werden, auf die Olmeken zurückgehen.

Stele des Botschafters
Dem entschlossen voranschreitenden Mann sind Zeichen beigefügt: Fußabdrücke, eine Blume, ein Vogelkopf. In diesen Motiven hat man den Beginn der Schrift gesehen.

Die Olmeken außerhalb ihres Kernlands

Ungeachtet ihrer intellektuellen und künstlerischen Errungenschaften waren die Olmeken alles andere als ein friedliches Volk. Ihre Monumente zeigen, dass sie Kriege mit Keulen führten, und einige Figuren tragen Waffen, die einem Kampfhandschuh oder Schlagring ähneln. Ob die olmekische Präsenz im mexikanischen Hochland, für die klare Beweise vorliegen, Folge eines von ihrem Kernland aus geführten Eroberungszugs war, ist nach wie vor Gegenstand heftiger Diskussionen. Die Olmeken aus Orten wie San Lorenzo oder La Venta hatten gewiss Bedarf an Rohstoffen – oft von hohem Wert wie Obsidian, Eisenerz für Spiegel, Serpentin und Jade –, die es aber in ihrer Region nicht gab . Vermutlich bauten sie über weite Teile Mexikos Handelsnetze auf, um in den Besitz dieser begehrten Waren zu gelangen. So könnte es sich bei den olmekischen Grenzorten um Handelsstationen gehandelt haben. Und schließlich legt die in weiten Teilen Mesoamerikas verbreitete Ikonographie der olmekischen Götterwelt die Möglichkeit nahe, dass die Olmeken von ihrem Kernland aus missionarisch tätig waren.

Zu den Orten Zentralmexikos, die olmekische Objekte der frühen Vorklassik herstellten, vornehmlich Figurinen und Keramikarbeiten, zählen Tlatilco und Tlapacoya im Hochtal von Mexiko und Las Bocas in Puebla. In Las Bocas wurden neben Schalen und Vasen feine, aus weißem Kaolin hergestellte olmekische Säuglingsfiguren und andere Darstellungen des Menschen gefunden. Viele dieser Objekte könnten sogar in San Lorenzo hergestellt worden sein.

Der wichtigste olmekische Fundort im mexikanischen Hochland ist Chalcatzingo im östlichen Morelos. Dort überragen drei einzeln stehende 300 Meter hohe Basaltberge das Flachland. Sie galten nicht nur in frühen Zeiten und bei den Azteken als heilig, sondern sind es auch bei der heutigen Landbevölkerung. An den Hängen des mittleren Berges wurden zahlreiche Felsreliefs aus der Olmeken-Kultur gefunden. Das kunstvollste Relief zeigt eine auf einem Thron sitzende Frau, die einen Zeremonialbalken in den Händen hält. Sie befindet sich wie in einer Höhle in dem im Profil dargestellten, weit aufgerissenen Rachen des olmekischen Erdmonsters, das Rauch oder Nebel ausstößt. Über diesem Bild

Monument 1 von Teopantecuanitlán
Das charakteristische Dekor der stilisierten Monumentalköpfe Guerreros bezeugt den direkten olmekischen Einfluss.

schweben drei stilisierte Wolken, aus denen phallusartige Regentropfen fallen. Die Frau muss eine Herrscherin von Chalcatzingo gewesen sein, denn das Thema des Reliefs lautet Macht und Fruchtbarkeit.

Weitere Reliefs in Chalcatzingo zeigen drei olmekische Krieger, die ihre Keulen über einem Gefangenen schwingen, und zwei Raubkatzen, die jeweils einen Menschen angreifen. Auf einem anderen Fels wird eine der bedeutendsten Gottheiten Mesoamerikas, die gefiederte Schlange, gezeigt, in deren geöffnetem Rachen gerade ein Mann verschwindet.

Ebenfalls aus Chalcatzingo stammt ein „Tischaltar", der das Maul des Erdmonsters zeigt; ein Kind, vermutlich ein Menschenopfer, war in diesem „Altar" bestattet.

Guerrero ist ein bergiger, von extremer Trockenheit geprägter Bundesstaat südlich von Morelos Richtung Pazifikküste. Viele der schönsten blaugrünen olmekischen Jadesteine stammen aus dieser trostlosen Gegend. Im Osten der Hauptstadt, in einer der kärgsten Regionen dieses Bundesstaats, liegt die Juxtlahuaca-Höhle. Im Inneren dieser tiefen Höhle, ungefähr 1500 Meter vom Eingang entfernt, stößt man auf einige bemerkenswerte bunte Wandmalereien im olmekischen Stil. Eine davon zeigt eine große bärtige Figur in einem rotgelb gestreiften Umhang, Beine und Arme stecken in einem Jaguarfell mit Klauen; sie hält eine Art Dreispitz über eine am Boden kauernde, schwarzgesichtige Gestalt, bei der es sich sehr wahrscheinlich um einen Gefangenen handelt. Nicht weit davon entfernt schlängelt sich eine rote gefiederte Schlange mit einem grünen Federbusch auf dem Haupt. Nach alter Überlieferung galten tiefe Höhlen in Mesoamerika als Eingänge zur Unterwelt, und Juxtlahuaca muss im Zusammenhang mit geheimen Riten gestanden haben, die die in den Grenzorten lebenden Olmeken dort zelebrierten.

TEOPANTECUANITLÁN: DIE OLMEKEN IN GUERRERO

Die Kontroverse über die Rolle der Olmeken in Mesoamerika und ihren Einfluss ist 1983 wieder in Gang gekommen, als Teopantecuanitlán in Guerrero entdeckt wurde. Die Verfechter eines olmekischen Primats waren der Meinung, dass die Kultur der Olmeken den Ursprung der mesoamerikanischen Welt bildete. Im Gegensatz dazu betonten jedoch immer mehr Forscher die Vielfalt der regionalen Entwicklungen und die Bedeutung lokaler Einflüsse. Danach hat jede Region – Oaxaca, Chiapas, Tlatilco – zur Entwicklung eines Stils beigetragen, auch wenn die Olmeken im eigentlichen Sinn schöpferisch überlegen waren. Damit wird die Bedeutung der Olmeken geschmälert und auf Tausch- oder Bündnisbeziehungen reduziert. Die in Guerrero entdeckten olmekischen Objekte wurden auf dieser Basis als Hinweise auf einen gelegentlichen Kontakt gedeutet. Aber die Fundstelle von Teopantecuanitlán mit ihrem riesigen Befestigungsgraben, ihren monumentalen quadratischen Skulpturen, die an die olmekischen Köpfe erinnern, und ihrer mehr als 100 m langen Kanalisation stellt diese Sichtweise infrage.

Teopantecuanitlán existierte zur Zeit der Blüte von San Lorenzo und La Venta. Es teilte mit ihnen zu viele Gemeinsamkeiten, als dass man nur von bloßen Tauschbeziehungen sprechen könnte. Die Architektur weist Ähnlichkeiten mit der Grabungsstätte von Chalcatzingo auf. Einige Großskulpturen erinnern an die Pazifikküste und den Stil von Izapa, die in eine spätere Zeit zu datieren sind. Teopantecuanitlán ist also kein rein olmekischer Ort gewesen, keine Kolonie der Metropole in Guerrero, sondern eine eigenständige Stadt, in der sich mehrere Einflüsse miteinander vermischten. Eines Tages wird die Ausgrabung des Ortes Licht in die Diskussion über die Ausdehnung der Olmeken in Mesoamerika bringen.

Stätten mit olmekischen Skulpturen und Stelen wurden im Südosten Mesoamerikas im pazifischen Küstentiefland entdeckt. Vielleicht wurden diese Orte von Krieger-Händlern gegründet, die an neuen Bezugsquellen für Edelsteine wie Jade interessiert waren, denn olmekische Jadestücke sind in Costa Rica bekannt, und es ist durchaus möglich, dass es dort Jadevorkommen gegeben hat. Außerdem ist Jade aus Costa Rica auch in Guerrero aufgetaucht. Bekannt für solche Orte sind Chiapas, die guatemaltekische Südküste, sowie Orte, die weit im Südosten liegen wie Chalchuapa in El Salvador, das etwa 900 Kilometer vom olmekischen Kernland entfernt ist. Dort gibt es ein Felsrelief mit kriegerischen Figuren im charakteristischen Olmeken-Stil.

Die Zahl der ausgegrabenen olmekischen Stätten ist zu gering, um die Basis für genaue Angaben über die Art der olmekischen Präsenz jenseits der Golfküste zu liefern. Dagegen kann das Vorherrschen einer mächtigen einheitlichen Religion, die sich in einem alles durchdringenden Kunststil manifestiert hat, nicht angezweifelt werden. Es handelt sich um die offizielle Ideologie der ersten komplexen Gesellschaft oder Gesellschaften in diesem Teil der Neuen Welt.

Die rasche Verbreitung der olmekischen Religion wird mit der Ausbreitung des Christentums im römischen Reich oder der „Verwestlichung" der heutigen Welt verglichen. Wo auch immer olmekischer Einfluss spürbar wurde oder die Olmeken hinkamen, breitete sich zivilisiertes Leben aus.

MONTE ALBÁN
Auf dem Gipfel eines Hügels, die Täler von Oaxaca beherrschend, liegt Monte Albán. Sechs Jahrhunderte lang war es die zapotekische Hauptstadt.

Die frühe zapotekische Kultur

Diese bereits erwähnte Kultur von San José Mogote behielt ihre Stellung als wichtigstes regionales Zentrum im Tal von Oaxaca bis Ende der mittleren Präklassik bei. Zu diesem Zeitpunkt gab es bereits voll entwickelte Steinbauten, die offenbar öffentlichen Aufgaben dienten. In einem Durchgang, der zwei dieser Gebäude verbindet, zeigt ein Schwellenstein im Boden einen toten Gefangenen, aus dessen Brust Blut fließt. Dieser Stein ist so platziert, dass jeder, der den Durchgang betritt oder verlässt, zwangsläufig auf ihn tritt. Hierbei könnte es sich um einen Vorläufer der berühmten *Danzantes* von Monte Albán handeln.

Monte Albán gilt als bedeutendstes zapotekisches Zentrum. 500–450 v. Chr. wurde es auf einem 400 Meter hohen Plateau errichtet, als die Macht von San José Mogote schwächer wurde. Seine Überlegenheit gründet vermutlich auf seiner strategisch günstigen Lage oben auf dem Berg, in der Nähe der Stelle, an der die drei Arme des Tals zusammenlaufen. Es liegt im Zentrum der Region, die auch heute noch von dem Volk der Zapoteken besiedelt ist.

Die meisten Bauten von Monte Albán stammen aus der klassischen Periode. In der südwestlichen Ecke der Stätte wurde der Tempel der *Danzantes* freigelegt, eine mit Steinen verkleidete Plattform, die noch aus der ersten Besiedlung stammt. Die so genannten *Danzantes* („Tänzer") sind Flachrelieffiguren auf großen Steinplatten, die die Außenseite der Plattform verkleiden. Es sind unbekleidete Männer mit leicht olmekischen Gesichtszügen (heruntergezogene Mundwinkel) in seltsamen Verrenkungen, als würden sie in einer zähen Flüssigkeit schwimmen oder tanzen. Einige stellen alte, bärtige Männer dar mit zahnlosen Mündern oder mit nur einem vorstehenden Schneidezahn. Ungefähr 150 dieser seltsamen, aber kraftvollen Figuren wurden in Monte Albán gefunden. Was mag ihre Funktion gewesen sein und was mögen sie dargestellt haben? Die verdrehten Gliedmaßen, die offenen Münder und die geschlossenen Augen deuten darauf hin, dass es sich um Tote handelt; zweifellos um Anführer oder Könige, die von den ersten Herrschern Monte Albáns umgebracht wurden. Bei vielen sind die Genitalien deutlich sichtbar, ein Stigma, mit dem Gefangene in Mesoamerika, wo Nacktheit als skandalös galt, häufig belegt wurden. Außerdem weisen einige *Danzantes* verstümmelte Genitalien auf, wobei das aus den Wunden strömende Blut florale Muster bildet. Von einer Figur ist nur noch das abgeschlagene Haupt zu sehen.

STELE IN MONTE ALBÁN
Die zapotekische Schrift ist viel einfacher als die der Maya und soll daher älter sein. Doch man stellte fest, dass das System der Zeitzählung mittels Strichen und Punkten dasselbe war.

Während Nachweise über Schrift und Kalender im olmekischen Gebiet weitgehend fehlen, sind sie in der ersten Phase der Monte-Albán-Besiedlung, Monte Albán I, reichlich vorhanden. Hier wurden die ersten literarischen Texte Mexikos geschrieben. Diese sind auf den *Danzantes* selbst und auf anderen Steinplatten im Flachrelief eingemeißelt. Zahlen werden in Form von Balken und Punkten dargestellt. Dieses alte Volk benutzte bereits die 52-jährige Kalenderrunde. Die Langrechnung wurde jedoch nicht eingesetzt. Eine ganze Reihe anderer Hieroglyphen und Zahlzeichen konnte bislang nicht entziffert werden.

Die Töpferarbeiten von Monte Albán I sind aus feinem grauem Ton, ein Merkmal, das während der gesamten Entwicklung Monte Albáns weit gehend beibehalten wurde. Übliche Formen sind Steigbügelgefäße sowie dreifüßige Schüsseln – typisch für das Ende der mittleren und auch für den Großteil der späten Präklassik. Einige Gefäße zeigen modellierte oder eingeritzte Figuren, die den *Danzantes* ähneln.

Mit Sicherheit war Monte Albán in dieser Periode die Hauptstadt eines aufstrebenden Landes. Sie beherbergte vermutlich zwischen 10 000 und 20 000 Einwohner, und in dieser Zeit werden dort auch die ersten Paläste entstanden sein, die für die Verwaltung der Bevölkerung in der Stadt und im Tal erforderlich wurden.

Der Übergang von Monte Albán I zu Monte Albán II von ca. 200 v. Chr. bis 150 n. Chr. verlief friedlich. Auf dem südlichsten Platz der Stätte stand ein Gebäude in Form einer riesigen Pfeilspitze, die nach Südwesten zeigte. Es war außen mit unzähligen beschrifteten Steinplatten verkleidet, die alle einen sehr ähnlichen Text tragen. Diese Inschriften bestehen in der Regel aus einem nach unten zeigenden Kopf mit geschlossenen Augen und einem aufwändigen Kopfputz, darunter steht eine Glyphe für „Berg" oder „Stadt" und darüber der Name des Ortes – wobei das Ganze wie ein Bilderrätsel anmutet. Es sind Aufzeichnungen über Eroberungen von Städten, wobei die nach unten gedrehten Köpfe die besiegten Könige darstellen.

Die Besessenheit, mit der Siege über Feinde aufgezeichnet wurden, charakterisiert frühe Zivilisationen weltweit, und die aufstrebenden Staaten Mexikos in der vorklassischen Epoche bilden da keine Ausnahme. Ein solches Verhalten spricht für eine Zeit, in der Staaten relativ klein waren und sich gegenseitig bekämpften und kein König sein Herrschaftsgebiet so weit auszudehnen vermochte, dass es die Bezeichnung „Reich" verdient hätte.

Die Zivilisation von Izapa

Eine weitere Kultur der vorklassischen Epoche ist die Zivilisation mit dem Zentrum Izapa, einem Ort im Südosten des Staates Chiapas an einem Nebenfluss des Suchiate, der Mexiko und Guatemala voneinander trennt. Izapa liegt in der breiten Tiefebene der Pazifikküste, einer der heißesten, gleichzeitig aber auch fruchtbarsten Gegenden Mexikos. Es ist ein großer Ort mit zahlreichen Erdaufschüttungen, die mit glatten Flusssteinen verkleidet sind und ein Labyrinth aus Höfen und Plätzen bilden, in denen die Steinmonumente aufgestellt sind. Vermutlich befand sich dort auch ein von zwei lang gestreckten Erdböschungen eingefasster Ballspielplatz.

Die stilistische Eigenart der Flachreliefs berechtigt, von einem Izapa-Stil zu sprechen. Die Darstellungen weisen olmekischen Einfluss auf, unterscheiden sich davon aber durch große, überladene, barocke Kompositionen und anekdotenhafte Szenen mit Gruppen von Menschen. Dieser Stil wird auf Steinstelen sichtbar, die oft unmittelbar hinter grob behauenen „Altären" aufgestellt wurden und Riesenkröten darstellen, das Symbol für Regen. Die Hauptgottheiten sind Metamorphosen der alten Olmeken-Götter – wobei die Oberlippe so stark verlängert ist, dass sie dem Rüssel eines Tapirs gleicht.

Auf einer Stele ist ein „Langlippen-Gott" – die Urform des Maya-Regengottes Chac – mit Füßen in Form von Reptilienköpfen dargestellt. Er geht auf dem Wasser und schöpft mit einem Netz Fische, auf dem Rücken trägt er einen Fischkorb, während eine andere Figur, ein schlangenfüßiger Gott, drohend eine Keule schwingt. Die interessanteste Darstellung ist die eines Kriegers, der den Kopf eines enthaupteten Feindes in den Händen hält. Im Hintergrund wird eine wichtige Person in einer Sänfte getragen, deren Dach mit einem kauernden Jaguar geschmückt ist.

DER „SCHREIBER" VON CUILAPAM
Die Statue mit sehr ausdrucksvollem Gesicht trägt auf der Haartracht und der Brust Glyphen mit Daten, die den Namen und das Geburtsdatum des Mannes preisgeben.

STELEN 4 UND 6
VON IZAPA
Die Izapa-Kultur an der Pazifikküste von Chiapas bildete eine Brücke zwischen Olmeken und Maya. Sie hat eine eigene Kunst entwickelt, deren Stelen die Geburt der Maya-Kunst ankündigten.

Die besondere Bedeutung der Izapa-Kultur liegt darin, dass sie zeitlich und räumlich das Bindeglied zwischen der früheren Kultur der Olmeken und den späteren Maya der klassischen Epoche ist. Izapa-Monumente finden sich entlang der Pazifikküste von Guatemala sowie im Hochland in der Nähe von Guatemala-Stadt. Auf der anderen Seite des Hochlands, im Tieflandregenwald des nördlichen Guatemala, scheinen die frühesten Maya-Monumente auf Vorbildern aus Izapa aufzubauen.

Darüber hinaus ist ziemlich eindeutig, dass Izapa die Langrechnung schon vor den Maya kannte: Das älteste datierte Maya-Monument geht auf 292 n. Chr. zurück; auf einer Stele im Izapa-Stil in El Baúl, Guatemala, ist dagegen ein 256 Jahre früheres Langrechnungsdatum verzeichnet.

La Mojarra und das Isthmische Skript

Oft sind es Zufallsfunde, die den Archäologen neue Richtungen aufzeigen. Dies gilt auch für die Stele von La Mojarra, die im November 1986 im Tiefland von Veracruz in den Fluten des Acula Flusses entdeckt wurde, auf halber Strecke zwischen Tres Zapotes und Cerro de las Mesas, einer Stätte aus der klassischen Epoche. Dieses vier Tonnen schwere Monument aus feinkörnigem Basalt zeigt eine imposante, stehende Figur, die im Izapa-Stil aufwändig gekleidet ist und einen hohen Kopfschmuck aus mehreren, übereinander gesetzten Masken eines Vogelmonsters aus der späten Präklassik der Maya trägt. Den Abschluss dieses Turms bildet ein Hai.

Es war jedoch der Begleittext, der als sensationeller Fund die mesoamerikanischen Epigraphiker begeisterte: In 21 sehr schön angeordneten Spalten stehen ungefähr 400 Zeichen – die längste Inschrift, die bis dahin in Mesoamerika entdeckt wurde. Die Schrift ist eindeutig mit der auf der Tuxtla-Statuette identisch, ansonsten aber noch nicht entschlüsselt. Spezialisten nannten sie die „Isthmische Schrift“.

Auf der Stele von La Mojarra sind zwei Langrechnungsdaten angegeben: 8.5.3.3.5 und 8.5.16.9.7, die dem 21. Mai 143 n. Chr. und dem 13. Juli 156 n. Chr. entsprechen und die Stele mit der „Isthmischen Schrift“ der späten Vorklassik zuordnen. In diesem Fall bestehen eindeutige Verbindungen zur Izapa-Kultur der Pazifikküste und dem guatemaltekischen Hochland sowie zur frühen Maya-Kultur, die zum damaligen Zeitpunkt im Petén-Yucatán-Tiefland ihren Anfang nahm. Solange jedoch keine weiteren Isthmischen Texte gefunden und untersucht worden sind, wird diese Schrift weitgehend unentschlüsselt und ihr historischer Zusammenhang weiterhin ein Geheimnis bleiben.

STELE 1 VON LA MOJARRA
Die große Bedeutung, die dieser Stele zukommt, besteht im langen glyphischen Text, der zur mixezokischen Gruppe gehört. Er erzählt die mit zahlreichen Daten gespickte, grauenhafte Geschichte des ersten bekannten Herrschers dieser Kultur.

WER WAREN DIE MIXEZOKEN?

Lange vor der Gründung der olmekischen Städte erschienen um 1800 v. Chr. an der Pazifikküste von Chiapas organisierte Gruppen, die als Mixezoken bekannt sind. Sie benutzten *Ocos*, die schillernd rote Keramik. Spuren von ihr wurden noch in den späteren olmekischen Siedlungen gefunden. Chiapas scheint dann besondere Beziehungen zu San Lorenzo und La Venta unterhalten zu haben, ohne seine Identität einzubüßen. In Chiapas gibt es besonders viele olmekische Monumente. Nach dem Niedergang der Städte erfuhr es eine kontinuierliche Entwicklung. Die ersten glyphischen Inschriften, wie die Stele von La Mojarra oder die Statuette von Tuxtla, werden heute den Mixezoken zugeschrieben. Diese Gruppe scheint auch an der Besiedlung eines Teils der Hoch- und Tiefebenen der Maya beteiligt gewesen zu sein, zumindest im westlichen Randgebiet. Die Mixezoken haben zwar nicht den gleichen Aufstieg erlebt wie die Maya, konnten sich aber in ihrem Ursprungsgebiet halten, wo sie lebendige Zentren, eine ausgeklügelte Architektur und eine reiche Bildhauerei entwickelten. Die weitgehend unerforschten Mixezoken haben bei der Schaffung der mesoamerikanischen Welt eine wichtige Rolle gespielt. Man mutmaßte sogar, dass die Olmeken derselben Sprachgruppe angehörten.

Meisterwerke Mesoamerikas

Olmekischer Monumentalkopf aus San Lorenzo *(um 1000 v. Chr.)*
Die olmekischen Köpfe, die ersten mesoamerikanischen Skulpturen, überzeugen durch ihre Realitätsnähe. Ihre Verwirklichung beruht auf einer technischen Meisterleistung: Die Porträts, die mehrere Dutzend Tonnen wiegen, wurden zur Verherrlichung der olmekischen Führer mit einfachsten Steinwerkzeugen hergestellt.

Der Vornehme aus Las Limas
Vom 1. Jt v. Chr. an vermochten die Olmeken Jade- und Edelsteinarbeiten anzufertigen, wie diese Statuette belegt. Sie vereint Hochrelief mit Gravur und ist voller mythologischer Bedeutung: Der Mann hält in seinen Armen ein Kind; auf seinen Knien und Schultern sind Masken göttlicher Figuren abgebildet.

Statuette aus Chupícuaro
(um 500 v. Chr.)
Die Keramikkünstler aus Chupícuaro haben eine eigenständige Kunst entwickelt, die prächtige vielfarbige Behältnisse, Statuen und Figürchen mit Schlitzaugen umfasst. Ihr Einfluss reichte von der Ebene von Mexiko bis zum Westen, vielleicht sogar bis zum entfernten Nordwesten.

Maske aus Teotihuacán
(um 400–600 n. Chr.)
Die Bewohner Teotihuacáns haben aus Edelsteinen und Keramik ein reiches Repertoire von Masken geschaffen. Die sehr geometrischen Darstellungen mit großen Ohrringen und Nasenschmuck illustrieren den abstrakten, gelegentlich schwer verständlichen Charakter der Kunst aus der Stadt der Götter.

Alabasterscheibe aus Teotihuacán
(um 400–600 n. Chr.)
In der Kunst Teotihuacáns nimmt die Bildhauerei trotz mancher Meisterwerke einen untergeordneten Rang ein. Diese Scheibe aus Onyx stellt den Wassergott vor einem zweigeteilten Hintergrund aus Muscheln dar. Sie war dazu bestimmt, in eine andere Skulptur eingelassen zu werden. Die Künstler von Teotihuacán waren Urheber des Konzepts der zusammengesetzten Skulptur.

Mosaikmaske aus Teotihuacán
(um 400–600 n. Chr.)
Mit verschiedenen Materialien experimentierend haben die Künstler von Teotihuacán Totenmasken geschaffen. Die Nüchternheit der Mosaike aus Türkis, Perlmutt und Obsidian wird durch die Vielfarbigkeit verstärkt. Sie sind Beweis für den Austausch zwischen Teotihuacán und den Gebieten, in denen die kostbaren Materialien vorkamen.

Rauchfass aus Teotihuacán *(um 400–600 n. Chr.)*
Der Rauch des Kopalharzes, das die mesoamerikanischen Indianer als Weihrauch benutzen, und der Duft anderer Geruchskräuter umgaben unaufhörlich die Gläubigen, die so die Nasen der Götter zu erfreuen suchten. Überall – auch bei benachbarten und späteren Völkern – findet man derartige Rauchfässer mit menschenähnlichen Darstellungen.

Pato Loco *(um 400–600 n. Chr.)*
In der etwas eintönigen Kunst von Teotihuacán, die stark von der Architektur beherrscht wurde, entstand unvermittelt eine neuartige Strömung: Die kleinen hohlen Figürchen werden angesichts ihres ungewöhnlichen, nahezu grotesken Aussehens sinnigerweise „verrückte Enten“ genannt.

Keramikstatue aus El Zapotal *(um 500–700 n. Chr.)*
Die Künstler aus Veracruz konnten echte Keramikstatuen anfertigen. Diese fast lebensgroße, sitzende Figur ist ein technisches Wunderwerk, wenn man die Probleme des Brennens und des Zusammenfügens der Einzelteile bedenkt, die die Töpfer zu lösen hatten. Viele der gefundenen Skulpturen sind Nachweis dieser bemerkenswerten Kunstfertigkeit.

Fresko eines Adlers mit Lilie
(um 400–600 n. Chr.)
Die Kultur von Teotihuacán hat nur wenige Skulpturen hinterlassen, dafür aber prächtige vielfarbige Fresken, in denen Stilisierung und Realismus nebeneinander vorkommen. Neben sehr abstrakten Motiven sind Friese zu finden, die Pflanzen und Tiere darstellen: Jaguare, Kojoten, Adler, oft in Verbindung mit fließendem Blut.

EDELSTEINARBEIT
(um 700–900 n. Chr.)
Dieses dreifüßige Gefäß aus Xochicalco mit dünnen, ziselierten und bemalten Onyxwänden gehört zu den seltenen erhaltenen Exemplaren seiner Art. Die meisten Schätze sind heute verschwunden. Die wenigen erhaltenen Stücke bezeugen den Reichtum der Produktion, die für die Götter und die Vornehmen bestimmt war.

DIE KOLIBRIVASE VON ZAACHILA *(um 1000–1200 n. Chr.)*
Im Mixteca-Puebla-Stil hatten geometrische Motive, Friese und harte Linien eine besondere Bedeutung. Der blaue Kolibri, der auf dem Rand dieser Schüssel sitzt, bildet jedoch ein Gegengewicht zu dieser Strenge und verleiht ihr einen Charme, der die Zwiespältigkeit der Welt widerspiegelt.

KRIEGER VON CACAXTLA
(um 900 n. Chr.)
Alle mesoamerikanischen Kulturen haben Fresken benutzt, um ihre Bauten auszuschmücken und dabei die eigene Macht zu verherrlichen. Die Kriegerbilder aus Cacaxtla stellen mit einem mitunter grausamen Realismus die Gewalt dar, deren sich die Stadtoberen bedienten. Die Farbgebung, in der das Blau der Maya sich mit den Farben Teotihuacáns vermischt, bezeugt in gewisser Hinsicht das Bemühen, althergebrachte Kunststile neu aufleben zu lassen.

Mixtekischer Schmuck *(um 1250–1500 n. Chr.)*
Der Brustschmuck mit Einlagen aus Türkis stellt einen Schild vor einem Pfeilbündel dar. Er ist ein anschauliches Beispiel für die Innovationskraft der Mixteken, die Goldgeschmeide mit Einlegearbeit und Mosaik verbanden. Schmuckstücke wie dieses waren nicht dazu bestimmt, getragen zu werden. Die meisten von ihnen waren Opfer- und Grabbeigaben.

Goldenes Ohrgehänge *(um 1250–1500 n. Chr.)*
Die Metallbearbeitung ist spät in Mexiko eingeführt worden. Sie diente vor allem der Schmuckherstellung. Einige Völker wie die Mixteken und Tarasken haben darin so außergewöhnliche Fähigkeiten entwickelt, dass sie selbst Benvenuto Cellini, den großen Florentiner Künstler des 16. Jh., zu beeindrucken vermochten. Mit ihrer Goldschmiedekunst konnten sie derartig feine Schmuckstücke wie dieses in einem Grab am Monte Albán gefundene Ohrgehänge herstellen.

Eine zeitlose Skulptur *(um 1400–1500 n. Chr.)*
Wie im europäischen Mittelalter waren die meisten Skulpturen mehrfarbig bemalt. Diese riesige aztekische Muschelskulptur besticht durch ihre Strenge, ihre Einfachheit und die Klarheit der Linienführung. Sie stammt aus dem großen Tempel von Mexiko und kündet von dem ausgeprägten Sinn für Schönheit der mesoamerikanischen Völker. Ihre Bedeutung ist bisher unbekannt.

Tonfigur *(um 1400–1500 n. Chr.)*
Wie die Völker der Golfküste Mexikos waren die Azteken geschickte Töpfer. Die riesigen Kriegerstatuen oder Bildnisse des Totengottes bestehen aus mehreren Einzelteilen, sind leicht zerbrechlich und bergen dennoch Leben und Dynamik in sich.

Schilde und Insignien *(um 1400–1500 n. Chr.)*
In der mesoamerikanischen Welt waren die wertvollen Federarbeiten wie etwa dieser Schild nur Kriegern von höchstem Rang als Insignie vorbehalten. Die Europäer waren von dieser speziellen Kunst so beeindruckt, dass sie die Technik zur Herstellung religiöser Bilder übernommen haben.

DIE MOSAIKKUNST *(um 1400–1500 n. Chr.)*
Die Azteken wie auch die Mixteken waren Meister der Mosaikkunst. Ihr Geschick kam vor allem bei der Verzierung von Schmuck, Masken und rituellen Gegenständen zur Anwendung. Dieser aztekische Messergriff aus Holz hat die Gestalt eines Menschen und ist mit Türkis, Perlmutt und Malachit besetzt. Es handelt sich dabei um Materialien, die nur unter Schwierigkeiten von den Pochteken erworben werden konnten.

DIE TEXTILKUNST
(um 1400–1500 n. Chr.)
Zum großen Bedauern der Archäologen werden Textilien im Lauf der Zeit oft zerstört. Nur einige mit kleinen Figuren und Skulpturen verzierte Objekte machen es möglich, den Reichtum der Motive und die Vielfalt der Kleidungsstücke zu ermessen. Die leider seltenen Entdeckungen gut erhaltener Stoffe – wie dieser Umhang – vermitteln einen Eindruck vom luxuriösen Schmuck und vom Geschick der Weber.

HOLZARBEITEN *(um 1400–1500 n. Chr.)*
Holz ist nur schlecht gegen zerstörerische äußere Einflüsse gefeit. Das darf aber nicht über seine Existenz im Alltag und in der Kunst hinwegtäuschen: Viele Kultobjekte, Masken oder Statuen – wie diese Frau, deren Augen und Zähne in Perlmutt eingelegt sind – wurden aus dem Werkstoff gefertigt.

DIE KLEIDUNG *(um 1400–1500 n. Chr.)*
Die Kleider bestanden meist aus Baumwolle, Pflanzenfasern oder Leder. Um den Vorlieben der Herrschenden und den Anforderungen der Riten zu entsprechen, waren die Künstler in ihrem Ideenreichtum kaum eingeschränkt. Auf diese prächtige Tunika wurden beispielsweise Perlen und Täfelchen genäht.

Ein symbolisches Schmuckstück
(um 1400–1500 n. Chr.)
Das Tragen von Schmuck war in allen Bevölkerungsschichten üblich. Aber nur die Würdenträger konnten durch ihre Funktion und ihren Reichtum Objekte wie diesen reich mit Symbolen verzierten Lippenpflock tragen, dessen zentrales bildliches Element der Adler, das Sinnbild der Sonne, ist.

Die Rückseite eines Spiegels
(um 1400–1500 n. Chr.)
Spiegel bestanden aus Pyrit oder Obsidian und waren Gebrauchs- wie auch religiöse Gegenstände. Hier wird auf der Rückseite das Bild von Quetzalcóatl-Ehécatl, dem Wind, gezeigt. In einem Spiegel hatte König Montezuma seine erste Vision der Spanier und sah seinen Untergang voraus.

Der gefiederte Kojote *(um 1400–1500 n. Chr.)*
Der Kojote war das Schutztier der Hersteller von Federschmuck, zugleich auch Gott und Symboltier des Krieges. Die Darstellung eines gefiederten Kojoten ist daher nicht verwunderlich. Sie verweist auf den Künstler, der die prächtigen Schilde aztekischer Feldherren verzierte.

MUSIK UND POESIE *(um 1400–1500 n. Chr.)*
Die Azteken hatten großen Gefallen an der Musik und der Kunst der Dichter. Flöten, Muschelhörner und Trommeln, wie dieser hölzerne Teponaztli, erfüllten das Leben mit den unterschiedlichsten Klängen. Religiöse Themen standen dabei zwar im Zentrum, doch verfassten die Azteken auch profane Werke.

DIE FEDER-SCHMUCKKUNST
(um 1400–1500 n. Chr.)
Federschmuck hatte vor allem religiöse Bedeutung. Dieser außergewöhnliche Kopfschmuck gehörte zu dem Schatz, den Cortés kurz nach seiner Ankunft nach Spanien gesendet hatte. Die Pracht und die überwiegend von Grüntönen bestimmte Farbgebung des Stücks lassen an Quetzalcóatl denken, wenigstens aber an die Fruchtbarkeit und die königliche Macht.

JADESCHLANGE *(um 1400–1500 n. Chr.)*
Noch mehr als der Adler oder der Jaguar war die Schlange das bedeutendste mesoamerikanische Tier. Sie stand aufgrund ihrer Bewegung für das fließende Wasser. Als Symbol der Erde verkörperte sie die Vegetation und das Leben. Diese zweiköpfige Schlange ist mit einem Jademosaik geschmückt als ein Symbol der Macht zu verstehen.

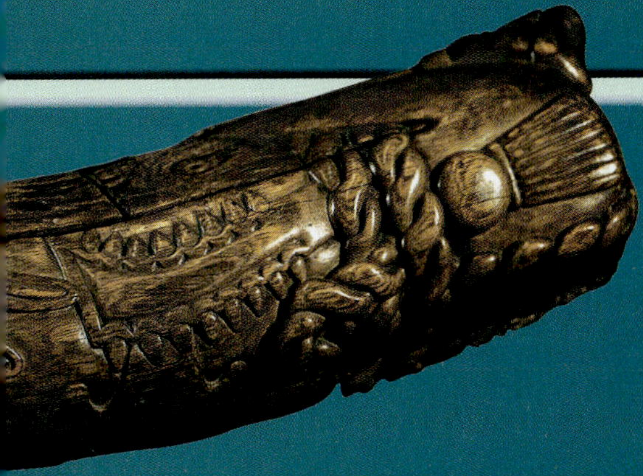

Die Entwicklung der Metallbearbeitung
(um 1400–1500 n. Chr.)
Allmählich wuchs die Bedeutung der Metallbearbeitung: An die Stelle der Steinmasken traten neue Masken, wie dieses Exemplar aus dem Gebiet der Tarasken belegt. Metallwerkzeuge setzten sich durch, Bronze verdrängte bei der Schmuckherstellung Gold und Silber. Jedoch behielt Metall den in erster Linie rituellen Wert bei.

Die Kriegerorden
(um 1400–1500 n. Chr.)
Die militärische Elite der Azteken war in Kriegerorden unterteilt, die so genannten Jaguare und Adler. Diese Statue, die in einem Tempel gefunden wurde, ist aufgrund der Ordensinsignien – die Adlerflügel und -klauen – unmissverständlich als ein Adler-Krieger zu identifizieren.

Kapitel 6

Die klassische Epoche

Entstehung der Hochkulturen

Die Zeitspanne von 150 bis 900 n. Chr. markiert die unbestritten bemerkenswerteste Phase in der gesamten Entwicklung Mesoamerikas. Sie wird die klassische Epoche genannt. In dieser Ära schufen die Völker Mexikos und die Maya Zivilisationen, die sich mit den Kulturen in anderen Teilen der Erde durchaus messen können. Die klassische Epoche ist das Goldene Zeitalter Mesoamerikas, in dem die Saat der Vorklassik aufging und Früchte trug.

Fresko von Tetitla
Das Fresko, das sich in einem der Säle des Palasts von Tetitla befindet, zeigt eine Gottheit in Frontansicht. Sie trägt einen Federbusch und ist im typischen Stil von Teotihuacán gemalt.

Es kann nicht davon ausgegangen werden, dass ganz Mesoamerika zum gleichen Zeitpunkt in die klassische Phase eintrat. Der Großteil der Forscher datiert die klassische Epoche auf 250 bis 900 n. Chr.; ausgehend von der Periode, in der die Maya aus dem Tiefland Kalenderdaten in der Langrechnung in ihre Steinmonumente meißelten. Zentralmexiko trat jedoch im 2. Jh. n. Chr. oder sogar früher in die klassische Epoche ein, als die städtebauliche Entwicklung mit der großen Stadt Teotihuacán begann. Der äußerste Westen Mexikos scheint von der klassischen Blütezeit unberührt geblieben zu sein. Und lange bevor die letzte klassische Mayastadt verlassen wurde, lag Teotihuacán schon in Trümmern.

Während der klassischen Epoche waren die Schreib- und die Lesekunst wahrscheinlich in ganz Mesoamerika verbreitet, wenn auch vermutlich nur die Maya, und in geringerem Umfang die Zapoteken, Hieroglyphen – also Schriftsysteme, die die gesprochene Sprache wiedergeben – vollständig entwickelt hatten. Obwohl keine Bücher aus der klassischen Epoche erhalten sind, wird angenommen, dass viele Menschen solche besaßen.

Die Gottheiten Mexikos, deren Ursprung in der olmekischen Periode liegt, offenbarten sich nun in ihrer ganzen verwirrenden Vielfalt. Ein vollständiges Pantheon hatte sich herauskristallisiert, das alle mexikanischen Völker, und vermutlich, in etwas abgeänderter Form, sogar die Maya miteinander teilten. Die allgegenwärtigen Götter waren der Regengott, vielleicht eine Weiterentwicklung eines olmekischen Jaguarmenschen, seine Frau, die Wassergöttin; der Feuergott, eine Schöpfergottheit, die einmal als Greis und einmmal als alter Mann und alte Frau dargestellt wurde; der Sonnengott, die Mondgöttin und die Gefiederte Schlange, die die späteren Azteken unter dem Namen Quetzalcoatl kannten. Dieser Halbgott, der die Bildung und die Künste erfunden hat, galt als die Verkörperung des Lebens auf dieser Erde.

Lange Zeit ging man davon aus, dass die klassische Epoche in Mesoamerika eine Ära des Friedens und der Ruhe war, ohne die Besessenheit, mit der Kriege geführt und Menschen geopfert wurden, die typisch ist für die Postklassik. Welch Trugschluss! Seit Menschengedenken hat es noch kein Volk gegeben, das keine Kriege geführt hätte. Und in diesem Zusammenhang wird die schnelle Verbreitung der Kunststile und Produkte einiger Kulturen der Klassik zu Recht als Folge von Eroberungsfeldzügen gedeutet. Darüber hinaus waren zumindest in einem Gebiet, und zwar an der Golfküste, Menschenopfer ebenso üblich wie später bei den Azteken.

In der klassischen Epoche müssen wesentlich mehr Menschen in Mexiko gelebt haben als zuvor. Südost- und Zentralmexiko sind mit Ruinen aus dieser Zeit übersät. Allein im Hochtal von Mexiko lebten 40-mal so viele Einwohner wie noch in der Vorklassik.

Auf der Grundlage einer in erster Linie steinzeitlichen Technik – denn Metalle waren bis 900 n.Chr. unbekannt – errichteten die mexikanischen Völker eine enorme Anzahl von Bauwerken, schmückten sie mit wundervollen bunten Wandmalereien, stellten Töpferware und Figurinen in unglaublichen Mengen her und überzogen das ganze Land mit Skulpturen. Mit der Erfindung der Tonform zur Herstellung von Figurinen und Räuchergefäßen wurde sogar die Massenproduktion eingeführt. Dieser Wohlstand wurde von denselben Faktoren getragen, die bereits die Lebensgrundlage der Vorfahren bildeten: der Anbau von Mais, Bohnen, Kürbissen und Piment. Daher spielten die Naturgötter weiterhin eine wichtige Rolle.

MASKE UND FORM
Der feierliche und fast standardisierte Charakter der Kunst von Teotihuacán findet hier seinen vollkommenen Ausdruck. Die Form beweist, dass die Figuren serienmäßig hergestellt wurden.

In der klassischen Epoche prägten sich in Mexiko auch die sozialen Unterschiede deutlicher aus, und es bildeten sich Eliteklassen. Die Regierungsform könnte theokratisch gewesen sein, wobei der Priesterstand weltliche Macht ausübte. Unter der intellektuellen Gruppe, die die politischen Zügel in der Hand hielt, standen die Bauern, deren Leben sich seit der Vorklassik kaum geändert hatte. Abgesehen von der Einführung von Viehhaltung und Eisenwerkzeugen nach der Eroberung durch die Spanier sieht das Leben auf dem Land auch heute noch nicht viel anders aus als damals.

Wie viel Macht der Staat über die Landbevölkerung hatte, wird man womöglich nie erfahren. Die meisten administrativen Zentren besaßen wahrscheinlich weniger Land und kontrollierten weit weniger Menschen als der große Stadtstaat, der sein Zentrum im Hochtal von Mexiko hatte. Dieser Staat war vermutlich so groß oder noch größer als das berühmte Aztekenreich zum Zeitpunkt seiner Zerstörung.

DIE TOTENALLEE
Teotihuacán zeichnete sich durch ein regelmäßiges rechteckig angelegtes Stadtbild aus. Die Hauptachse der Stadt war die Totenallee, die etwa 5 km lang ist und in Nord-Süd-Richtung verläuft.

Die Stadtkultur von Teotihuacán

In der mesoamerikanischen Klassik waren Städte, die vergleichbar sind mit denen der Alten Welt, eher selten. Die Bedeutendste in ganz Mexiko war Teotihuacán – selbst Montezuma Xocoyotzin pilgerte am Ende des aztekischen Reiches oft zu ihren Ruinen. Erinnerungen an ihren Ruhm wurden in der Mythologie der Azteken wachgehalten, die nach der Eroberung aufgezeichnet wurde; denn damals glaubte man, dass die Kultur, die in Tamoanchan ihre Anfänge nahm, später nach Teotihuacán verlagert wurde. Dort kamen die Götter zusammen um zu entscheiden, wer sich opfern sollte, um zur neuen, zur fünften Sonne zu werden und somit die Welt in neuem hellem Licht erstrahlen zu lassen:

Obwohl es Nacht war,
obwohl es nicht Tag war,
obwohl es kein Licht gab,
kamen sie zusammen,
die Götter trafen sich
dort in Teotihuacán.

Der Bescheidenste von allen, Nanahuatzin, der „Eitrige“, warf sich in die Flammen und wurde zur Sonne. Aber die Himmelskörper setzten sich nicht in Bewegung, also opferten sich alle Götter für die Menschheit. Und so herrschte Teotihuacán über das Land, denn die Herren von Teotihuacán waren weise Männer, Eingeweihte geheimen Wissens,

Hüter der Überlieferungen. Als sie starben, wurden über ihnen Pyramiden errichtet. Der Überlieferung zufolge wurden die größten Pyramiden, die der Sonne und des Mondes, von Riesen gebaut, die zu jener Zeit auf Erden weilten.

Das von Bergen umgebene Teotihuacán-Tal ist eigentlich ein 500 Quadratkilometer großes, im Nordosten gelegenes Nebental des Hochtals von Mexiko. Teotihuacán war eine riesige Metropole, die größte Stadt der prähispanischen Neuen Welt. Sie erstreckte sich auf über 20 Quadratkilometer und war vollständig bebaut. Kurze Zeit nach Christi Geburt wurde Teotihuacán auf einem Raster angelegt, welches gleichmäßig 15° 25' östlich vom geographischen Nordpol ausgerichtet ist – die Planer verfügten über hervorragende vermessungstechnische Kenntnisse. Das Eigentümlichste an diesem Stadtplan ist jedoch, dass es in der Neuen Welt nirgendwo einen Vorläufer dafür gegeben hat.

Teotihuacáns wichtigste Achse ist der Totenweg, von dem man zunächst annahm, dass er bei der Mondpyramide im Norden begann und 3,2 Kilometer weiter südlich an der so genannten *Ciudadela* (Zitadelle) endete. Inzwischen weiß man, dass der Weg doppelt so lang ist und auf der Höhe der *Ciudadela* von einem in ostwestlicher Richtung verlaufenden, ebenso langen Weg gekreuzt wird. Die Stadt war, wie die wesentlich spätere Hauptstadt der Azteken, in Vierteln angelegt.

TEOTIHUACÁN UND DIE NACHBARREGIONEN

Die Ebene von Mexiko war reich an natürlichen Ressourcen. Die Seen in ihrem Zentrum verstärkten noch das Potenzial, vor allem in Hinblick auf Ernährung und Verkehr. Wegen der Höhe und der geologischen Bedingungen mangelte es an Rohstoffen wie Baumwolle, die allerdings im benachbarten Morelos vorkam. Grünen Obsidian von hoher Qualität gab es in der etwas weiter nördlich gelegenen Sierra de las Navajas. Zu Beginn der Ausdehnung Teotihuacáns waren diese Produkte bereits bekannt und in Gebrauch.

Ferner haben die benachbarten Regionen Techniken und Güter, beispielsweise die feine orangefarbene Keramik (*Thin Orange*) in der Ebene von Puebla, entwickelt. Es war das Verdienst Teotihuacáns, die Vielfalt in ein harmonisches, symbiotisches System zu integrieren. Die Metropole hat in einigen Fällen die Produktion und Distribution direkt kontrolliert, wie die von Obsidian, in anderen Fällen lediglich die Verbreitung, beispielsweise bei Zinnober und der orangefarbenen Keramik. Sie hat ihre Position ausgenutzt, um ihre Ressourcen und ihren Einfluss zu mehren. Die Lage der Stadt in einem offenen Tal, die ihr den Zugang zu den Küstengebieten des Golfs von Mexiko verschaffte, zeigt, dass die Kontrolle der Tauschbeziehungen eine wesentliche Rolle bei ihrem Aufstieg gespielt hat.

Auf die Pyramiden der Sonne und des Mondes wird in alten Legenden eindeutig Bezug genommen. Die Sonnenpyramide liegt nicht weit entfernt vom Totenweg im Osten. Mit einer Seitenlänge von 215 Metern und einer Höhe von etwa 60 Metern beherrscht sie die umliegenden Bauten. In ihrem Innern befinden sich an der Basis die Überreste einer Pyramide. Eine Steintreppe führte zu deren luftiger Spitze, auf der ein strohgedeckter Holztempel stand. Die Mondpyramide war ähnlich aufgebaut, nur kleiner. Beide Bauten zeugen von der ungeheuren Macht der frühen Teotihuacán-Hierarchie, die die Bewohner des Umlands zum Frondienst zwang. Mangels moderner Technologie musste sich ein einflussreicher Staat auf die Arbeit dieser „menschlichen Ameisen" verlassen.

1971 wurde unter der Sonnenpyramide durch Zufall eine außergewöhnliche Höhle entdeckt, die Auskunft darüber geben kann, warum die Pyramide gebaut und womöglich sogar auch, warum Teotihuacán an dieser Stelle errichtet wurde. Bei dieser Höhle handelt es sich um einen natürlichen Lavatunnel, der im Altertum vergrößert und bearbeitet wurde und sechs Meter unterhalb der Pyramide in östlicher Richtung verläuft. Er beginnt an der auf der Hauptachse liegenden Treppe und mündet in einen mehrfach aufgeteilten Raum, dessen Form an ein vierblättriges Kleeblatt erinnert. Nach aztekischer Überlieferung wurden die Sonne, der Mond und das jetzige Universum in Teotihuacán erschaffen. Schon vor dem Bau der Pyramide wurde die Höhle als Kultzentrum genutzt.

Im präkolumbischen Mexiko symbolisierten solche Höhlen den Schoß, aus dem in der mythologischen Vergangenheit Gottheiten wie die Sonne, der Mond oder die Vorfahren der Menschheit hervorgingen. Auch wenn dieser hochheilige Ort später geplündert und verschlossen wurde, müssen die Azteken von seiner Existenz gewusst haben. Im 6. Jh. n. Chr. erreichte Teotihuacán seine höchste Bevölkerungsdichte mit 125 000 bis 200 000 Einwohnern. Somit war Teotihuacán 600 n. Chr. die sechstgrößte Stadt der Erde.

Paläste, Tempel und Wohnbezirke

Die klassische Teotihuacán-Architektur basiert auf einigen einfachen Prinzipien. Die Mauern bestanden aus Lehmziegeln oder kleinen Steinen und wurden innen mit Bruchstein vulkanischen Ursprungs verkleidet, der in Lehm eingesetzt und mit einer glatten Schicht aus Kalkputz überzogen war. Das typische architektonische Motiv ist als *Talud-Tablero* bekannt: Ein durch vorkragende Profile frontseitig als Paneel erscheinendes Element wird senkrecht auf eine ansteigende Böschung gesetzt. Selbst die einzelnen Stufen der Sonnenpyramide sollen nach diesem Prinzip gebaut worden sein.

Die Stadt bestand zum Großteil aus modularen, von Mauern umgebenen Wohnanlagen, die nach Familienzugehörigkeit oder Kaufmannsgilden in Bezirke eingeteilt waren. Die Stadt war kosmopolitisch: Im Westen lebten die Zapoteken nach ihren eigenen Sitten und Gebräuchen und verehrten ihre eigenen Götter, während im Osten Händler aus dem Veracruz-Tiefland und den Maya-Gebieten wohnten.

Tlalocan von Tepantilla

Im Gegensatz zu den meisten Fresken Teotihuacáns sind hier Figuren in Bewegung dargestellt. Sie halten sich in einer mit Pflanzen üppig bewachsenen Umgebung auf, die sich deutlich von der trockenen Hochebene, auf der die Metropole lag, unterscheidet.

Die Herrscher bewohnten die Palastbezirke. Xolalpan ist ein typisches Beispiel für einen solchen Palast: ein rechteckiger Komplex mit etwa 45 Räumen und sieben Vorhöfen, die an vier, um einen zentralen Innenhof angeordnete Plattformen grenzten. Der Hof war in den Boden eingelassen und zum Himmel hin offen, in der Mitte stand ein kleiner Altar. Fenster fehlten, dafür gab es in einigen Räumen kleine eingelassene Innenhöfe, ähnlich römischen Atrien. Licht und Luft erhielten sie durch eine Öffnung in dem von Säulen getragenen Dach. Das Regenwasser, das sich in den vertieften Becken sammelte, konnte abgelassen werden. Alle Paläste waren einstöckig und hatten Flachdächer aus Balken, kleinen Stöcken und Zweigen mit einer Abdeckung aus Erde und Bruchstein. Die Eingänge waren rechteckig und wurden mit einem Stück Stoff zugehängt.

Wie meisterhaft die Teotihuakáner ihr Handwerk beherrschten, zeigen die prachtvollen Wandmalereien in den Palästen und Wohngebäuden, die fast ausschließlich einen religiösen Inhalt haben. Viele Themen dieser Malereien wiederholen sich immer wieder.

PALAST VON QUETZALPAPALOTL
Dieser Palast in Teotihuacán besteht aus einem Hof, der von Wohngebäuden umgeben ist. Er ist mit Flachreliefs geschmückt, die Quetzals (Vögel) und kostbare Steine darstellen. Auf den Dächern befinden sich symbolische Zinnen.

Vermutlich wurden sie mithilfe von Schablonen angefertigt. In einem der Gebäude des Patio Blanco, dem weißen Innenhof von Atetelco, zeigen die Säulengänge festliche, in verschiedenen Rottönen gehaltene Aufmärsche von Jaguaren und Kojoten, die möglicherweise die Ritterorden dieser kriegerischen Gesellschaft symbolisieren.

Die bekanntesten Palast-Wandmalereien sind die Fresken im Palast von Tepantitla. Hier dominiert eine Göttin mit der Mundpartie einer Spinne, mit Giftklauen und Fühlern. Die Spinnenfrau von Teotihuacán galt als Schöpferin des jetzigen Universums und war die oberste Gottheit dieses Volkes. Sie steht in enger Beziehung zu der Spinnen-Großmutter, die in der Entstehungsmythologie der Pueblo- und Navajo-Indianer im US-amerikanischen Südwesten eine wichtige Rolle spielt.

Die Landschaft, in der die Spinnenfrau auf den Wandmalereien von Tepantitla dargestellt ist, zeigt Orte aus den Entstehungsmythen des Volkes von Teotihuacán, wie einen Zauberberg, an dessen Fuß Quellen sprudeln und kleine menschliche Figuren umhertollen, singen und spielen. Schmetterlinge und blühende Bäume runden die heitere Szene ab.

Die Ciudadela

Die so genannte *Ciudadela*, eine riesige quadratische Anlage mit einer Seitenlänge von 400 Metern nahe des Zentrums, stimmt mit den Beschreibungen der aztekischen Palastanlagen aus der Zeit der Konquista im Hochtal von Mexiko überein. Im Rahmen neuerer Forschungen wurden zwei Wohnkomplexe freigelegt – einer im nördlichen und einer im südlichen Teil der Anlage –, vermutlich Residenzen der Königsfamilien.

Innerhalb der Zitadelle steht der so genannte Quetzalcóatl-Tempel, eine sechsstöckige Stufenpyramide mit der typischen *Talud-Tablero*-Fassade. An den einzelnen Stufen wechseln gefiederte Schlangen mit den Köpfen eines schlangenartigen Wesens ab, das weniger leicht zu identifizieren ist. Vermutlich handelt es sich um die Feuerschlange, die die Sonne auf ihrer täglichen Reise über den Himmel trägt. Der Hintergrund ist blau – die Farbe des Wassers – und mit Muscheln verziert. Nach einer Legende aus dem Maya-Hochland handelt es sich hierbei um eine andere Version der Schöpfungsgeschichte, mit einem gegensätzlichen Schlangenpaar, das sich im Urmeer windet und schlängelt – die eine steht für Leben, Fruchtbarkeit und Frieden, die andere für Hitze, Dürre und Krieg. Falls die Zitadelle tatsächlich der Königspalast war, dann hätte die herrschende Familie sich womöglich mit dem Mittelpunkt des Universums und dem Anfang aller Zeiten identifiziert.

Kopf Quetzalcóatls
Der Tierschädel mit einer Halskrause aus Federn verkörpert die Gefiederte Schlange, aber man weiß wenig über die Funktion dieser Gottheit im Pantheon von Teotihuacán.

Die außerordentliche Bedeutung des Quetzalcóatl-Tempels – der drittgrößten Pyramide der Stadt – wird durch eine Reihe von schauerlichen Funden, die in den 1980er-Jahren gemacht wurden, belegt. Ausgrabungen in und an der Pyramide ergaben, dass diese in einer einzigen Phase errichtet wurde und dass zu diesem Anlass etwa 200 Menschen geopfert wurden. Junge Krieger wurden in Gruppen von 18 Personen eingeteilt, dann fesselte man ihnen die Hände hinter dem Rücken, tötete und beerdigte sie in einem Massengrab. Solche Gräber wurden genau im Zentrum der Pyramidenplattform und an der Nord-, Ost- und Südseite gefunden. 1925 durchgeführte Forschungen zeigten, dass zusätzlich zu diesem Massaker an allen vier Ecken der Pyramide ein einzelner

DIE SCHRIFT VON LA VENTILLA IN TEOTIHUACÁN

Einer der eigenartigsten Aspekte der Kultur von Teotihuacán ist das Fehlen eines uns bekannten Schriftsystems. Teotihuacán war die erste echte Stadt in Mesoamerika mit mehreren Zehntausend Einwohnern. Sie war Zentrum einer großen politischen und wirtschaftlichen Einheit. Es gibt Theorien, die ihr ein staatliches System zuerkennen, auch wenn neuere Grabungen eher Hinweise auf eine Art dynastische Herrschaft ergeben haben. Die Verwaltung eines derartig komplexen Gebildes dürfte zumindest ein Rechensystem erfordert haben. Aber trotz intensiver Forschung konnten bis vor wenigen Jahren nur einige glyphische Zeichen identifiziert werden, die religiöse, rituelle oder Repräsentationszwecke erfüllten. Schließlich haben die Grabungen im als La Ventilla bezeichneten Stadtviertel einen Beleg für die Existenz einer Schrift in der Metropole Zentralmexikos geliefert.

Auf dem Stuckboden in einem Innenhof des Viertels, dessen Bewohner Luxusgegenstände herstellten, hat man 42 Glyphen entdeckt. Sie sind rot und stellen menschliche Köpfe im Profil, Tiere, Pflanzen und Architekturelemente dar, sind also mit den Glyphen der anderen Kulturen vergleichbar. Einige Motive kann man immer noch nicht deuten. Durch den Vergleich mit anderen Systemen sind die Identifikation eines Kalenders und eine erste Entzifferung gelungen. Man weiß also, dass Teotihuacán die Schrift kannte und benutzte. Aber warum ist sie nicht auf den gewöhnlichen Medien geschrieben worden, auf Wände und Skulpturen? Hatte man hier andere Stoffe, etwa Papier? Die Wahrscheinlichkeit ist groß, dass die Forschung uns bald Antworten auf diese Fragen liefern wird. Und damit rückt auch die Entschlüsselung der Sprache, also der kulturellen Identität der Bewohner Teotihuacáns, in greifbare Nähe.

MASSENOPFER
Bis zur Entdeckung der Gebeine zahlreicher Opfer in der Pyramide von Quetzalcóatl, die rituell ermordet wurden, war man der Meinung, dass es diese Praxis dort nicht gegeben hatte. Seither fand man weitere Gräber von Massenopfern.

getöteter Gefangener begraben lag. Bislang konnte die genaue Todesursache nicht festgestellt werden, wahrscheinlich ist jedoch der Tod durch Erdrosseln eingetreten. Die Grausamkeit dieser Massentötung – bislang einzigartig in der Archäologie aller mesoamerikanischer Gruppen, einschließlich der Azteken – wird noch durch die makabren Halsketten hervorgehoben, die viele Opfer trugen: Ketten aus teilweise echten, teilweise aus Muscheln nachgeformten menschlichen Ober- und Unterkiefern. Diese Episode in der Geschichte Teotihuacáns ist ein eindeutiges Zeugnis dafür, dass die klassische Epoche alles andere als ein friedliches Zeitalter war.

Hätte man im alten Teotihuacán ausschließlich Paläste erbaut, wäre es eine sehr seltsame Stadt. Eine bemerkenswerte Ruine im östlichen Teil der Stätte gibt uns eine Vorstellung davon, wie das Leben des gemeinen Volkes ausgesehen haben muss. Es handelt sich um einen Komplex von dicht aneinander gedrängten Zimmern und Durchgängen mit nicht weniger als 176 Räumen, 21 Vorhöfen und 5 Innenhöfen. Nicht alle Räume waren miteinander verbunden, und offensichtlich wurden die so entstehenden Einheiten als Wohnbereiche genutzt. Unzählige Händler, Kunsthandwerker und andere Handwerker müssen in solchen Vierteln gelebt haben. Erst Tenochtitlán, die Hauptstadt der Azteken, die Jahrhunderte später gebaut wurde, sollte sich mit dieser Stadt messen können.

Die Götterwelt Teotihuacáns

Die oberste Gottheit in Teotihuacán war die Spinnenfrau, die Schutzherrin unserer Erde. Vermutlich hatte sie die gleiche Bedeutung wie Toci, „Unsere Großmutter", später bei den Azteken. Viele Götter des umfangreichen mexikanischen Pantheons sind in Teotihuacán bereits deutlich erkennbar. Verehrt wurden hier der Regengott (*Tlaloc* bei den Azteken) und die Gefiederte Schlange (*Quetzalcóatl*) sowie der Sonnengott, die Mondgöttin und Xipe Totec (Herr der Geschundenen). Letzterer symbolisiert die jährliche Erneuerung der Vegetation mit dem Beginn der Regenzeit. Besonders häufig sind die Räuchergefäße des Alten Feuergotts, der eine Schöpfergottheit und vermutlich der Mann

HUEHUETEOTL, TEOTIHUACÁN
Der Gott des Feuers war zweifellos eine der ältesten Gottheiten Mexikos. Das Kohlebecken, das er auf dem Haupt trägt, erinnert an die Bedeutung der Vulkane im Alltagsleben und in der Religion.

der Spinnenfrau war. Eine riesige Statue stellt die Wassergöttin dar (in Nahuatl: Chalchiuhtlicue, „Ihr Rock ist aus Jade"). Eine noch größere, fast 20 Tonnen schwere Statue steht heute vor dem Museum für Anthropologie in Mexiko-Stadt. Diese Statue, die im unfertigen Zustand an den Hängen des Tlaloc-Berges gefunden wurde, wird im mexikanischen Volksbewusstsein mit dieser Göttin identifiziert, obwohl die genaue Zuordnung unbekannt ist. Auf alle Fälle spielten fast alle Götter, die in dieser Stadt verehrt wurden, eine wichtige Rolle für das gesunde Wachstum der Maispflanze, der Lebensgrundlage der Bevölkerung.

Traditionell war Teotihuacán eine heilige Grabstätte, und unter den Palästen und Wohnhäusern wurden mehrere plattenverkleidete Gräber gefunden. Die Bewohner Teotihuacáns verbrannten ihre Toten, wobei sie die Körper vorher zu einem Bündel zusammenschnürten. Sie legten den Toten kostbare Opfergaben aller Art bei: auserlesen schöne, zierliche Vasen, Artefakte aus Obsidian und Stoffe. Ein Nahuatl-Lied hält die Vorstellungen vom Jenseits wie folgt fest:

Und sie nannten es Teotihuacán
weil es der Ort war
an dem ihre Herren begraben waren.
Und so sprachen sie:
„Wenn wir sterben,
sterben wir nicht wirklich,
denn wir werden leben, wir werden auferstehen,
wir werden weiterleben, wir werden erwachen.
Das wird uns glücklich machen."
Und so wurden die Toten angeleitet, wenn sie starben:
„Steh auf, schon überzieht die Morgenröte den Himmel,
schon singen die flammenfarbigen Guanhühner
die feuerroten Schwalben,
schon fliegen die Schmetterlinge."
So sprachen die Alten,
derjenige, der stirbt, wird ein Gott,
sie sagten: „Er ist ein Gott geworden",
und meinten: „Er ist gestorben."

Kunst, Handwerk und Handel

Der Kunststil Teotihuacáns, der sich in den Fresken, Skulpturen, Töpferwaren und anderen Werken widerspiegelt, ist ausgesprochen elegant und fein. Die besten Beispiele für die Bildhauerkunst sind die strengen Steinmasken aus Grünstein, Basalt, Jade, Andesit und anderen Materialien, die alle Augen aus Muscheln oder Obsidian hatten. Auch einige sehr große Skulpturen, wie die Wassergöttin, hatten solche Augen.

Kennzeichnend für die frühklassische Epoche der Teotihuacán-Kultur sind die zylindrischen Dreifuß-Gefäße. Sie haben meist einen Deckel und die Henkel haben die Form von Vögeln. Daneben gibt es große, mit Formen hergestellte bunte Räuchergefäße, so-

DIE OBSIDIANKULTUREN

Obsidian ist vulkanisches Glas. Es entsteht durch das rasche Erkalten von Lava, die reich an Siliziumoxid ist. Da es ein hartes und leicht zu schneidendes Material ist, das scharfe Kanten ergibt, eignet es sich hervorragend zur Herstellung von Werkzeugen und Waffen. Bei aller Vielfältigkeit der Objekte existieren doch einige gemeinsame Formen in ganz Mesoamerika. Die Messer hatten breite und flache Klingen mit Holzgriff. Sie eigneten sich für den Haushalt, aber auch zum Opfern. Die Pfeile hatten dreieckige, scharfe Spitzen und lange Schäfte. Sie wurden zur Jagd, zum Fischen und im Krieg eingesetzt. Ferner gab es dünne, lange und sehr scharfe Klingen, die den verschiedensten Zwecken dienten und zu den wichtigsten prähispanischen Tauschgegenständen zählten. Da Obsidian in vielen Farben von schwarz über grau und grün bis rot vorkam, war er auch für die Herstellung von Schmuck, etwa von Lippenpflöcken und Ohrringen, und von Ritualgegenständen sehr geschätzt. Letztere dienten vor allem als Opfergaben bei Begräbnissen und erforderten in der Herstellung ein großes technisches Können. Ihre komplizierten Formen stellen Gesichter von Menschen und Tieren dar.

Obsidian konnte nur in den beiden vulkanischen Gebieten abgebaut werden; das nördliche entspricht den heutigen Pueblastaaten Hidalgo, Michoacán und Jalisco, das südliche umfasst Guatemala, Honduras und El Salvador. Die ungleichmäßige Verteilung und der Bedarf an diesem Material schufen ein bedeutendes Handelsnetz, das große Entfernungen abdeckte und einer perfekten Organisation bedurfte. Die Fundstätte der Sierra de las Navajas, in der grüner Obsidian vorkam, wurde seit der Klassik von Teotihuacán ausgebeutet, dann von den Tolteken und schließlich von den Azteken.

wie Männer- und Götterfiguren und kleine *candeleros* mit zwei Öffnungen, die möglicherweise das Blut enthielten, das den Göttern als Opfer der Selbstkasteiung dargebracht wurde. Sorgfältig geformte Tonkugeln dienten als Munition für Blasrohre, und eine Szene auf einer Vase zeigt, dass diese Waffe bei der Vogeljagd eingesetzt wurde.

Speer- und Pfeilspitzen sowie kleine menschliche Figuren aus Obsidian zeugen von neuen Maßstäben in der Bearbeitung des Steins. Der Staat hatte die Kontrolle über die großen Vorkommen grünen Obsidians bei Pachuca in Hidalgo und die 350 nachweislich in der Stadt betriebenen Werkstätten waren Teil der Handelsbasis, auf der dieses städtische Zentrum seine Macht gründete.

Nadeln und Ahlen aus Knochen belegen die Herstellung von Kleidung und Körben. Man fand außerdem verkohlte Überreste von gewebten Baumwollstoffen, geflochtenen Körben und Schlafmatten aus Gewebe, den so genannten *petates*. Malereien zeigen, dass Männer ein Hüfttuch oder einen Kilt und Sandalen trugen, Frauen den *huipilli*, eine Art Bluse, und einen Unterrock. Wenngleich keine Bücher erhalten sind, geht man davon aus, dass sie zu rituellen und administrativen Zwecken in Gebrauch waren, denn die Menschen jener Zeit verfügten über eine elementar ausgebildete Schrift.

Gekocht wurde innerhalb der Wohnanlagen in Küchenbereichen auf dreibeinigen Kohlepfannen aus Ton. Die Mahlzeiten bestanden aus Mais mit kleinen Kolben, Garten- und Feuerbohnen, verschiedenen Kürbissorten, Tomatillos, den mexikanischen Hülsentomaten, Feigenkakteen, Avocados, Amaranth und Wildpflanzen. Das Fleisch stammte von Hirschen, Hunden, amerikanischen Wildkaninchen und Eselhasen, Truthähnen, Wildenten und -gänsen und kleinen Fischen.

HOST-STATUETTE
Die originellen Statuetten, deren Brust entfernt werden konnte und die wie russische Puppen mehrere kleine Figürchen enthielten, haben Rätsel aufgegeben. Man hat sie als Opfersymbole und als Symbole der städtischen Einheit interpretiert.

Teotihuacáns Machtgebiet erstreckte sich über nahezu das gesamte zentralmexikanische Hochland und womöglich sogar über weite Teile Mesoamerikas. Wie beim späteren Aztekenreich bildeten Fernhandel und Tributzahlungen ebenso wie die lokale landwirtschaftliche Produktion die Grundpfeiler dieses Staates. Sein Einfluss und womöglich auch seine Oberherrschaft in manchen Bereichen war selbst in Regionen noch deutlich spürbar, die weit entfernt von der Hauptstadt lagen, wie die Golfküste, Oaxaca und das Maya-Gebiet.

In ganz Mexiko wurden elegante Vasen aus den Werkstätten Teotihuacáns in den Grabstätten der Oberschicht gefunden. Der Kunststil Teotihuacáns beeinflusste die Stilrichtungen der anderen Hochkulturen Mesoamerikas in hohem Maße. 1100 Kilometer im Südosten, im Hochland von Guatemala, wurde am Rand der heutigen Hauptstadt dieser Republik eine kleine „Stadt" freigelegt, die in jeder Hinsicht eine Miniaturausgabe von Teotihuacán ist. Die Gräber der Herrscher dieses Zentrums namens Kaminaljuyú sind voll kostbarer Opfergaben aus Teotihuacán, und mit großer Wahrscheinlichkeit waren diese Anführer Invasoren aus jener großen mexikanischen Stadt. Ein ähnliches Beispiel findet sich in der riesigen Maya-Metropole Tikal im Tiefland-Urwald des nördlichen Guatemala. Dort zeigt ein frühklassisches Monument einen mit Jade geschmückten Herrscher, der von zwei Ansichten seines als Teotihuacán-Krieger gekleideten Vaters flankiert ist.

STUCKGEFÄSS
Die dreifüßigen Behälter wurden mit einer feinen Stuckschicht überzogen und dann farbig bemalt. Die Farbe bekam dadurch einen zarten Pastellton, der für Teotihuacán charakteristisch ist.

Aufstieg und Fall einer Stadt

Wer waren die Bewohner von Teotihuacán? Woher kamen sie, und wer erbaute diese Stadt? Auf diese Fragen gibt es keine eindeutigen Antworten. Angesichts der starken Ähnlichkeiten zwischen Teotihuacán einerseits und den Tolteken und Azteken andererseits – sowohl im sakralen als auch im säkularen Bereich – scheint die Nahua-Verwandtschaft dieser Kultur am wahrscheinlichsten zu sein. Aber bei dieser Frage sind die Forscher nicht viel klüger als die Urbevölkerung, die glaubte, dass Teotihuacán von Riesen oder Göttern erbaut worden sei.

EINFLUSS VON TEOTIHUACÁN IM MAYA-GEBIET

Durch seine Macht und sein Ansehen hat Teotihuacán auf ganz Mesoamerika einen großen Einfluss ausgeübt. Die Anziehungskraft der Metropole war so groß, dass sogar Besucher und Händler aus dem weit entfernten Maya-Gebiet kamen. Umgekehrt scheinen auch Teotihuacáner in die Maya-Städte gereist zu sein. In der Stadt Kaminaljuyú im Hochland von Guatemala wurden zahlreiche Hinweise darauf gefunden: Skulpturen, Bauweise, Keramik sowie die weniger leicht erkennbare Ähnlichkeit der Beerdigungspraktiken bezeugen die Anwesenheit von Menschen aus Teotihuacán. Weiter nördlich machte die Dynastie von Tikal eine Verwandtschaft mit Teotihuacán geltend. Auf der Stele 31 stehen dem König zwei Krieger zur Seite, die gekleidet sind wie Teotihuacáner. Im Zentrum Tikals gibt es ein Viertel mit *talud-tablero*-Bauten, mit Skulpturen, die denen Teotihuacáns ähneln, sowie importierten Obsidiangegenständen.

Teotihuacán war nicht nur in Tikal gegenwärtig. In mehreren anderen Städten, beispielsweise in Becan und Altun Ha, sind aus der Metropole eingeführte Objekte gefunden worden. Dem unter ihrer Leitung kommerziell genutzten grünen Obsidian begegnet man ebenfalls häufig. Die Kontakte der Maya-Kultur mit Teotihuacán sind zwar gut belegt, aber die Natur dieser Beziehungen liegt noch im Dunkeln. Mit Ausnahme von Tikal dürften die anderen Städte wahrscheinlich nur Tauschbeziehungen unterhalten haben. Diese Tauschgeschäfte beschränkten sich überdies auf Prestigegegenstände. Es wäre gefährlich, daraus einen direkten Einfluss ableiten zu wollen. Es steht jedoch außer Frage, dass die Krise, die Tikal am Ende des 5. Jh. heimsuchte, mit den Veränderungen vor dem Untergang Teotihuacáns verknüpft war, der übrigens den Niedergang Kaminaljuyús nach sich zog.

Als die Stadt um 700 n. Chr. von unbekannten Eindringlingen vorsätzlich zerstört und in Brand gesetzt wurde, war ihr Untergang besiegelt. Am stärksten von dem Brand betroffen war das Zentrum der Stadt, vor allem die Paläste und Tempel auf beiden Seiten des Totenwegs. Die prachtvollen Paläste von Teotihuacán lagen in Schutt und Asche, ihre Haupttempel waren verlassen. Abseits des Totenwegs war die Stadt jedoch noch für weitere zwei Jahrhunderte bewohnt. Flüchtlinge aus der Stadt zogen sich in das relativ kleine Zentrum Atzcapotzalco im Westen des großen Sees zurück, wo sie vergeblich versuchten, ihre alte Kultur fortzuführen.

Im 9. Jh. erfasste eine gewaltige Krise alle klassischen Kulturen Mesoamerikas. Am härtesten betroffen waren die Maya, die fast alle ihre Zentren aufgeben mussten. Im Tal von Teotihuacán trat dieses Ereignis zwei bis drei Jahrhunderte früher ein und führte zum Zusammenbruch des zivilisierten Lebens in fast ganz Zentralmexiko. Die Zerstörung der umliegenden Wälder, die abgeholzt wurden, um den Kalk zu brennen, der für die Bauwerke benötigt wurde, hat vermutlich zu Erosion und Versteppung der Region geführt. Ein weiterer Faktor könnte auch das zunehmend trockene Klima in ganz Mexiko gewesen sein, wovon das Hochtal von Mexiko in besonderem Maße betroffen war. So könnten die daraus folgenden Missernten, die das Eindringen von Nomadenstämmen aus dem Norden in das zivilisierte Mexiko möglich machten, den Untergang des mächtigen Staates Teotihuacán eingeläutet haben.

PYRAMIDE VON CHOLULA
Mit dem Niedergang Teotihuacáns wuchs die Macht der Stadt Cholula. Davon zeugt ihre Hauptpyramide, deren Volumen auf über 3 Mio. m³ geschätzt wird.

Die große Pyramide von Cholula

Wenn der Reisende heute das Hochtal von Mexiko in südöstlicher Richtung verlässt und die Berge, die das Becken einrahmen, überquert, gelangt er in die Ebene von Puebla. Zu seiner Rechten erheben sich nun die Vulkane Iztaccihuatl und Popocatépetl. Auf einem riesigen Hügel sieht er die gelb und grün gedeckten Kuppeln einer kolonialen Kirche in der Sonne strahlen. Beim Näherkommen erkennt er voller Staunen, dass es kein Hügel ist, sondern eine von Menschenhand erbaute Pyramide – die Pyramide von Cholula, eines der größten alten Bauwerke Amerikas.

Die große Pyramide, die bei Ankunft der Spanier bereits zerfallen war, ist eigentlich das Ergebnis von vier aufeinander folgenden Überbauungen, die alle während der klassischen Epoche erfolgten. Die älteste Pyramide zeigt mit ihrer charakteristischen *Talud-Tablero*-Bauweise deutliche Einflüsse aus Teotihuacán und ist mit Insekten ähnlichen Motiven im reinen Teotihuacán-Stil des Klassikums bemalt.

Eine in Cholula entdeckte 50 Meter lange bunte Wandmalerei mit lebensgroßen menschlichen Figuren wird in die Klassik datiert und ist unter dem Namen „die Betrunkenen“ bekannt. Die Szene hat eindeutig Trunkenheit und Rausch zum Thema, wo-

Die Epiklassik, Folge des Untergangs von Teotihuacán

Seit dem Beginn unserer Zeitrechnung hatte Teotihuacán die Alleinherrschaft über die Ebene von Mexiko inne. Um 400 n. Chr. begann sich die Situation zu wandeln. Auf den Wandmalereien treten vermehrt Kriegermotive auf: eine neue Herrschaft? Zeichen für äußere Unsicherheit? Symptome einer inneren Krise? Sicher ist, dass im 7. Jh. ein wahrscheinlich absichtlich gelegter Brand das Stadtzentrum verwüstete, von dem es sich nie wieder erholte. Die Bevölkerung zögerte, die Stadt aufzugeben, aber die Metropole erlangte ihre frühere Bedeutung nicht wieder. Erst ein Jahrhundert später verließen die meisten Bewohner die Stadt, die von da an eine mythische Existenz führte. Hier liegt der Ursprung einer heftigen Kontroverse über die folgende Periode. Sie wird unterschiedlich bewertet, je nachdem, ob man den Untergang auf den Brand oder das Verlassen der Stadt datiert.

Diejenigen, für die der Untergang Teotihuacáns auf dessen Aufgabe beruht, meinen, dass sein Einfluss während der gesamten klassischen Periode fortbestand. Die Entwicklung der nachfolgenden Städte wäre ein kurzes epiklassisches Intermezzo vor der Blüte von Tula gewesen. Für diejenigen hingegen, die den Brand als entscheidendes Ereignis betrachten, fällt die Blüte Teotihuacáns mit der frühen Klassik zusammen. In der spätklassischen Periode wären demnach neue regionale Mächte entstanden, mit einem geringeren Ansehen, aber mit der gleichen Eroberungsideologie. Die Stadtstaaten Zentralmexikos hätten demnach das gleiche Schicksal gehabt wie ihre Schwestern im Maya-Gebiet. Die Bewertung der gesamten Entwicklung Mesoamerikas ist mit dieser Kontroverse verbunden und möglicherweise auch mit den Ursachen für den Untergang der Metropole.

bei es sich bei der eingenommenen Flüssigkeit nicht zwangsläufig um Alkohol gehandelt haben muss. Ebenso denkbar wäre ein halluzinogener Trunk aus den wirkungsvollen Pilzen des alten Mexiko oder aus Peyote.

In der frühen Postklassik wurde Cholula von einer fremden Völkerschaft eingenommen, die es zu ihrer Hauptstadt machten. Diese Gruppe wiederum wurde 1292 von den Tolteken verjagt. 1359 gewann schließlich das Königreich Huexotzingo, das im ständigen Krieg mit den Azteken lag, die Kontrolle über die heiligste Stätte Mexikos. Doch für alle Mexikaner der Postklassik gehörte die 55 Meter hohe Pyramide von Cholula – die sich über eine Fläche von zehn Hektar erstreckte – zu den Wundern ihres Landes.

Die Verbindung zu den Maya: Cacaxtla und Xochicalco

Im 7. Jh. n. Chr. ereigneten sich in Zentralmexiko während und nach der Auflösung des Teotihuacán-Reiches seltsame Dinge. So tauchten gegen Ende der klassischen Epoche Fremde auf, die sehr wahrscheinlich aus dem Golfküstentiefland und von der Halbinsel Yucatán kamen. Die Verbindung zwischen den Hochlandmexikanern und den Maya konnte von Archäologen nachgewiesen werden. In der frühen Klassik gab es mindestens eine Enklave von Maya-Händlern in Teotihuacán, und hier soll auch eine feine Jadetafel der Maya gefunden worden sein, die heute im Britischen Museum zu sehen ist. Mit ihren umfangreichen Astronomiekenntnissen und ihrem hoch entwickelten Schriftsystem nahmen die Maya vermutlich erheblichen Einfluss auf die intellektuelle und religiöse Entwicklung des übrigen Mesoamerika.

Es gibt allen Grund zu der Annahme, dass mächtige Maya-Gruppen im Herzen von Mexiko lebten. Cacaxtla ist eine der zahlreichen, auf einem Hügel errichteten Kultstätten im Grenzgebiet zwischen Puebla und Tlaxcala, nur 26 Kilometer nordöstlich von Cholula. Im November 1974 wurden in Cacaxtla Plünderer überrascht, die auf eine außerordentliche Wandmalerei gestoßen waren, deren Farben so frisch leuchteten, als seien sie tags zuvor erst aufgetragen worden. Bei offiziellen Ausgrabungen wurde ein Palastkomplex mit Säulenhallen um Innenhöfe und Plazas aus dem 8. und 9. Jh. v. Chr. freigelegt.

Während Flachdächer bei den Maya unbekannt waren, sind die Malereien auf den mit Stuck überzogenen Wänden eindeutig der Maya-Kunst zuzuordnen. Die Bildwerke an der nördlichen und südlichen Wand schmücken einen Durchgang und zeigen Maya-Würdenträger, die auf ihrem mit Monstermasken verzierten Thron sitzen. Das Bild auf der nördlichen Wand zeigt einen in ein Jaguarfell gehüllten Mann mit Jaguartatzen, der auf einem lang gestreckten Jaguar steht. Er hält ein Objekt in der Hand, das an den „Zeremonialbalken" der Maya erinnert und aus zusammengebundenen Speeren besteht, von denen blaues Wasser tropft. Eine Glyphe im Teotihuacán-Stil gibt seinen Namen mit „9 Wind" an, dem Kalendernamen von Quetzalcóatl, der Gefiederten Schlange.

Auf der südlichen Wand ist eine Person im Adlerkostüm mit Adlerklauen abgebildet, die ebenfalls einen Zeremonialbalken in den Armen hält. Auf dem nahe gelegenen Pfeiler tanzt eine schwarz bemalte Figur, die eine große Seemuschel hält, aus der der Maya-Gott „N", der Herrscher über das Jahresende, auftaucht.

Beide Wandmalereien scheinen einen Gegensatz zwischen Adlern und Jaguaren darstellen zu wollen, die wahrscheinlich die Ritterorden des postklassischen Mexiko symbolisieren. Diese Gegensätzlichkeit wird auf dem *Talud* eines Gebäudes lebhaft veranschaulicht. Dort ist eine große Schlacht zwischen gefiederten und in Jaguarfellen gehüllten Krie-

WANDMALEREIEN
Auf den Fresken von Cacaxtla auf der Hochebene werden Motive der Maya mit Zeichnungen aus Zentralmexiko kombiniert. Dabei ist das kräftige Mayablau dominierend. Die Fresken von Cacaxtla sind ein Beleg für die Anwesenheit von Eindringlingen aus weit entfernten tropischen Niederungen.

DIE KRIEGERISCHEN STADTSTAATEN DER SPÄTEN KLASSIK

In der Periode zwischen 600 und 950 n. Chr. entstanden fast überall im mesoamerikanischen Kulturraum neue Herrschaftsformen. Ganz abgesehen von den Maya-Städten entwickelten sich Stadtstaaten wie Xochicalco, Cacaxtla, Cantoná und El Tajín rasch zu großen Städten, die oft befestigt und Hauptstädte großer Territorien waren, auch wenn diese nicht Teotihuacán gleichkamen. In unterschiedlichen Formen – Wandmalereien in Cacaxtla, Bildhauerei und Stadtplanung in Xochicalco und Cantoná – entstand eine ähnliche Ideologie. Zu der jeweiligen lokalen dynastischen Herrschaft gehörten Krieg und Menschenopfer. Wahrscheinlich kam es verschiedentlich zu Auseinandersetzungen zwischen den rivalisierenden Städten, aber ihre kriegerische Ideologie bezog sich auch auf die Kontrolle ihrer Gebiete. Neben den Städten erfuhren andere, weniger zentralisierte Regionen eine ähnlich dynamische Entwicklung. Zumindest teilten sie die vorherrschende Ideologie. Die Mixteken konzentrierten sich auf die Einigung ihres Territoriums und begannen die Expansion Richtung Oaxaca. Im früheren Territorium der Olmeken entwickelten sich andere Völker: Aus dieser Gegend stammen möglicherweise die Herrscher von Cacaxtla. Konnten die Stadtstaaten, die sich allesamt auf das Prestige Teotihuacáns stützten, von seinem Untergang profitieren und seine Tradition fortführen? Diese Hypothese ist derzeit die gängige. Demnach hätte es eine Kontinuität bis zur Entwicklung von Tula gegeben. Es ist jedoch ebenso denkbar, dass das Wachstum einiger Stadtstaaten, das gegen Ende des 5. Jh. begann, zum Untergang der alten Stadt beitrug. Demnach wäre die Macht Teotihuacáns durch die Dynamik der rivalisierenden Stadtstaaten bedroht worden, wie es das vermehrte Auftreten kriegerischer Symbole nahe legt.

gern höchst realistisch dargestellt. Der Künstler muss Zeuge eines solchen Kampfes gewesen sein, hält er doch so grausige Szenen fest wie ein Opfer, das verstört am Boden sitzt und seine Eingeweide in den Händen hält.

In neuerer Zeit wurden noch erstaunlichere Wandmalereien in Cacaxtla freigelegt. Diese zeigen unter anderem menschenähnliche übernatürliche Wesen, die das zentralmexikanische Sternzeichen tragen und mit Skorpionschwänzen geschmückt sind – sehr wahrscheinlich handelt es sich hier um das Sternbild Skorpion. Atemberaubend ist eine prächtige farbenfrohe Wandmalerei an einem Treppenaufgang. Unten rechts steht die Maya-Gottheit „L“, der Gott der Kaufleute. Neben ihm seine große Rückentrage, auf der seine Ware befestigt ist. Es ist sicherlich kein Zufall, dass das Zentrum Cacaxtla (oder Cacaxtlan), der „Ort der Rückentrage“ heißt. Vor dem Gott scheint die riesige Kröte, die bei den Maya den 20-Tage-Zeitraum *(uinal)* symbolisiert, die Stufen hochzuhüpfen. Daneben stehen ein Kakaobaum (das Emblem des Golfküstentieflands) und magische Maispflanzen, an denen sich die Kolben in Köpfe des Maisgottes der Maya verwandelt haben. Vermutlich war die Stätte einst ein kosmopolitisches Zentrum, das die alten Handelsrouten von Teotihuacán kontrollierte, während die Macht in den Händen der Maya gelegen haben muss.

STELE 2 VON XOCHICALCO
Wenn es richtig ist, dass die Ikonografie von Xochicalco an die Traditionen Zentralmexikos anschließt, offenbart der Gebrauch von Stelen ausländische Einflüsse.

Ein anderes regionales Zentrum, das mit dem Schwinden bzw. dem Ende der Vorherrschaft von Teotihuacán an Bedeutung gewann, ist Xochicalco in West-Morelos, das um 700 n. Chr. gegründet wurde. Es liegt strategisch günstig auf einem Hügel in einer ganzen Hügelkette, die zu Verteidigungszwecken terrassenförmig angelegt wurde. Wahrscheinlich bis in die frühe Postklassik unterhielt Xochicalco weit reichende Kontakte zu fremden Völkerschaften, insbesondere zu den Maya, den Zapoteken, Mixteken aus Oaxaca sowie den Einwohnern von Zentral-Veracruz.

Das auffallendste Bauwerk, der Tempel der Gefiederten Schlange, ist eine Plattform im *Talud-Tablero* Stil, wobei das *Talud*-Element im Vergleich zum *Tablero* sehr hoch ist. Auf dem Talud befinden sich Reliefs von gewaltigen, sich windenden gefiederten Schlangen, die über und über mit Wolkensymbolen bedeckt sind. Die Windungen der Schlangenkörper bilden eine Art schützende Höhle für die immer wiederkehrende Figur eines Mannes, der mit einem aufwändigen Federkopfschmuck im Schneidersitz dargestellt ist.

Sein Name ist im Teotihuacán-Stil festgehalten und ist derselbe wie auf der nördlichen Wandmalerei in Cacaxtla. Er lautet „9 Wind", der Kalendername des Gottes Quetzalcóatl; andere Daten aus dem 260-Tage-Kalender wurden auch an anderen Stellen in Xochicalco gefunden, die, wie die von Cacaxtla, Ähnlichkeiten mit Teotihuacán und Monte Albán aus der klassischen Periode aufweisen.

Nach bisherigen Erkenntnissen gibt es für diese Figuren im Hochland von Mexiko keinerlei Vorläufer: Sicherlich dienten sitzende Herrscher auf Jadetafeln der Maya aus der späten Klassik als Vorbilder, obwohl die erhöhten Konturen der Körper an die Reliefs von El Tajín im Tiefland der Golfküste erinnern. Direkt neben dem Hauptzeremonialplatz, nicht weit vom Tempel der Gefiederten Schlange entfernt, liegt eine Höhle, die in ein unterirdisches Observatorium umgewandelt worden ist: Ein von Menschenhand geschaffenes senkrechtes Rohr führt an die Oberfläche, und an zwei Tagen im Jahr, wenn die Sonne im Zenit oder direkt über der Öffnung steht, fällt ein Sonnenstrahl durch das Rohr auf den Boden der Höhle. Auch diese Konstruktion ist vermutlich auf den Einfluss der Maya zurückzuführen, denn Zenitpassagen spielen in den Ritualkalendern einiger moderner Maya-Gruppen, wie den Chorti in Ostguatemala, eine wichtige Rolle.

Xochicalco – das von den Maya beeinflusst und vielleicht sogar beherrscht wurde – bildet in Zentralmexiko offensichtlich eine Art Brücke zwischen der klassischen und postklassischen Epoche. Xochicalcos Hauptballspielplatz, der in seiner I-Form vermutlich auf Maya-Prototypen der Klassik zurückgreift, hat exakt die gleichen Abmessungen wie der nördliche Ballspielplatz der Tolteken von Tula, der erst mehrere Jahrhunderte später angelegt wurde.

KERAMIKSKULPTUR
Die Herstellung solch großer Statuetten zeugt von der Meisterschaft der Töpfer aus Veracruz. Sie erforderte riesige Öfen und viel Sorgfalt bei der Steuerung des Brennvorgangs.

Die Veracruz-Kultur der klassischen Epoche

Eine große Anzahl fein gemeißelter Steinobjekte, die in der Golfküstenebene gefunden wurde, hat einen ganz eigenen Stil, der als „Klassischer Veracruz-Stil" bezeichnet wird. Dieser Stil ist in Mexiko einzigartig. Die größten Ähnlichkeiten weisen eigentümlicherweise die auf der anderen Seite des Pazifiks liegenden Kulturen Chinas aus der Bronze- und Eisenzeit auf. Bei diesem Stil hat das Thema sekundäre Bedeutung und ist eingebunden in ein komplexes Motiv aus miteinander verbundenen oder in sich verschlungenen Voluten mit erhöhten Konturen.

Eine Reihe von rätselhaften Steinobjekten – die so genannten *yugos* (Joche), *palmas*, und *hachas* (Äxte oder schmale Steinköpfe) – zeigen in der Regel diesen Klassischen Veracruz-Stil. Alle drei werden dem rituellen Ballspiel zugeordnet, da sie in diesem Zu-

JOCH
Derartige Darstellungen, die meist als Nachbildung der von den Ballspielern getragenen Gürtel interpretiert werden, wurden in Veracruz in Gräbern gefunden. Ihre Ikonografie ist großteils mit der Unterwelt verknüpft.

sammenhang auf Flachreliefs und Figurinen dargestellt sind. Die „Joche“, kunstvoll in Hufeisenform gemeißelte Skulpturen, die mit verschlungenen Voluten und menschlichen Antlitzen bedeckte stilisierte Kröten darstellen, waren Steinrepliken der schweren Schutzgürtel, die von den Spielern getragen wurden. Vorn auf dem Zeremonialgürtel war die *palma*, eine diesen Zwecken angepasste, längliche Skulptur; *palmas* stellen oft Vögel, z. B. Truthähne, oder auch realistische Szenen dar. Die schmalen Steinköpfe waren vermutlich Markierungselemente, die auf dem Platz den Punktestand des Spiels anzeigten.

Entsprechend der Bedeutung, die der kunstvoll angefertigten Ballspielausrüstung beigemessen wurde, zählte El Tajín, ein Elitezentrum im nördlichen Veracruz und die wichtigste Veracruz-Stätte der Klassik, nicht weniger als elf Ballspielplätze. Das Umland eignet sich, damals wie heute, ausgezeichnet für den Anbau von Mais, Kakao, Tabak und Vanille. Die Bezeichnung der Stätte geht auf den Glauben zurück, dass zwölf alte Männer, die Tajín, in den Ruinen leben und über den Donner herrschen (und daher mit dem Regengott gleichzusetzen sind).

El Tajín ist sehr groß – der Stadtkern erstreckt sich auf 60 Hektar, vereinzelte Ruinen wurden aber über Tausende von Hektar verstreut gefunden. Die Stätte liegt zwischen niedrigen Hügeln und wurde teilweise mit künstlichen Plattformen aufgestockt, um die Hanglage auszugleichen. Die erste Besiedlung erfolgte in der frühen Klassik, zur vollen

CANTONÁ, STADTSTAAT IN EINEM *MALPAÍS*

Die Stadt Cantoná, die in einem *Malpaís* – einem riesigen, von Basaltgestein bedeckten Gebiet – gegründet wurde, unterschied sich sehr von den benachbarten Stadtstaaten. Die Grabungen an diesem Ort, der zuvor beinahe unbekannt gewesen war, belegen eine Blütezeit zwischen 700 und 900 n. Chr. Die Besiedlung begann viel früher und dauerte nach dem Niedergang noch etwa ein Jahrhundert an. Cantoná lag am nordöstlichen Ende der Ebene von Puebla. Es hatte mit den anderen Stadtstaaten, Cacaxtla, Xochicalco und El Tajín, zahlreiche Gemeinsamkeiten, beispielsweise den Militarismus, die Zunahme von Menschenopfern, eine starke Zentralgewalt und politische Instabilität. Der Ort weist jedoch auch Eigenheiten auf: die Lage in der kargen Landschaft, die ihn relativ unzugänglich machte, und die Gräben und Militärposten, die ihn vor Eindringlingen schützten. Die Bauweise aus Naturstein ohne Mörtel verlieh den Gebäuden eine dunkle Farbe und einen eigenen Charakter. Ein Straßennetz aus großen Chausseen, Straßen und verwinkelten Gassen gab ihm städtische Merkmale.

Erstaunlich ist auch die große Zahl von Ballplätzen (24). Die Hälfte der 24 Felder war in Baugruppen integriert, zu denen Plätze und Pyramiden gehörten. Schließlich haben die Grabungen eigenartige phallische Skulpturen zutage gefördert, von denen sich neun in der Nähe menschlicher Opferreste befanden. In einer ansonsten sehr prüden Welt sind die Skulpturen, die auf die Bedeutung von Fruchtbarkeitsriten verweisen, besonders bemerkenswert. Cantoná war also eine eigentümliche Stadt, teilte aber das Schicksal der anderen Stadtstaaten. Vom 10. Jh. an erfuhr es einen Niedergang. Seine Bewohner hielten noch ein Jahrhundert lang ein Minimum an städtischer Aktivität aufrecht.

Blüte gelangte die Stadt jedoch erst in der späten Klassik (600–900 n. Chr.). Große Teile des Stadtkerns von El Tajín sind wieder aufgebaut worden, und die Bauten sind beeindruckend. Die Pyramide der Nischen ist relativ klein (18 Meter hoch). Ihre vier exakt symmetrisch angelegten Seiten sind mit gemeißelten Steinblöcken verkleidet und führen über sechs Stufen zu einem Heiligtum ganz oben auf dem Bauwerk. An den Seiten sind kleine quadratische Nischen, insgesamt 365 – die Anzahl der Tage in einem Sonnenjahr. In ihrem Innern befindet sich eine noch ältere Pyramide, fast ein Duplikat der äußeren, aber ohne Nischen. In ihrer endgültigen Form war die Pyramide der Nischen, wie die meisten Bauwerke von El Tajín, mit Stuck überzogen und rot angemalt.

Andere Steingebäude in El Tajín weisen eine ähnliche Bauweise auf. Besonders verbreitet war das Stufenmäander (ein Symbol für den Blitz im späten präkolumbischen Mexiko). Palastähnliche Gebäude mit Säulengängen waren mit Betonplatten überdacht. Der Beton wurde aus Seemuscheln und Sandzement vermischt mit Bimsstein und Holzstücken hergestellt und über Holzgerüste gegossen – damals eine fortschrittliche Bauweise.

Der Säulenbau ist der größte „Palastkomplex" der Stätte. Die Säulentrommeln zeigen eingemeißelte Szenen, die das Zeremonialleben der Stadt schildern. Die interessanteste Darstellung zeigt eine Prozession siegreicher Krieger, die gefesselte Gefangene vor ihren auf dem Thron sitzenden Herrscher führen. Vor dem Herrscher liegt ein Gefangener mit aufgeschlitztem Bauch.

Das Leben der Bewohner von El Tajín muss hauptsächlich von drei Dingen beherrscht worden sein: Ballspiel, Menschenopfer und Tod; drei Themen, die in der mesoamerikanischen Vorstellungswelt eng miteinander verknüpft waren. Die bis zu 60 Meter langen Plätze waren von zwei einander gegenüberliegenden Mauern begrenzt. Auf einigen zeugen Flachreliefs von der Dramatik des Spiels. Einige Szenen erläutern die damit verbundene Mythologie, während andere Zeremonien darstellen, in denen die Teilnehmer gleichzeitig die Ballspieler sind. Auf einem Relief beginnt der Bilderzyklus mit der Einkleidung der Hauptperson für das Spiel. Gleichzeitig erhält sie Speere für den Krieg. Die Szene wird von dem Gott des Todes beobachtet. Auf weiteren Bildtafeln ist der Spielbeginn dargestellt. In der Schlussszene wird der Kapitän der Verlierermannschaft offensichtlich von den Siegern geopfert, die ein Steinmesser in seine Brust stoßen: Beim Ballspiel von El Tajín ging es um Leben oder Tod. Hauptmotiv der mittleren Tafeln auf beiden Seiten des Platzes ist das heilige Getränk *pulque* und die Maguey-Agaven, aus denen dieser berauschende Trunk hergestellt wurde. Auf einem der Flachreliefs herrscht die Tajín-Version des mexikanischen Regengotts Tlaloc; ihm gegenüber füllt derselbe Gott eine Pulque-Schale, indem er Blut aus seinem Penis entnimmt. Beobachtet wird er dabei von einer Gottheit mit einem fischförmigen Kopfputz. El Tajín wurde durch einen Brand zerstört. Nach der Überlieferung wurde diese Region Ende des 13. Jh. n. Chr. von den „Chichimeken", nomadisierenden Barbaren aus dem Hochland, erobert.

ABSTRAKTE KUNST
Wie die Joche bringt man auch diese Darstellungen im Allgemeinen mit dem Spiel in Verbindung. Ihre Linienführung ist oftmals von bestechender Klarheit.

Das von zwei Bergkämmen umschlossene El Tajín unterschied sich von den meisten Städten Mesoamerikas. Die Berghänge begrenzten das Wachstum des Ortes. Die großen Bauten standen auf künstlichen Terrassen, kleine Wohngebäudegruppen waren in der üppigen Vegetation verteilt. Die Wohngebäude von Tajín Chico wurden vom religiösen Zentrum beherrscht, wo der große Tempel und die Ballspielplätze lagen. Die Enge des Tals zwang die Bewohner, ihre Bauten entlang verschiedener Achsen zu bündeln. Im Süden befand sich im einzigen, weniger dicht besiedelten Gebiet das wirtschaftliche Zentrum. Am Talausgang entwickelten sich größere Satellitenstädte, die die Bedeutung der regionalen Hauptstadt verstärkten.

El Tajín Chico A
Säulenbau 1
Anbau 2
Palastviertel 3

El Tajín B

Große Ballspielanlage 1
Großer Tempel (Xicalcoliuhqui) 2
Östlicher Platz 3
Hauptplatz 4
Nischenpyramide 5
Nördliche Ballspielanlage 6
Gebäude 3 7
Gebäude 4 8
Südliche Ballspielanlage 9
Arroyoplatz oder Markt 10
Ballspielfelder 11

Wohngebiet C

1
2
3
1
2
11
11
3
A
8
6
5
4
7
9
11
B
11
11
11
10

Die Töpfer von Remojadas

In der klassischen Periode kam in einer bis an den Golf von Mexiko reichenden Region von Zentral-Veracruz in der Nähe der jetzigen Hafenhauptstadt ein ausgesprochen ornamentaler Töpferstil auf. Er wurde nach dem Ort Remojadas benannt, wo die größten Funde gemacht wurden. Hier geben Zehntausende von Hohlfigurinen durch ihren naturalistischen Stil Antworten auf viele ethnographische Fragen. Die Wurzeln dieser Kunstrichtung reichen bis in die späte Vorklassik; die meisten dieser Remojadas-Figurinen entstanden jedoch in der späten Klassik und weisen große Ähnlichkeiten mit denen der klassischen Maya im Osten auf. Viele Details, z. B. die Gesichter, wurden in Tonformen gegossen, und schwarze Teerfarbe diente zur Hervorhebung von Einzelheiten oder zur Gesichtsbemalung.

GRABKAMMER 104 VON MONTE ALBÁN *(S. 113) Die unter einem Haus liegende Kammer ist typisch für die zapotekische Grabbauweise. Ihre wichtigsten Elemente sind die platte Decke, Nischen und bemalte Stuckwände.*

Dargestellt sind Männer und Frauen, im Stehen oder Sitzen: merkwürdig infantil wirkende Jungen und Mädchen mit lachenden Gesichtern und gefeilten Zähnen, Ballspieler, Liebende oder Freunde auf Schaukeln und Krieger. Die Götter wurden ebenfalls in Ton modelliert: Xipe Totec wird durch einen Priester dargestellt, der die abgezogene Haut eines Gefangenen trägt, der Totengott oder der Alte Feuergott wird oftmals als runzeliger alter Mann modelliert.

Einige dieser Tonskulpturen sind wahre Idole: groß (zuweilen annähernd lebensgroß) und hohl mit üppiger polychromer Bemalung, die nach dem Brennen aufgetragen wurde. Am beeindruckendsten sind die Furcht einflößenden Figuren der Cihuateteo, entsetzliche Krieger-Göttinnen, die im Kindbett gestorbene Frauen repräsentieren.

Monte Albán in der klassischen Epoche

In der Klassik wurde Monte Albán im Tal von Oaxaca ausschließlich von Zapotekisch sprechenden Völkern besiedelt. Durch seine isolierte Lage blieben Oaxaca einige der Probleme erspart, die Teotihuacán in der klassischen Periode heimsuchten. Da die Zapoteken das Territorium ungestört besiedeln konnten, errichteten sie eine Stadt nach der anderen, sodass es bis zum Ende der Vorklassik im Tal von Oaxaca nicht weniger als 200 Ortschaften gab.

An den Hängen des Berges, auf dem das Monte Albán der Frühklassik stand, waren rundum für den Bau von Häusern Terrassen angelegt worden, und Schätzungen zufolge wohnten zu Zeiten von Monte Albán III B dort 24 000 Menschen. Die meisten Bewohner des Tals waren Bauern, die das fruchtbare Schwemmland für den Feldbau trockenlegten und bewässerten. Höchstwahrscheinlich haben sie aber auch die Fläche oberhalb des Tals bestellt.

Die Kultstätte von Monte Albán wurde in der Klassik um einen sehr breiten und langen Platz angelegt. Größere Bauten wurden auf Felsflächen errichtet, die nach dem Abtragen des Berges stehen geblieben waren. Zu den Bauwerken dieser Epoche zählen mit Stein verkleidete Plattformen, zu denen Treppen hinaufführen, die mit Geländern eingefasst sind. Es gibt auch einen imposanten gemauerten Ballspielplatz in Form eines großen „I“. Zu beiden Seiten des Spielfelds erheben sich Anlagen, die wie Zuschauertribünen aussehen.

Unterirdische Gräber, insgesamt 170, fand man über die ganze Stätte verstreut. Einige davon waren prachtvoll ausgestattet und zeugen vom großen Reichtum der Herrscher von Monte Albán. Die kostbarsten sind kunstvoll gearbeitete Kammern, oftmals mit einem gekragten Gewölbe und beeindruckenden Malereien auf den mit Stuck überzogenen Wänden. Die aufwändigste Grabstätte ist die Miniaturausgabe eines Tempels.

In der Grabkammer lag das Skelett ausgestreckt auf dem Boden und war von reichen Opfergaben, darunter auch Tonurnen, umgeben. Schöne Wandmalereien müssen in aller Eile aufgetragen worden sein, während der Verstorbene auf seine Bestattung wartete. Sie zeigen eine Prozession von Göttern, die sich auf das Ende der Grabkammer zubewegen.

Einige der Götter von Monte Albán werden auch von anderen mexikanischen Völkern verehrt und können daher identifiziert werden. Die Gottheiten sind auf zahllosen Tonurnen dargestellt, die, oft in Gruppen, bei den Toten gefunden werden. Bei diesen Werken wurden keine Formen verwendet, offensichtlich wurden sie von Hand gefertigt. Der Großteil der Verzierungen erfolgte mit fein geformten Tonstreifen. Jede Gottheit wird im Allgemeinen im Schneidersitz dargestellt, prächtig gekleidet und mit einem aufwändigen Kopfputz, der das ihr eigene Symbol enthält. Die bedeutendsten Mitglieder des Pantheons waren der Regengott Cociyo, der Maisgott Pitao Cozobi, der oft mit echten Maiskolben geschmückt wurde, die Gefiederte Schlange, ein Fledermausgott, der Alte Feuergott und möglicherweise die Wassergöttin.

KUNSTVOLLE URNEN
Diese Ascheurnen, die in den meisten der reich ausgestatteten zapotekischen Gräber von Monte Albán gefunden wurden, standen in den Grabnischen. Sie sind fein gearbeitet. Viele zeigen Bilder von Göttern und anderen wichtigen Persönlichkeiten.

Eine große Gruppe von Göttern und Göttinnen ist nur über die Kalendernamen zu identifizieren, und ihre genaue Rolle bleibt im Dunkeln. Das Schrift- und Kalendersystem von Monte Albán hatte sich ausgehend von der vorklassischen Basis in der klassischen Epoche vollständig entwickelt. Auch wenn keine Codices erhalten geblieben sind, erscheinen überall Glyphen auf Flachreliefs, auf Begräbnisurnen, aber auch in der Wandmalerei sowohl in der Hauptstätte als auch in anderen Zentren Monte Albáns. Gezählt wurde weiterhin mit dem Balken-und-Punkte-System. Inschriften beginnen in der Regel mit einem Datum aus der 52-jährigen Kalenderrunde. Das Jahr wurde nach einem von vier Tagen des 260-Tage-Kalenders benannt, an dem es beginnen oder enden konnte, gefolgt vom numerischen Koeffizienten dieses Tages und einem Jahressymbol in Form eines königlichen Kopfbands. Diese Jahressymboltage befanden sich an 2., 7., 12. und 17. Stelle einer Liste von 20 bezeichneten Tagen. Zum Leidwesen der Mesoamerikanisten übernahmen die Zapoteken nicht die Langrechnung aus dem Tiefland, sodass die Dateninschriften chronologisch nicht exakt bestimmt werden können. Erschwerend kommt hinzu, dass die meisten zapotekischen Monumente wiederverwendet und von ihrem ursprünglichen Standort entfernt wurden, sodass Texte, die im Zusammenhang mit benachbarten

DIE BAUERN DER HOCHEBENE VON MEXIKO

Zahlreiche Einwohner Teotihuacáns verteilten sich nach dem Untergang der Stadt in der Hochebene Mexikos. Alte verlassene Dörfer wurden wieder besiedelt. Gleichzeitig entstanden viele Neugründungen. In Teotihuacán tauchten Objekte auf, die für die weiter nördlich – in Queretaro und Guanajuato – ansässigen Völker typisch waren. Ihre Keramik zeichnete sich durch rote, geometrische Motive auf beigefarbenem Grund aus und ihre Werkzeuge waren oft grob und aus vulkanischem Gestein – Rhyolith und Basalt – gefertigt. Die aus dem Norden kommenden Bauern siedelten sich vor der Ankunft der Tolteken auch außerhalb der Hochebene an, etwa in Tula. Die Gründe dafür sind unbekannt. Haben sie einfach den Zusammenbruch der Metropole ausgenutzt, um neue Gebiete zu besiedeln? Oder erklärt sich ihre Wanderung durch die härteren klimatischen Bedingungen, die den Ackerbau in ihrer Heimat erschwerten? Flohen die Bauern vor der wachsenden Unsicherheit der Grenzen, wie es die gleichzeitige Abwanderung aus den benachbarten Gebieten, etwa aus dem Norden von Michoacán, nahe legt? Außer Zweifel steht, dass die nördlichen Randgebiete Mesoamerikas zu dieser Zeit eine Instabilität erfuhren, die das Leben der Bevölkerung von Coyotlatelco beeinflusst haben muss.

Inschriften einen Sinn ergaben, ohne diesen Kontext nicht mehr schlüssig sind. Und schließlich stellte sich heraus, dass viele Aufzeichnungen, denen lange Zeit eine chronologische Bedeutung beigemessen wurde, in Wahrheit die Kalendernamen von historischen Persönlichkeiten sind.

Ohne Anzeichen einer Feuersbrunst wie in Teotihuacán wurde die Stätte etwa um 700 n. Chr. weitgehend verlassen, und Monte Albán verfiel – wie viele andere regionale Zentren im Hochtal. Spätere Völker wie die Mixteken nutzten die alten Stätten der Zapoteken als geweihten Boden für ihre Gräber, von denen sie manche sehr kunstvoll gestalteten, vielleicht in dem Versuch, ihre Verbindung zu den einheimischen Dynastien zu festigen, die dort länger als tausend Jahre geherrscht hatten.

Das Ende der klassischen Epoche

Die wichtigste Tatsache, die die Archäologen über die klassische Epoche in Mexiko nachweisen konnten, ist die Vorherrschaft von Teotihuacán, dessen Einfluss in diesem so vielfältigen Land allerorts deutlich spürbar ist. Dieses urbanisierte Zentrum Mexikos mit seiner großen Bevölkerungsdichte und enormen Produktionskapazität setzte seine Macht durch politische und kulturelle Maßnahmen nicht nur im angestammten Hochlandgebiet, sondern auch an den tropischen Küsten und im Maya-Gebiet durch. Dass es ein auf Tributzahlungen basierendes Handelsimperium darstellte, das in nahezu jeder Hinsicht mit dem Aztekenstaat vergleichbar ist, steht außer Zweifel. Vielleicht war es sogar noch größer als das Reich von Montezuma Xocoyotzin. Die Errungenschaften aller anderen Staaten sind teilweise oder auch gänzlich auf Teotihuacán zurückzuführen.

Als Teotihuacán im 7. Jh. fiel, schwand die einende Kraft Mesoamerikas und mit ihr der ausgedehnte interregionale Handel. In der späten Klassik zerfielen die Reiche, und die einzelnen Kulturen isolierten sich voneinander.

STRUKTUR 1 VON CANTONÁ
Die düsteren Bauten von Cantoná, das inmitten eines Vulkanmassivs lag, unterschieden sich deutlich von denen der benachbarten Städte. Der Ort zeichnete sich durch einen komplexen Städtebau und eine eigentümliche Bildhauerei aus.

Vielleicht bestand ein Zusammenhang zwischen dem landwirtschaftlichen Zusammenbruch und dem Niedergang der klassischen Epoche oder dem Druck der Barbaren aus dem Norden, die in jener Zeit in das zivilisierte Mexiko drängten. Es scheint, als hätte sich die Struktur des mesoamerikanischen Lebens, die sich mit den ersten Kulturen der Präklassik etabliert hatte, erschöpft. Vielleicht waren die Bauern Mexikos auch am Ende ihrer Geduld und nicht länger bereit, Pyramiden und Paläste für Herrscher zu bauen, die nicht mehr für den Regen, und dadurch für reiche Ernten, sorgen konnten.

Kurzum, das Land war reif für eine Revolution oder auch eine Eroberung von außen, und vermutlich führten diese beiden Kräfte gemeinsam zu einem anderen Lebensstil, dem der Postklassik.

Das Ritual des Ballspiels

Sport und Kult
Dieses mixtekische Ohrgehänge drückt die Bedeutung des Spiels, des landwirtschaftlichen Fruchtbarkeitsrituals, aus. Unter dem Spielfeld sind die Sonnenscheibe, ein Opfermesser und das Bild von Tlaltecuhtli, dem Erdmonster, zu sehen.

Zu den kulturellen Besonderheiten Mesoamerikas gehört das Ballspiel, dessen Ursprünge mindestens bis 1300 v. Chr. zurückreichen und das im Nordosten Mexikos noch heute praktiziert wird. Dazu wurde anfänglich ein Ball aus Kautschuk verwendet.

Gespielt wurde auf einem angelegten Spielfeld. Zwei flache, längliche Bauwerke umschlossen einen nach beiden Seiten offenen Gang, auf dem sich die Spieler tummelten. Manchmal wurden die Enden des Gangs durch weitere Bauten ergänzt, sodass das Spielfeld eine I-Form erhielt, die häufig auf Codices auftaucht. Das Spiel war so beliebt, dass es in vielen Städten mehrere Felder gab. Tula besaß 6 Felder, El Tajín 12 und Cantoná bis zu 24. Im Lauf der Zeit änderte sich die Form ein wenig, die Grundanlage blieb jedoch dieselbe, was auf das Gleichbleiben des Spiels hindeutet.

Im Spiel traten zwei Mannschaften gegeneinander an, die aus mehreren Spielern bestanden. Sie mussten den Ball so lange wie möglich in der Luft halten, um Punkte zu gewinnen. Der Ball durfte nur mit dem Unterarm, der Schulter, der Hüfte und dem Schenkel berührt werden. Kontakt mit dem Kopf, der Hand und dem Fuß war verboten, was ohnehin geraten war: Da der Ball knapp 3 kg wog, konnte er schwere, gelegentlich sogar tödliche Verletzungen hervorrufen. Aus diesem Grund trugen die Spieler Gürtel aus Holz oder Leder, Knieschützer und Handschuhe. So konnten sie sich ohne Risiko auf den Boden werfen. Immer, wenn ein Spieler den Ball verpasste, ihn mit einem verbotenen Körperteil berührte oder aus dem Spielfeld beförderte, erhielt die gegnerische Mannschaft einen Punkt.

Trotz seiner Beliebtheit hätte das Spiel wohl nicht so lange existiert, wenn seine rituelle Bedeutung nicht ein fester Bestandteil des mesoamerikanischen Denkens gewesen wäre. Es war ein Fruchtbarkeitsritual, bei dem das Feld die Unterwelt vertrat, aus der die Vegetation hervorging. Vom Erfolg der siegreichen Mannschaft hing das Keimen der Pflanzen und die Fruchtbarkeit ab. Die Mannschaft der Verlierer wurde durch Enthauptung geopfert. Als Fruchtbarkeitsritual erlangte das Spiel auch eine politische Bedeutung: Der König war für das Leben seines Volkes verantwortlich und über das Spiel auch für das Wachstum der Pflanzen. Das Spiel war in erster Linie ein Ritual, das drei Jahrtausende überdauert hat.

Ein riskantes Spiel
Als Fruchtbarkeitsritual endete das Spiel mit einem Opfer. Der Blutstrom der enthaupteten Verlierer, der durch die Schlangen symbolisiert wird, bewässert die Erde und bringt ihr Leben.

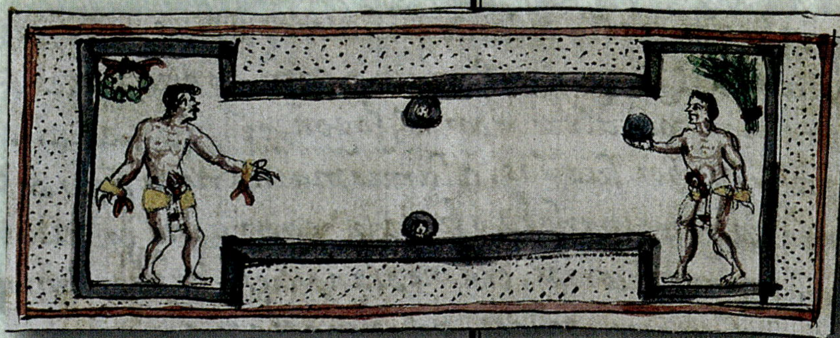

Dokumentation der Spanier
Die spanischen Eroberer hielten das Ballspiel in ihren Manuskripten fest. In der Zeichnung von Durán sind Spielfeld und Architektur in prähispanischem Stil dargestellt, die Spieler dagegen in europäischem.

Konstruierte Spielfelder
In ganz Mesoamerika wurde das Ballspiel auf einem seitlich von Mauern umrahmten Feld ausgetragen. Jede Mannschaft stand an einem Ende des Feldes. Die abgestuften Mauern sorgten dafür, dass der Ball zu den Spielern zurücksprang.

Göttliches Spiel
Die Ausrüstung der Spieler, Votiväxte und Steinrepliken auf den Schutzgürteln weisen darauf hin, dass das Ballspiel mit dem mesoamerikanischen Pantheon in Verbindung steht.

PELOTA UND *PATOLLI*

In Mesoamerika gab es noch andere Spiele, die ebenfalls rituellen Charakter besaßen. Weitere Ballspiele, wie in Teotihuacán, wurden mit Schlägern auf offenen, von Stelen begrenzten Feldern gespielt; bei der *pelota mixteca* wurde ein kleiner Ball mit einem Handschuh geworfen, wie es die Reliefs von Dainzú zeigen. Auch *patolli* war beliebt, eine Art Gänsespiel zum Zweck der Wahrsagerei, bei dem der Spieler durch das Werfen gekennzeichneter Bohnen vorankam. Ein außerordentlich symbolträchtiges Spiel war das *palo volador,* bei dem sich vier als Vögel verkleidete Männer in die Tiefe stürzen mussten, die Füße mit einem Seil umwickelt, das sich 13-mal drehte: vier mal 13 ergibt 52, was einem mesoamerikanischen Jahrhundert entsprach. Der Gefallen an derartigen Spielen war charakteristisch für Mesoamerika.

Spielmodell
Dieses Modell zeigt ein laufendes Spiel und gibt einen Einblick in die Regeln. Der Gegenstand, der eine Grabbeigabe war, unterstreicht die Verbindung zwischen dem Spiel und der jenseitigen Welt.

Kapitel 7

Die postklassische Epoche: der Toltekenstaat

Unruhige Zeiten

Auf die Störungen und Invasionen fremder Völker, die zum Untergang der klassischen Kulturen im 9. Jh. n. Chr. führten, folgte eine scheinbar neue Form des organisierten Lebens. Auch wenn es viele Beweise dafür gibt, dass die Kulturen der Klassik wie jene von Teotihuacán und Monte Albán Kriege führten, so gewann nun die militärische Macht in der Postklassik absolute Priorität, es begann eine umfassende Glorifizierung des Krieges. Es entstand eine neue Klasse von Berufskriegern, die in militärischen Orden organisiert waren. Diese benannten sich nach Totemtieren, von denen sie vermutlich ihre Abstammung herleiteten: Kojote, Jaguar und Adler. Kriege waren an der Tagesordnung, und jene, die das Pech hatten, gefangen genommen zu werden, wurden den Göttern geopfert. Menschenopfer waren in Mesoamerika beileibe nicht neu, aber zum ersten Mal tauchen in großer Zahl die *tzompantli* auf, Schädelgerüste, auf denen die Köpfe aufgespießt und zur Schau gestellt wurden. In Folge dieser kriegerischen Aktivitäten wurden verstärkt Stützpunkte errichtet und Befestigungsanlagen für die Städte gebaut.

In ganz Mexiko war dies eine Periode großer Verwirrung und intensiver Wanderbewegungen von Völkerschaften, die sich zu kleinen, aggressiven Erobererstaaten zusammenschlossen und dann – genauso schnell wie sie entstanden waren – wieder auflösten. Selbst Stämme mit völlig verschiedenen Sprachen taten sich zusammen, bildeten einen Staat und zeichneten diese „Staatengründung" in erstmals schriftlich fixierten Annalen

DIE TOLTEKEN – KRIEGER, DIE AUS DEM NORDEN KAMEN

In ihren Mythen berufen sich die Tolteken, wie nach ihnen die Azteken und die Tarasken, auf einen Ursprung im Norden. Sie betrachteten sich als Nachkommen der Krieger und Nomaden, die an den Grenzen des mesoamerikanischen Kulturraums umherschweiften, auch wenn die Bevölkerung Tulas zum Teil von sesshaften Bauern und den Bewohnern Teotihuacáns abstammte.

In Wirklichkeit war die Geschichte komplexer. Grabungen in der Sierra von Nayarit haben Hinweise auf Siedlungen von Bauern und Kriegern im 5. oder 6. Jh. n. Chr. ergeben. Diese Bauern betrieben Landwirtschaft nach mesoamerikanischer Tradition und lebten in befestigten oder geschützten Siedlungen. Sie waren angriffslustig und in kriegerischen Gesellschaften organisiert, die sich in speziellen Säulenhallen, so genannten *Hypostyla*, trafen. Sie enthaupteten die Gefangenen und stellten deren Köpfe zur Schau.

Aus noch unbekannten Gründen wurden all diese Siedlungen zu Beginn des 8. Jh. aufgegeben. Die Bauern und Krieger verließen ihre Dörfer und Städte, um nach Süden zu ziehen. Waren sie Opfer einer Dürreperiode? Wurden sie von den Nomaden vertrieben, von denen man weiß, dass sie andernorts verlassene Orte besetzten? Es ist lediglich nahezu sicher, dass diese Bauern und Krieger die Vorfahren der Tolteken waren. Tula zeichnet sich durch eine Vielzahl militärischer Symbole, prächtige Säulenhallen, die Existenz von Kriegerorden und die Praxis der Enthauptung aus, allesamt Kennzeichen, die auf einen engen Kontakt zwischen Norden und Süden schließen lassen. Es ist jedenfalls eine Ironie, dass die toltekischen Krieger, die sich auf einen chichimekischen Ursprung berufen, möglicherweise von den Bauern und Kriegern abstammten, die Opfer der eigentlichen Chichimeken waren.

auf. Die neuen Bedingungen spiegeln sich natürlich auch in den Kunststilen der Postklassik wider, die von der neuen Kriegspsychologie geprägt sind. In der Regel sind sie härter, abstrakter und schlichter als in der Klassik. Es ist eine starke, statische Kunst, die eher an die spartanischen als an die athenischen Ideale des alten Griechenland erinnert.

Die Einführung der Metallbearbeitung in Mexiko erfolgte gegen Ende der klassischen Epoche. Im Gegensatz zu ihrer Geschichte in Südamerika und der Alten Welt wirkte sie sich nur unbedeutend auf die Entwicklung der mexikanischen Kulturen aus. Die ersten gegossenen und gehämmerten Metallobjekte, die fast alle aus Kupfer bestanden, tauchten an der Westküste der heutigen Republik auf. Genau die gleichen Metallartefakte sind von der Nordküste Perus und der Küstenregion des südlichen Ecuador bekannt, sodass mit großer Wahrscheinlichkeit davon ausgegangen werden kann, dass die Kunst der Metallbearbeitung von der Andenregion durch seefahrende Händler in den Norden gelangte. Mexikanische Metallarbeiten bestanden in erster Linie aus Ziergegenständen, während Gerätschaften wie Beilklingen oder Äxte relativ selten waren. Sie hatten daher keine nennenswerte Auswirkung auf die Werkzeugausrüstung, die weiter mehrheitlich auf einer steinzeitlichen Stufe anzusiedeln ist. In der Schmuckverarbeitung entwickelten die mexikanischen Goldschmiede jedoch außergewöhnliche Fertigkeiten.

DER TEMPEL VON TLAHUIZCALPANTECUHTLI
Der dem „Herrn des Morgensterns“ geweihte Tempel ist eine Urform der toltekischen Architektur und Bildhauerei. Ähnliche Bauten findet man noch in Chichén Itzá im Gebiet der Maya.

Die Barbaren aus dem Norden

Nicht nur der innere Druck durch neue Erobererstaaten führte zu den Veränderungen in Mexiko. In ihrer Langzeitwirkung wesentlich bedeutender waren vermutlich die großen Wanderungen der „barbarischen“ Stämme, die das von ihnen angestammte Ödland nördlich des mesoamerikanischen Ackerbaulands verließen und nach Mexiko vordrangen. Die Azteken nannten die Menschen aus dem Norden Chichimeken, was so viel heißt wie „Geschlecht des Hundes“, deswegen aber keine Schmähung darstellt, da mehrere herrschende Dynastien im Hochtal von Mexiko sich mit Stolz auf chichimekische Vorfahren beriefen. Diese Barbaren waren nomadisierende Jäger, die Pfeil und Bogen stets bei sich trugen und des Ackerbaus nicht kundig waren. Die wildesten von allen waren die Teochichimeken, die „echten“ Chichimeken, die in Höhlen lebten, sich in Tierfelle hüllten und sich von Wildfrüchten, Wurzeln, Samen und dem Fleisch kleinerer Tiere ernährten. Zwischen ihnen und den zivilisierten Völkern angesiedelt, gab es noch die Tamimen, Chichimeken, die Bruchstücke der Sprache und Sitten ihrer fortschrittlicheren Nachbarn im Süden aufgeschnappt hatten. Sie kleideten sich in die Lumpen der Zivilisation und trieben etwas Ackerbau, um ihr Nahrungsangebot aus der Wildnis zu ergänzen.

Die chichimekischen Wanderungen
Zahlreiche bildliche Darstellungen zeichnen das Leben und die Bräuche der nördlichen Barbaren nach, die die großen Kulturen der Postklassik hervorbrachten: Tolteken, Azteken und Tarasken.

Wer waren dieses Chichimeken wirklich? Das innere Hochland im Norden Mexikos ist eine ausgedehnte Steinwüste, die im Westen und Osten an die beiden Gebirgszüge der Sierra Madre grenzt. Hier lebten bis in jüngste Zeit primitive Stämme wie die Zakateken und die Tepehuan, von den Azteken eben Teochichimeken genannt. Die Erben dieser alten „Wüstenkultur“, denen die Bearbeitung des Bodens aufgrund des geringen Niederschlags versagt war, widmeten sich in erster Linie dem Sammeln von Mesquitsamen und der Kaninchenjagd. Zwangsläufig führten sie das Leben von Halbnomaden: Sie zogen in kleinen Gruppen umher und lebten in Höhlen oder kuppelförmigen Unterkünften aus Ästen und Zweigen. Ihre einfachen Religionen kannten weder Tempel, Gottheiten noch Priester. Töpfern oder Weben war den meisten fremd.

In Abhängigkeit von der Niederschlagsmenge verschob sich die nördliche Grenze Mesoamerikas über die Jahrhunderte nach Norden oder nach Süden, je nachdem, ob die dort ansässigen Menschen nach Norden vordrangen oder durch die Trockenheit wieder zurückgedrängt wurden. Deren Stellung als Bauern war daher auch recht unsicher, und so wies ihr Leben durchaus ebenso Merkmale von Nomaden auf. Mit anderen Worten waren sie – wie jene erwähnte Tamimen – „Halb-Chichimeken“.

Im Allgemeinen waren die Bewohner des Nordens, wie alle Wüstenkultur-Stämme, recht friedlich. Dies traf vor allem zu, wenn die Wüstenbedingungen relativ günstig waren: Denn dann zog höherer Niederschlag Bauern aus dem Süden an, und die Grenzen verschoben sich gen Norden. War jedoch das Gegenteil der Fall, so drangen die durch

Trockenheit und Hunger zur Verzweiflung getriebenen Nomaden nach Süden in ehemals von Ackerbauern bewohnte Regionen ein und überfielen die Außenposten der Zivilisation. So lassen sich die großen Invasionen der Chichimeken in der Postklassik erklären.

Tula und die Tolteken

In der prähispanischen Geschichte Mexikos hat es vier einende Kräfte gegeben: die erste waren die Olmeken, die zweite das Teotihuacán der Klassik, die dritte die Tolteken und die vierte und letzte die Azteken. In ihren eigenen Annalen, die nach der Conquista in spanischer Sprache geschrieben wurden, blickten die mexikanischen Adligen und Intellektuellen voller Bewunderung auf eine teilweise verklärte Zeit zurück, in der die Tolteken an der Macht waren. Von diesem Volk, dessen Name so viel wie „die Meister" bedeutet, erzählte man sich, dass „ihnen nichts zu schwierig, kein Ort, mit dem sie handelten, zu weit war". Von ihrer Hauptstadt Tollan (Tula) aus kontrollierten sie fast den ganzen Norden und Zentralmexiko sowie Teile des guatemaltekischen Hochlands und den Großteil der Halbinsel Yucatán. So verwundert es nicht, dass nach ihrem Untergang alle mexikanischen und Maya-Dynastien, die etwas auf sich hielten, ihre Abstammung auf dieses sagenhafte Volk zurückführten.

Wie bei anderen Staaten der Postklassik auch schien die toltekische Gesellschaft aus verschiedenen Stämmen zu bestehen, die sich aus unbekannten Gründen zusammengeschlossen hatten. Die Nahua sprechenden Tolteken-Chichimeken waren die dominierende Gruppe und vermutlich der Stamm, der den Toltekenstaat gründete. Einst waren sie wohl jene Barbaren, vielleicht halb zivilisierte Chichimeken, die von den Randzonen Mesoamerikas aus dem Westen Mexikos kamen.

DER KÖSTLICHE NEKTAR DER AGAVE

Pulque, in Nahuatl *octli* genannt, war das Nationalgetränk und hat seinen Symbolwert bis heute erhalten, obwohl es von internationaleren Getränken wie Bier und Wein verdrängt worden ist. Der erfrischende Trunk wird aus dem Mark von *Maguey* (*Agave atrovirens* oder *Agave mexicana*) gewonnen. Durch Fermentierung entsteht eine nahrhafte, leicht alkoholhaltige Flüssigkeit. Sie ist nicht das einzige Geschenk der verschiedenen Arten von *Maguey*, denn die Agave liefert dem Menschen ihre Früchte, ihre Blätter als Gewebe oder Baumaterial, ihre Parasiten als Proteinquelle und ihre Stacheln als Hilfsmittel bei der Selbstopferung.

Die Azteken haben die Pflanze unter dem Namen *Mayahuel* vergöttlicht. Das Getränk Pulque hatte eine heilige und rituelle Funktion. Doch konsumierten die Azteken das Gebräu nicht maßlos. Ganz im Gegenteil wurde Trunkenheit sogar schwer bestraft. Den Alten wurde während bestimmter Feste der Konsum gestattet, um den Kindern die Gefahren des Trinkens zu zeigen. Das Alter der Pulqueherstellung ist unbekannt. Man weiß jedoch, dass die Pflanze in Teotihuacán benutzt wurde. Pulque könnte überdies vom Beginn unserer Zeitrechnung an eine Rolle in einigen Bestattungsritualen im Westen Mexikos gespielt haben.

Unter der Führung ihres vermutlich legendären Herrschers Mixcoatl (Wolkenschlange, also Milchstraße), der nach seinem Tod als Schutzherr der Jagd verehrt wurde, waren die Tolteken-Chichimeken zu Beginn des 9. Jh. über den südlichen Ausläufer der Westlichen Sierra Madre in das zivilisierte Mexiko eingedrungen. Mixcoatl und sein Volk ließen sich zunächst an einem Ort im Hochtal von Mexiko namens Colhuacan nieder. Sein Sohn und Erbe war die wohl bekannteste Figur in der Geschichte Mexikos, eine Person namens Topiltzin, die wahrscheinlich wirklich gelebt hat und im Jahr 1 Schilf (entweder 935 oder 947 n. Chr.) geboren wurde. Später wurde er – zur Verwirrung moderner Wissenschaftler – als Gefiederte Schlange, Quetzalcóatl, bezeichnet. In der Literatur, die nach der spanischen Eroberung Mexikos verfasst wurde, heißt es, dieser König habe eine helle Haut, langes Haar und einen schwarzen Bart gehabt.

DIE ZITADELLE VON LA QUEMADA

Die befestigte Stadt La Quemada, die an der Grenze des mesoamerikanischen Kulturraums lag, spiegelt die Unsicherheit dieser Grenze und das kriegerische Wesen der Bewohner wider.

Das erste bedeutende Ereignis während der Herrschaft von Topiltzin Quetzalcóatl war die Verlagerung der toltekischen Hauptstadt von Colhuacan nach Tula, dem früheren Tollan, dessen Name „Ort des Schilfs" bedeutet, in der damaligen Zeit aber auch so viel hieß wie „die Stadt". Einige Jahre nach ihrer Gründung wurde diese Schauplatz eines furchtbaren inneren Machtkampfs: Topiltzin muss eine Art Priesterkönig gewesen sein, der den friedlichen Kult der Gefiederten Schlange vertrat und Menschenopfer verabscheute. Seine Feinde dagegen waren Anhänger des grausamen Gottes Tezcatlipoca („Rauchender Spiegel"), Herrscher über Leben und Tod, Herr der Zauberer und Schutzpatron der Kriegerorden, die mit ihrem friedensliebenden König wohl unzufrieden waren.

Topiltzin und seine Anhänger mussten Ende des 10. Jh. aus der Stadt fliehen. Einige der schönsten Nahuatl-Gedichte schildern seinen unglücklichen Sturz, eine Niederlage, die Tezcatlipoca selbst angestiftet haben soll. In den sagenhaften Erzählungen verunsichert Tezcatlipoca die Tolteken durch verschiedene böse Listen: Als alter Mann verkleidet erscheint er vor Topiltzin und überredet ihn, einen entkräftigenden Zaubertrunk zu sich zu nehmen. Ein anderes Mal taucht er ohne Lendentuch auf dem Marktplatz auf und gibt vor, grünen Pfeffer zu verkaufen. Dabei entflammt die Tochter des Herrschers für ihn in einem so starken Verlangen, dass ihr Vater sich gezwungen sieht, ihn als Schwiegersohn zu akzeptieren. Dann wiederum ist er ein Krieger, der mit Erfolg eine Streitmacht aus Zwergen und Krüppeln anführt, die ihm doch in der eitlen Hoffnung zugeteilt worden war, dass der Feind ihn vernichten werde. Selbst nachdem die Tolteken Tezcatlipoca zu Tode gesteinigt haben, gelingt es ihnen nicht, sich von seinem nunmehr eiternden und verfaulenden Leichnam zu befreien.

Der Legende zufolge verlässt Topiltzin Quetzalcóatl schließlich seine geliebte Stadt, nachdem er seine Schätze verbrannt oder vergraben hat, und begibt sich ins Exil. Vögel mit wunderbarem Gefieder eilen ihm auf seinem Weg voraus. Falsche Zauberer kreuzen seinen Weg und versuchen, ihn zur Umkehr zu bewegen. Endlich erreicht er die Küste am Golf von Mexiko. Hier, so ein Gedicht, setzt er sich mit Quetzalfedern und Türkismaske geschmückt in Brand. Als seine Asche in den Himmel aufsteigt, umkreisen atemberaubend schöne Vögel den Ort und fortan wird der tote König als Morgenstern verherrlicht. Einer anderen Version zufolge aber startet er auf einem Floß aus Schlangen mit seinen Anhängern auf eine Reise gen Osten, von der er eines Tages zurückkehren wird.

In dieser Legende mag ein historischer Kern stecken. Denn die Aufzeichnungen der Maya berichten von der Ankunft eines mexikanischen Eroberers aus dem Westen – offenbar im Jahr 987 n. Chr. –, der in ihrer Sprache den Namen Kukulcán („Gefiederte Schlange") trug und ihr Land unterwarf. Überdies gibt es in Yucatán archäologische Belege für eine vom Meer aus geführte Invasion der Tolteken, die im ausgehenden 10. Jh., mit Chichén Itzá als Hauptstadt, eine mexikanische Periode einleitete.

Quetzalcóatl in Stein
Das menschliche Gesicht, das aus einer zusammengerollten, gefiederten Schlange hervorschaut, stellt Quetzalcóatl als Herrscher von Tula und als zivilisatorischen Gott dar.

Der Niedergang Tulas

Mit der Herrschaft der Tezcatlipoca-Anhänger in Tula erreichte das Toltekenreich wahrscheinlich seine größte Ausdehnung. Es erstreckte sich von Küste zu Küste über weite Teile Zentralmexikos. Auf dem Gipfel seiner Macht wird Tula in den Gedichten als ein Wunderland dargestellt, in dem die Maiskolben so groß waren wie Mahlsteine und Baumwolle in Rot, Gelb, Grün, Blau und vielen anderen Farben ganz natürlich auf den Feldern wuchs. Die Paläste der Stadt waren aus Gold, Jade oder sogar aus blaugrünen Queztalfedern. Ihr Reichtum war so groß, dass sie ihre Schwitzbäder mit kleinen Maiskolben heizten. Und es gab nichts, was sie nicht herstellen konnten, denn als begnadete Töpfer „lehrten sie den Ton, Form anzunehmen".

Das Ende von Tula kündigte sich mit dem letzten Herrscher Huemac („Große Hand") an. Nach einer Reihe von verheerenden Trockenperioden brachen erneut Konflikte zwischen den verschiedenen Gruppen aus, diesmal zwischen den Tolteken-Chichimeken und den Nonoalca. 1156 oder 1168 verlagerte Huemac seine Hauptstadt in die Gegend des heutigen Parks Chapultepec, des westlichen Teils von Mexiko-Stadt. In jener von Hügeln bedeckten Landschaft nahm er sich schließlich in tiefer Hoffnungslosigkeit das Leben. Einige Tolteken-Chichimeken hingegen harrten noch weitere 15 Jahre in Tula aus, bis auch sie die Stadt verließen und nach Süden, nach Cholula im Hochtal von Mexiko, zogen. Dabei unterwarfen sie alle Stämme, die sie auf ihrem Weg antrafen. Tula wurde als Ruinenstadt zurückgelassen, sein Ruhm lebt jedoch in der Erinnerung fort. Ein Nahuatl-Dichter fasst es in folgende Worte:

Wohin das Auge auch blickt,
Überall liegen die Überreste von Tonkrügen,
Ihrer Tassen, ihrer Figuren,
Ihrer Puppen, ihrer Statuetten,
Ihrer Armbänder,
Überall trifft man auf ihre Ruinen,
Wahrhaftig, die Tolteken haben hier einst gelebt.

COATEPANTLI
In Tula wurde die Funktion der Coatepantli offensichtlich: Die heilige Mauer aus schützenden Schlangen, die das Hauptgebäude oder die Pyramide umfasste, wurde später auch in Tenayuca und an anderen Stätten errichtet.

Der Größe Tulas folgte die Tolteken-Diaspora. Gruppen von Flüchtlingen zogen über das Hochland und auch durch das Tiefland Mexikos. Und dennoch: Noch immer verband die Menschen der Glaube an ihre Heimat Tula – im Untergang wie in voller Blüte scheint die Metropole der Tolteken die stärkste Kraft in Mesoamerika gewesen zu sein.

Das archäologische Tula

Lange war man nicht in der Lage, Tula zu lokalisieren. Denn es gibt nicht nur einen, sondern viele Orte Mexikos – wie selbst die großen alten Zentren Teotihuacan und Cholulain –, die jenen Namen bekamen. So gelang erst Ende der 1930er-Jahre den Forschern der gesicherte Nachweis, dass es sich bei der vermeintlichen Stadt von Topiltzin und Huemac um das richtige Tula handelt. Dieses liegt etwa 85 Kilometer nordwestlich von Mexiko-Stadt im heutigen Bundesstaat Hidalgo.

Mit ernsthaften archäologischen Arbeiten wurde in Tula um 1880 begonnen, als der französische Mesoamerika-Pionier Désiré Charnay einen Palastbau freilegte und dabei starke Ähnlichkeiten zwischen den Ruinen von Tula und denen im entfernten Chichén Itzá feststellte. Die Stadt Tula war von ihren Zerstörern – wer auch immer das gewesen sein mag – nicht nur geplündert und in Schutt und Asche gelegt worden. Vielmehr hatten die späteren Azteken ganze Skulpturen, Friese und Opfergaben aus der Stadt entfernt, um sie in Tenochtitlán und an anderen Orten wieder zu verwenden. Die Rekonstruktion

Tulas erwies sich daher als äußerst schwierig. Und es ist nicht verwunderlich, dass die für den heutigen Betrachter wenig spektakuläre Fundstätte kaum verraten mag, dass es tatsächlich die Bewohner Tulas waren, die Chichén Itzá eroberten und nicht umgekehrt.

Tula war eine praktisch uneinnehmbare Festung. Auf einem Gebirgsvorsprung gelegen fiel sie zu drei Seiten hin steil ab. So gab es an jenem Ort bereits in der Präklassik kleine Dörfer und während der Blütezeit von Teotihuacán auch größere Siedlungen, die vermutlich infolge des ausgedehnten Bewässerungssystems entstanden, das in dem breiten Tal im Nordwesten von Tula angelegt wurde. Bis 900 n. Chr. hatte sich dann eine größere Gemeinschaft aus ansässigen Handwerkern gebildet, die sich auf die Herstellung von Tongefäßen, vorgeformten Figurinen sowie Obsidianklingen spezialisiert hatten. Ein administrativ-religiöses Zentrum lag im nordöstlichen Teil der Stadt.

Die Tollan-Phase (950–1150 oder 1200 n. Chr.) markiert die Blütezeit der Stadt – eine der größten, wenn nicht die größte im Mesoamerika der frühen Postklassik. Sie erstreckte sich über 16 Quadratkilometer und zählte schätzungsweise 30 000 bis 40 000 Einwohner. Die Herrscher von Tula ordneten eine grundlegende Umstrukturierung der Stadt an und ließen eine neue Zeremonialstätte errichten. Dieses Zentrum bestand aus einem großzügigen zentralen Platz, der im Osten an die vollständig geplünderte, noch nicht ausgegrabene Pyramide C, im Westen an einem Ballspielplatz und im Norden an die Pyramide B und ihre Nebengebäude grenzt.

Die Pyramide B ist das beeindruckendste Gebäude in Tula. Vor der gestuften Pyramidenplattform stand einst eine Säulenhalle, deren Bänke mit vielfarbigen Flachreliefs von marschierenden Kriegern verziert waren. In früherer Zeit schritt ein Besucher durch diese Säulenhalle, stieg die Stufen empor und trat in den Tempel ein. Dessen Eingang wurde von zwei Steinsäulen in Form von Gefiederten Schlangen eingerahmt, die mit ihren typischen Rasseln und den am Boden liegenden Köpfen dargestellt sind. Der Tempel selbst bestand aus zwei Räumen. Das Dach des vorderen Raumes wurde von vier riesigen, als Krieger gestalteten Atlanten gestützt. In der einen Hand tragen sie einen *Atlatl*, eine Steinschleuder, in der anderen eine Tasche mit Räucherwerk. Insgesamt verwirklichten sie die perfekte künstlerische Verkörperung toltekischer Ideale. In den vier quadratischen Säulen des hinteren Raumes waren auf allen Seiten toltekische Krieger mit den Symbolen der Ritterorden eingemeißelt.

KRIEGER VON TULA
In Tula gibt es zahllose Reliefs, die Mauern und Fensterbänke verzieren. Eines der häufigsten Motive ist der Krieger. Die militaristische Bildersprache, die diese Hauptstadt beherrschte, ist unübersehbar.

Auf allen vier Seiten der Pyramide B versinnbildlichten Flachreliefs die Kriegerorden, auf denen die Stärke des Reiches beruhte: schleichende Jaguare und Kojoten, Herzen fressende Adler und dazwischen seltsame Mischwesen, die vermutlich Quetzalcóatl darstellen.

An die Pyramide schließen sich mehrere geräumige Säulenhallen mit versenkten Höfen in ihrer Mitte an. Die Säulen sind aus Bruchstein und haben einen Holzkern. Auch hier ziehen sich niedrige Bänke an den Wänden entlang, die offensichtlich mit Fresken bemalt waren. Vermutlich dienten diese Hallen als Orte für die Versammlungen und Zeremonien der Tolteken. Dagegen wurden die zwei Komplexe außerhalb des Zentrums von Tula, die eine große Ähnlichkeit mit den Palästen von Teotihuacán aufweisen, anscheinend von den Herrschern der Stadt als Wohnstätten benutzt.

An der Nordseite der Pyramide verläuft die 40 Meter lange, mit Friesen bemalte „Schlangenmauer". Das Grundmotiv zeigt eine Schlange, die einen Menschen verschlingt – wobei vom Kopf nur noch der Schädel übrig und das Fleisch teilweise bereits von den Knochen gerissen ist.

Überall in Tula trifft man auf in Stein gehauene Tolteken-Krieger, die mit grimmiger Miene in der linken Hand ein Bündel Wurfspeere und in der rechten einen mit Federn verzierten *Atlatl* tragen. Eine dicke Polsterung aus gesteppter Baumwolle am linken Arm sollte sie vor Verletzungen durch feindliche Speere schützen. Auf dem Rücken trugen sie den *tezcacuitlapilli*, einen runden Pyritspiegel mit einem Türkismosaik auf der Rückseite, das vier ineinander geschlungene Feuerschlangen zeigt. Die Kopfbedeckung bestand aus einem Hut mit Quetzalfedern, während die Stirnseite mit einem zum Boden fliegenden Vogel verziert ist. Der übliche Nasenschmuck bestand aus einer Art Knopf im Nasenflügel. Das Kinn vieler Ritter zierte ein Spitzbart. Die Brust bedeckte ein abstrakter Schmetterling, das Emblem der Krieger. Sie trugen entweder ein Hüfttuch (*maxtli*) oder einen kurzen Kilt, Beine und Knöchel waren mit Bändern umwickelt und an den Füßen trugen sie Sandalen mit Fersenkappen.

Die Privathäuser waren quadratische oder rechteckige Gebäude mit flachen Dächern, die jeweils mit bis zu fünf Häusern eine Gruppe bildeten, wobei jeder Komplex durch Wände nach außen und zum Innenhof hin abgetrennt war. Jede Gruppe hatte einen kleinen Altar oder Schrein in der Mitte des Innenhofs. Viele der hier vollzogenen Riten dürften dem Regengott gegolten haben. Dieser wurde durch sanduhrförmige, tönerne Kohlepfannen verkörpert, auf denen das Gesicht Tlalocs in Form von Tonstreifen aufgebracht ist. Die Toten wurden in der Regel in einer Grube unter dem Hausboden beigesetzt und erhielten Töpfe als Grabbeigaben. Menschenopfer bildeten eine Ausnahme. Kamen sie dennoch einmal vor, so wurden, nachdem das Fleisch verzehrt worden war, deren Überreste auf den sich in verlassenen Räumen häufenden Abfall geworfen.

Tula liegt am Rande Mesoamerikas, und auch im Bezug auf den Ackerbau kam ihm eher eine Randstellung zu, da der Sommerregen für ertragreiche Ernten nicht ausreichte und im Winter Frost herrschte. Die Nahrung für die Bewohner Tulas kam daher von Feldern, die in der Regenzeit mit kleinen, von bescheidenen Regulierdämmen gespeisten Kanälen bewässert wurden.

Die Handels- und vermutlich Tributbeziehungen Tulas in der Neuen Welt erreichten ein ungeahntes Ausmaß. Die häufigste Töpferware, die auf Handelswegen in die Stadt gelangte, war die sehr charakteristische Tohil-Bleiglanz-Keramik, eine der äußerst selte-

DER INTERNATIONALE STIL DER POSTKLASSIK

Am Ende der klassischen Periode bereitete der Zusammenbruch der Stadtstaaten in Mexiko und im Maya-Gebiet sowie das Verschwinden der großen klassischen Städte wie Monte Albán den Boden für die Entwicklung neuer Mächte. Chichén Itzá im Maya-Gebiet entsprach dem einflussreichen Tula in Zentralmexiko, gleichzeitig fand der Aufstieg der Mixteken statt. Jede Region, jede Kultur bewahrte ihre Eigenständigkeit, und es wäre verfehlt, von einer echten Einheit zu sprechen. Es kann jedoch eine Form von Internationalisierung nicht übersehen werden, die Ähnlichkeiten zwischen allen Gebieten mit sich brachte. So war das typisch toltekische Bildmotiv von Chac-Mool, die liegende Figur, die auf ihrem Bauch ein Opfergefäß trägt, von Yucatán bis Michoacán zu finden. Nichts berechtigt allerdings dazu, deswegen auf ein toltekisches Reich zu schließen. Viel eher herrschte ein intensiver Kulturtransfer.

Einige Keramikstile wie die Plumbatkeramik, die von der Pazifikküste Guatemalas stammt, oder die feine orange Keramik (Fine Orange) waren weit verbreitet. Die Wandmalereien der Maya in Orten wie Tulum und Santa Rita an der Karibikküste waren stilistisch von den mixtekischen Darstellungen beeinflusst. Ein als Mixteca-Puebla bezeichneter Keramikstil, der sich durch eine reiche Vielfarbigkeit und geometrische Dekors auszeichnet, breitete sich über den Großteil des Territoriums aus. Im gesamten Westen Mexikos gelangte der Aztatlánstil zur Blüte, der viele Ähnlichkeiten mit dem Mixteca-Puebla aufweist. Es gab also kein ausschließliches Zentrum, das die Lebensweise diktierte, sondern eine intensive Zirkulation von Gütern, Ideen und Themen, die übernommen und angepasst wurden und zur Vereinheitlichung des Territoriums beitrugen. Mesoamerika, wie es Paul Kirchhoff definiert hat, wurde geboren.

nen wirklich glasierten Keramiken der prähispanischen westlichen Hemisphäre. Sie stammte von der Pazifikküste in der Nähe der mexikanisch-guatemaltekischen Grenze, wo sie in Öfen gebrannt wurde. Die Bleiglanz-Ware wurde vermutlich ganz nach den Vorstellungen der Tolteken hergestellt. Ein besonders gelungenes Gefäß, das in Tula gefunden wurde, zeigt das Gesicht eines bärtigen Mannes (vielleicht Quetzalcóatl) im Maul eines Kojoten, wobei die ganze Szene mit kleinen Perlmuttplättchen bedeckt ist. In einer Vorrats- oder Depotgrube wurden ferner fünf Tohil-Bleiglanz-Becher sowie drei Becher und eine Schale aus Papagayo-Polychrom gefunden. Bei der letzteren Keramik handelt es sich um eine mit kräftigen Farben bemalte Töpferware, die in jener Zeit in einem Gebiet, das sich vom Osten Honduras' bis hinunter in den Nordwesten von Costa Rica erstreckte, hergestellt wurde.

Ebenfalls aus Ton war die Mazapan-Ware. Die auf bräunlich-gelbem Grund rot bemalten, schalenförmigen Gefäße sind an den Innenwänden mit parallel geschwungenen bzw. geraden Linien verziert, die mit einem mehrfaserigen Pinsel aufgetragen wurden. Zudem wurden einfache Figurinen sowie Tabakpfeifen mit ausbauchenden Köpfen und langen Hälsen hergestellt.

Tula scheint recht weltlich orientiert gewesen zu sein. Da nur wenige Götterdarstellungen gefunden wurden, wird für gewöhnlich angenommen, dass die militärische die spirituelle Macht verdrängt hat. Genauso gut könnte dieser Umstand aber auch auf aztekische Sammlerexpeditionen zurückzuführen sein. Erstaunlicherweise ist der angeblich siegreiche Tezcatlipoca in Tula überhaupt nicht vertreten, während die Gefiederte Schlange allgegenwärtig ist. In Übereinstimmung mit der Auffassung, dass Menschenopfer in der letzten Phase von Tula eingeführt wurden, gibt es mehrere Darstellungen des *cuauhxicalli*, des heiligen „Adlergefäßes", in das die Herzen der Menschenopfer gelegt wurden, sowie ein *tzompantli*, eine mit Totenköpfen und gekreuzten Knochen verzierte Altarstätte, auf der die Köpfe der geopferten Gefangenen zur Schau gestellt wurden. Gefunden wurde der Unterbau eines echten *tzompantli*, das mit Splittern menschlicher Schädelknochen bedeckt war. Nach mesoamerikanischem Brauch handelt es sich dabei vermutlich um Trophäen von den Verlierern eines Ballspiels, bei dem es ja um Leben oder Tod ging.

Alle Funde sprechen für einen Untergang der Stadt durch eine plötzliche, überwältigende Katastrophe: Die Zeremonialhallen wurden bis auf den Grund abgebrannt, die Schlangenmauer umgestürzt. Die Verursacher hierfür wird man mit großer Wahrscheinlichkeit bei den Chichimeken zu suchen haben, aus deren Perspektive das benachbarte Tula gefährlich nahe an das eigene Territorium herangerückt war. Denn genau in dieser Zeit unternahmen die Barbaren einen erneuten Vorstoß gegen das kultivierte Land im Süden.

TLALOC-GEFÄSS
Der größte Teil der toltekischen Bevölkerung arbeitete in der Landwirtschaft. Daher widmete Tula dem Gott des Regens, Tlaloc, besondere Aufmerksamkeit.

Die „Türkisstraße"

Die kühnen Pioniere, die zur Zeit der Tolteken an den östlichen Flanken der Sierra Madre entlang nach Nordwesten ins Land der Chichimeken vordrangen und dort den einst unfruchtbaren Boden bestellten, führten notgedrungen ein Grenzerleben. Im Grunde hatte diese Ausdehnung des Feldbaus auf barbarisches Gebiet bereits in der frühen Klassik begonnen, aber erst mit der Errichtung von Stützpunkten in der Spätklassik erzielte man größere Erfolge.

BALLSPIELPLATZ
Das rituelle Spiel, das auf einem I-förmigen Platz ausgetragen wurde, diente der Fruchtbarkeit und nahm in Tula eine herausragende Stellung ein. Mindestens sechs Spielfelder sind hier nachgewiesen.

Das starke Interesse der Zentralmexikaner an dem Gebiet der Chichimeken, das zwischen ihnen und dem amerikanischen Südwesten lag, ging jedoch weit über die bloße Suche nach neuem Ackerland hinaus: So werden die Gründe vor allem in Alta Vista nahe der Stadt Chalchihuites in Zacatecas 660 Kilometer nordwestlich von Tula augenscheinlich. Um 350 n. Chr. übernahmen dort Bewohner aus Teotihuacán die Macht und beuteten die reichlich vorhandenen Bodenschätze aus, wozu sie vermutlich Sklaven einsetzten. In jener Gegend wurden mehr als 750 Minen gezählt, in denen so seltene Minerale wie Malachit, Zinnober, Hämatit und Bergkristall abgebaut wurden. Nach Teotihuacán exportiert, wurden hieraus schließlich Artefakte für die Führungsschicht produziert.

In New Mexico wurden in der Klassik wahrscheinlich von den hier ansässigen Pueblo-Indianern der Feldbauer-Kulturen Türkisvorkommen entdeckt und auch ausgebeutet. Von dort wurde der Türkis nach Alta Vista gebracht und für den Export nach Zentralmexiko

DIE MESOAMERIKANISCHE KOLONISIERUNG DES NORDWESTENS

Man bestimmt die Grenzen des mesoamerikanischen Kulturraums nach dem Status quo zum Zeitpunkt der spanischen Conquista. Sie haben sich jedoch im Lauf der Jahrhunderte ständig verschoben. Die größten Veränderungen gab es im Norden. So hat man die Hohokamgruppe in Arizona mit der Frühzeit des Nordens von Mesoamerika in Verbindung gebracht. Die Ahnen der Tolteken könnten die Bauern und Krieger gewesen sein, die die entfernten Gebiete des Nordwestens kolonisiert haben. Ferner gab es einen beständigen Austausch mit dem heutigen Südwesten der Vereinigten Staaten. Man hat von einer Türkisstraße gesprochen, auf der der Halbedelstein von den Fundstätten im Südwesten nach Teotihuacán, Tula und später Tenochtitlán transportiert wurde. Die Hohokam und Anasazi importierten ihrerseits Muscheln vom Pazifik und vielleicht auch Techniken wie die Metallbearbeitung.

Die Tauschbeziehungen überbrückten riesige Wüstengebiete. Doch wer wohnte dort? Forschungen in Durango haben für die Klassik eine beträchtliche Wanderbewegung von mesoamerikanischen Kolonisten nach Norden ergeben. Während der Postklassik zogen sich die mesoamerikanischen Gruppen wieder zurück und nun stießen Sesshafte aus dem Norden nach Süden vor. Es sind Wohnbauten aus Lehmziegeln unter Felsvorsprüngen erhalten, die denen im amerikanischen Südwesten ähneln. In der Umgebung dieser Siedlungen streiften nomadische Jäger und Sammler umher, mehr oder weniger angepasste Chichimeken, die mit den Sesshaften teils feindselige, teils friedliche Beziehungen unterhielten. Drei Völker und drei Lebensformen zeugen also vom Fortbestand der Beziehungen zwischen den weit voneinander entfernten Kulturräumen, die einander doch so nah waren.

zu Mosaiken und ähnlichen Objekten verarbeitet. In diesem Handel kam Alta Vista eine frühe Vermittlerrolle zu. Um 900 n. Chr., zu einer Zeit, in der die Tolteken an die Macht kamen, wurden die Stätte und auch das Umland verlassen. Die Nachfolge im Türkishandel übernahm vermutlich La Quemada, eine ausgedehnte Bergfestung im Staat Zacatecas, 270 Kilometer südwestlich von Alta Vista. Gegen Überfälle durch die Chichimeken schützte die Festung eine dicke Steinmauer. Innerhalb dieses Mauerrings lebte die Mehrheit des Volkes, das auch die umliegenden Felder bearbeitete.

Deutlich sichtbar wird der kulturelle Austausch zwischen den Tolteken und dem Pueblo-Volk in der Stätte Casas Grandes in Chihuahua, nicht weit von der Grenze zu New Mexico. Während die Bevölkerung in mehrstöckigen Wohnbauten im Stil des amerikanischen Südwestens lebte, zeugen die Tempelhügelplattformen, die Ballspielplätze in I-Form und der Kult der Gefiederten Schlange von toltekischem Einfluss. Ganze Lager voll seltener Minerale aus dem Südwesten, darunter Türkise, wurden in Casas Grandes freigelegt. Doch welche Handelsware ging dagegen den Weg von Süden nach Norden?

Die Pueblo-Indianer hatten für ihre Riten und Rituale einen unerschöpflichen Bedarf an Federn von tropischen Vögeln wie Papageien und Aras, da diese Fruchtbarkeit und die Hitze der Sommersonne symbolisierten. In Alta Vista wurden demnach besondere Gehege gefunden, in denen rote Aras gehalten wurden. Vermutlich brachten die Tolteken sie mit, um sie gegen den herrlichen blaugrünen Türkis einzutauschen.

Mosaikschild
Dieser in Chichén Itzá gefundene Schild ist mit dem toltekischen Motiv der Feuerschlange verziert. Er besteht aus Türkis, der aus dem Norden importiert war, und belegt das Ausmaß der Beziehungen zwischen Mexiko und dem Maya-Gebiet. Er zeugt überdies von der Meisterschaft der Maya-Künstler.

Natürlich haben all diese Stätten dazu beigetragen, dass toltekische Elemente in den amerikanischen Südwesten vordrangen. Insbesondere die in Stein errichteten Säulenhallen, die Plattformpyramiden, der Ballspielplatz und das Ballspiel, Kupferglocken, womöglich das Prinzip der maskierten Tänzer und die Verehrung der Gefiederten Schlange, die auch heute noch eine Rolle bei den Ritualen der Hopi- und Zuni-Indianer spielt, breiteten sich folglich vom Reich der Tolteken nach Norden aus. Diese Spuren finden sich natürlich vermehrt entlang einer Handelsroute, einer „Türkisstraße“, die wie die berühmte Seidenstraße der Alten Welt zivilisierte und „barbarische“ Völker in ein kulturelles Ganzes einband.

Der Handel über die „Türkisstraße“ florierte in der gesamten Postklassik bis zur Ankunft der Spanier, die dem Türkis jedoch nur geringen Geldwert beimaßen. Der äußere Grenzposten dieses ausgedehnten Handelsnetzes war Chichén Itzá. So wurde dort ein vollständiger *tezacuitlapilli*-Spiegel entdeckt, der auf einem rot bemalten Jaguarthron im Innern der berühmten Castillo-Pyramide stand. Und selbst das Türkismosaik auf dessen Rückseite begegnete dem aufmerksamen Betrachter auch in Tula: Die vier ineinander verschlungene Feuerschlangen schmückten die Kriegeratlanten in der Pyramide B.

Menschenopfer in Mesoamerika

Der Herr der Toten
Durch ihre Opferpraktiken verschafften sich die Azteken Einblicke in den menschlichen Körper, wie diese Keramikdarstellung von Mictlantecuhtli beweist: Unter dem Brustkorb sind Verdauungsorgane dargestellt.

Entsetzt über die aztekischen Opferbräuche, gaben die Spanier ein abscheuliches Bild davon wieder, um auf diese Weise ihre Eroberung zu rechtfertigen. Von tiefer Abneigung beherrscht lieferten sie absurde Beschreibungen: Es wurde erzählt, dass zur Einweihung des großen Tempels in drei Tagen 80 000 Menschen geopfert worden seien. Den Priestern habe das nicht ausgereicht und die Stadt sei in Leichen ertrunken.

Die Azteken waren ihrerseits entsetzt über die spanischen Hinrichtungen, die sinnlosen Massaker und die Scheiterhaufen der Inquisition, im Namen einer Religion, die die Nächstenliebe pries. Das führt uns zum Zweck der Opfer. Im Gegensatz zu den grundlosen Praktiken der Eroberer beruhte das aztekische Opfer auf einer tiefgreifenden Notwendigkeit: Der Tod spendete nach aztekischem Verständnis Leben. Durch die Opfer in Teotihuacán haben die Götter die Welt geschaffen. Das Blut der Götter hat die Sterne in Bewegung gesetzt. Das Blut war das Lebenselixier, das die Sonne ernährte und es ihr ermöglichte, ihre Bahn zu verfolgen. Das Opfer war also eine Gabe an die Götter und an das Leben. Als solches genoss es das Privileg, die Sonne begleiten zu dürfen. Dies waren die Motive für das von den Azteken praktizierte Menschenopfer. Die früheren Kulturen vertrauten wahrscheinlich ähnlichen Mythen.

Die ältesten Hinweise auf Menschenopfer reichen in die archaische Periode des Tals von Tehuacán zurück. Die spätere olmekische Ikonografie enthält Hinweise auf Kinderopfer. Die sich krümmenden *Danzantes* von Oaxaca werden als Gefangenenopfer interpretiert. Bezüglich Teotihuacán ist dieser Kult klar belegt, doch erst die Tolteken und die Azteken haben ihn systematisiert. Bei ihnen wurden die Opfer enthauptet und die Köpfe in den *tzompantli* ausgestellt. Außerdem konnte das Opfer bei den Azteken mit einer rituellen Verspeisung enden. Es gab viele Abwandlungen: Neben dem Herausreißen des Herzens und der Enthauptung waren die Häutung, das Erschießen durch Pfeile und das Ertränken gängige Opfermethoden.

Das Ausstellen abgetrennter Häupter wurde auch dazu eingesetzt, um Gegner einzuschüchtern. Doch der Gebrauch des Opfers ändert nichts an seinem grundlegenden Zweck. Vielleicht hatten die Azteken gar nicht Unrecht: Ihre Welt ist zusammengebrochen, als sie die Opferrituale einstellten.

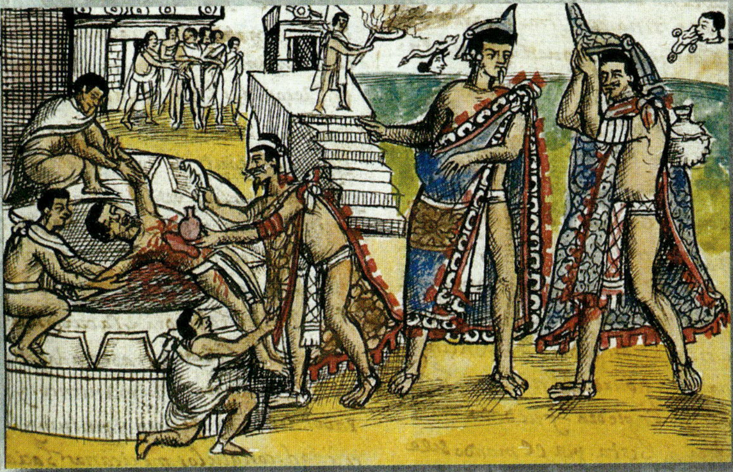

Anatomische Einblicke
Die Opferung durch das Herausreißen des Herzens war ein besonders häufiges Ritual. Die Azteken haben darin ein großes Geschick entwickelt und sich auf diesem Weg anatomische Kenntnisse verschafft.

Opfermesser
Einige Messer aus Feuerstein, die von künstlerischer und zugleich ritueller Bedeutung waren, hatten einen prächtigen Griff, der mit Türkis und Perlmutt verziert war. Sie wurden nur für besondere Opferungen verwendet.

Opfergefässe
Um das Opferblut aufzubewahren, legten die Azteken die herausgerissenen Herzen in Behälter, die cuauhxicalli, die die Gottheit darstellten, der das Opfer geweiht war. Der Adler stand beispielsweise für die Sonne.

Schädelregale
Die Azteken errichteten zahlreiche tzompantli, Altäre, auf denen Tausende von Schädeln ausgestellt wurden. Sie dienten sowohl der Erinnerung an die Geopferten als auch der Abschreckung der Feinde.

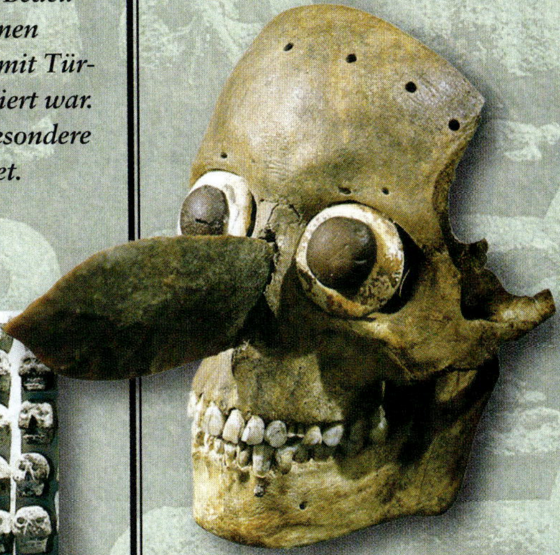

Kunst und Kult
Die Azteken integrierten den Opferkult in verschiedener Weise in ihre Kunst. Die Schädel im Templo Mayor, die das Opfermesser als Nasenschmuck tragen, bezeugen die Allgegenwart des rituellen Todes.

EIN MASSENOPFER IN TEOTIHUACÁN

Seit langem ist die Existenz von Gräbern bekannt, die in der Nähe des Tempels von Quetzalcóatl liegen. Bei neueren Grabungen wurden weitere regelmäßig angeordnete Gräber entdeckt. Einige enthalten bis zu 20 Leichname – Männer, deren Hände gefesselt sind. Bis heute wurden 126 Skelette gefunden, doch aufgrund ihrer Verteilung und der möglichen Existenz weiterer Gräber wird die Zahl der geopferten Menschen auf 272 geschätzt. Ihre Skelette bilden eine wahre Schutzmauer um die Pyramide. Alle Leichname sind mit reichen Grabbeigaben ausgestattet: Pfeilspitzen, Schmuck und anderem. Man weiß noch nicht, ob es sich um ausländische Gefangene oder Bewohner Teotihuacáns handelte. In jedem Fall beweisen die Funde, dass Massenopfer bereits in Teotihuacán zu rituellen oder politischen Zwecken praktiziert wurden.

KAPITEL 8

Rivalisierende Staaten

Die späte zapotekische Kultur in Mitla

Von allen Völkern Mexikos konnten sich die Zapoteken am ungestörtesten entwickeln, denn lange Zeit lebten sie von fremden Unruhestiftern unbehelligt in ihrem idyllischen Tal. In der frühen Postklassik entstand in Mitla, etwa 40 Kilometer südwestlich der Stadt Oaxaca, ein neues Zentrum der zapotekischen Kultur. Sein Name Mitla stammt aus dem Nahuatl und heißt so viel wie „Land der Toten", die Zapoteken nannten es jedoch Lyobaa, „Ort der Ruhe". Als die Spanier eintrafen, war das Zentrum noch bevölkert.

Mitla gehört zu den architektonischen Wundern Altmexikos – nicht grandios, nicht mächtig, aber von unvergleichlicher Schönheit. Fünf palastartige Gebäudekomplexe verteilen sich über die Stätte, die von einer auf einem nahe liegenden Hügel errichteten Festung bewacht wird. In der Kolonialzeit wurde in einem dieser Paläste eine Kirche erbaut; an Festtagen finden hier auch heute noch zapotekische Riten statt – Seite an Seite mit christlichen Zeremonien. Die bemerkenswerteste Konstellation ist die Säulengruppe aus langen, auf Plattformen errichteten Steinhallen, die an den vier Seiten eines Platzes angeordnet sind. Hier und anderswo in Mitla schmücken geometrische Steinmosaike lange Tafeln und ganze Mauern – verschlungene Ornamente im Stufenmäander-Motiv, wobei jede Verblendung auf einen roten Stuckuntergrund gesetzt wurde.

Wenn man dem etwas phantastischen, doch sehr detaillierten Bericht über das prähispanische Mitla von Pater Burgoa, der dieses Gebiet im 17. Jh. bereiste, Glauben schenken kann, so war diese Stätte einst die Residenz des Oberpriesters der Zapoteken, eines Mannes, der so viel Macht besaß, dass selbst der König sich seinen Befehlen beugte. Die Gebäudekomplexe in Mitla waren offensichtlich Bezirke, die für bestimmte Würdenträger reserviert waren: Ein Komplex war dem heiligen Mann selbst vorbehalten, ein anderer den Nebenpriestern, in einem weiteren Bezirk residierte der König der Zapoteken mit seinem Hofstaat, wenn er zu Besuch kam, und im fünften Bezirk wohnten die Staatsdiener und militärischen Führer des Königs. Für die Zeremonien kleideten sich die Priester in weiße Roben und prachtvolle Obergewänder. In seinem Palast regierte der Oberpriester verborgen vor den Augen des gemeinen Volkes von einem mit einem Jaguarfell bedeckten Thron aus; selbst der König nahm in seiner Anwesenheit einen niedrigeren Sitz ein.

Pater Burgoa behauptet, dass dort ununterbrochen grausige Opferungen stattgefunden hätten: Zahllosen Gefangenen sei das Herz herausgerissen worden, um es dem Oberpriester und den zapotekischen Göttern zu opfern. Irgendwo unter der Erde sollte es in Mitla eine große geheime Kammer geben, in der die zapotekischen Könige und Adligen sowie die im Krieg gefallenen Helden beigesetzt wurden. Die genaue Lage dieser unterirdischen Begräbnisstätte ist nicht bekannt, aber laut Burgoa hatten einige tatkräftige spanische Priester den Zugang dazu gefunden und diesen Ort betreten. Was sie dort erwartete, erfüllte sie jedoch mit solchem Grauen, dass sie diese gottlose Stätte des Gräuels fluchtartig verließen und hermetisch verschlossen.

Patio de las Grecas, Mitla

In der späteren Nachklassik schmückten Mosaike die Innenhöfe und Fassaden im Tal von Oaxaca. Die sich wiederholenden Motive hatten eher eine religiöse als eine ästhetische Bedeutung.

Die Mixteken

Die schroffe Berglandschaft im Westen und Norden Oaxacas, die den Namen Mixteca trägt, war die Heimat der Mixteken. In der Klassik errichteten die Mixteken ihre Siedlungen zunächst auf Hügeln, aber zu Beginn der Postklassik zogen sie in die Täler. Dort schlossen sie sich in verschiedenen Königreichen oder kleine Staaten zusammen, allerdings ohne weitergehende politische Integration oder große Städte. Jedes Königreich wurde von einem unabhängigen Herrscher regiert. Da Ackerland in jener zerklüfteten Landschaft rar war, herrschte an den Grenzen zwischen den einzelnen Reichen ein harter Wettbewerb, was zu ständigen kriegerischen Auseinandersetzungen führte.

Wie durch ein Wunder haben vier präkolumbische Codices diese unruhigen Zeiten überlebt, sodass die Geschichte der Mixteken weiter als die aller anderen mexikanischen Völker, mit Ausnahme der Maya, zurückverfolgt werden kann. Neueren Analysen dieser Bildhandschriften zufolge beginnen die Aufzeichnungen um 940 n. Chr. und erstrecken sich über eine Zeitspanne von 600 Jahren. Diese Codices sind zusammenfaltbare Bücher aus Hirschlederhaut, deren Seiten mit einer dünnen Stuckgrundierung beschichtet und bemalt sind. In der späten Postklassik wurden sie für den mixtekischen Adel hergestellt, um historische Ereignisse, Ahnentafeln sowie Geburten, Eheschließungen und manchmal auch den Tod von Herrschern festzuhalten. Sie informieren über die Konflikte, in die die Herrscher im Kampf um ihr Land verwickelt waren, und über Kriege, die sie führten, um ihren Einflussbereich auszudehnen.

Der Leser wird mithilfe von roten Fußabdrücken durch den Text geführt, der zum Großteil aus Bildern besteht – manche gehen von rechts nach links, andere von links nach rechts. Daten sind mit einem Zeichen angegeben, das wie ein ineinander verschränktes A und O aussieht, zusammen mit einem Jahreszeichen (z. B. 12 Rohr, 7 Haus o. ä.), gefolgt von dem jeweiligen Tag im 260-Tage-Kalender. In diesem Kalender wird jede Persönlichkeit mit ihrem Geburtsdatum und einem bildlich dargestellten Synonym aufgeführt.

Im Vergleich zu der Schrift der Maya und dem Schriftsystem der Zapoteken, von denen sie abgeleitet sein könnte, ist die mixtekische Schrift recht bruchstückhaft. Da das Mixtekische eine lautmalerische Sprache ist, hatten die Schreiber viele Möglichkeiten, sich bei der Schreibweise der Ortsnamen in phonetischen Schöpfungen und Wortspielen zu ergehen. In der Regel erfolgte dies in Form einer Rebus- oder Bilderrätselschrift, bei der ein schwer darzustellender Begriff durch ein anderes Zeichen ersetzt wird, das zwar eine andere Bedeutung, jedoch einen gleichen oder ähnlichen Klang (Homonym) hat. Ein gutes Beispiel ist die Stadt, die in Nahuatl Teozacoalco heißt. Ihr mixtekischer Name lautet „Große Gründung“. Das Ortsnamenszeichen in den Codices ist ein Sockel, der von

CODEX BECKER (WIEN)
In einem eigentümlichen, harten Stil zeichnen zahlreiche mixtekische Codices den Aufstieg der lokalen Dynastien genau nach. Sie markieren den Beginn der prähispanischen Geschichte.

einer kleinen Figur gebogen oder zerbrochen wird. Da in Mixtekisch die Worte „brechen“ und „groß“ bis auf den Klang Homöonyme sind, konnten die Leser den Ortsnamen leicht entziffern.

Die Tatsache, dass die Mixteken bis zur Postklassik nicht nur ganz Mixteca, sondern auch fast das ganze zapotekische Gebiet unter ihre Macht brachten, spricht für ihre hohe Staatskunst. Diese basierte auf einfachen, auch in der Geschichte Europas bekannten Grundsätzen, nach denen ein Prinz in die königliche Familie einer von ihm begehrten Stadt einheiratete, wenn es ihm nicht gelang, diese mit Gewalt einzunehmen. Aufgrund der allgemein praktizierten Polygamie wurde diese Strategie recht häufig angewandt. Selbst wenn der Angreifer den Feind mit Gewalt bezwungen hatte, so stärkte er seine Herrschaft oft noch durch die Heirat mit einer eingeborenen Prinzessin. Diese Heiratspraxis führte dazu, dass die mixtekische Aristokratie eine große Familie einer einzigen Dynastie war. Wie in den Königshäusern Ägyptens, Hawaiis oder Perus kam es auch hier zu Eheschließungen zwischen Geschwistern aus politischen Motiven.

Zu Beginn der postklassischen Epoche besaß eine Stadt namens „Berg, der sich öffnet“ die größte Macht. Bei ihrer Eroberung endeten ihre Herrscher auf dem Opferstein. Darauf folgte die erste Dynastie von Tilantongo („Schwarze Stadt“).

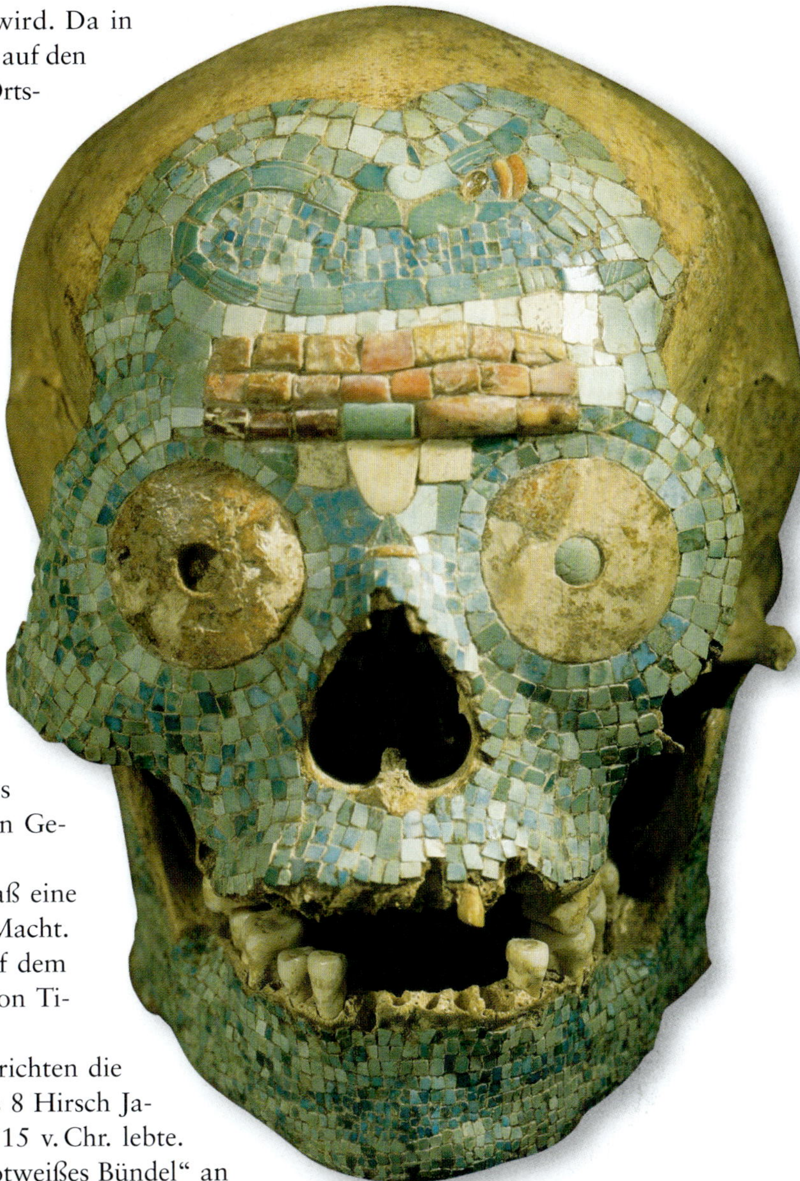

In der zweiten Dynastie von Tilantongo berichten die Codices von einem großen Kriegsherrn namens 8 Hirsch Jaguarkralle, der in der Kalenderrunde 1063–1115 v. Chr. lebte. Als er an die Macht kam, griff er die Stadt „Rotweißes Bündel“ an und opferte nicht nur den Fürsten dieser Stadt, sondern auch dessen Ehefrau Dame 6 Affe, eine Prinzessin vom Berg des Sandortes. Im Jahr 1097 scheint 8 Hirsch Jaguarkralle nach Tula gereist zu sein, wo er mit dem toltekischen Nasenknopf ausgezeichnet wurde – entweder durch den toltekischen König selbst, einen Mann namens 4 Jaguar, oder seinen Oberpriester 8 Tod. Vermutlich markiert dieser Akt die Thronbesteigung von Tilantongo, womit dem Herrscher der toltekischen Hauptstadt dieselbe Funktion zukam wie dem Papst, der den Heiligen Römischen Kaiser krönte.

In den Büchern lassen sich die Machenschaften von 8 Hirsch Jaguarkralle verfolgen, als er sich darum bemüht, die rivalisierenden Kleinreiche zu vereinnahmen: Er heiratete fünfmal, und all seine Frauen waren Prinzessinnen feindlicher Städte. Einige ihrer Familienmitglieder übergab er den Opferpriestern oder ließ sie an ein Gerüst fesseln und mit Pfeilen durchbohren. Aber „wer das Schwert führt, kommt durch das Schwert um“, und so wurde dieser große Krieger letzten Endes von Dame 6 Affes Sohn umgebracht. Der Sohn von Dame 6 Affe wurde Herrscher der Stadt „Ort des Feuersteins“ und nahm die Tochter von 8 Hirsch Jaguarkralle zur Frau.

MOSAIKSCHÄDEL VON TEOTITLÁN DEL CAMINO
Die Mixteken waren anerkannte Meister der Mosaikkunst, in der sie unterschiedliche Materialien wie Türkis, Perlmutt und Obsidian kombinierten. Sie waren auch bei der Wahl des Untergrunds erfinderisch, die gelegentlich makaber war.

Mixtekische Einflüsse im Bereich der Kunst

Ab 1350 n. Chr. begannen die Mixteken, das Tal von Oaxaca in ihre politisch motivierten Eheschließungen einzubeziehen, wobei die königlichen Mixtekenbräute stets darauf bestanden, ihr eigenes Gefolge an den zapotekischen Hof mitzunehmen. Bei Ankunft der Spanier befanden sich praktisch alle zapotekischen Stätten in mixtekischer Hand.

Von ihrem großen Reichtum und ihren hervorragenden künstlerischen Leistungen – von ihnen stammen die künstlerisch hochwertigsten Goldschmiede- und Türkismosaikarbeiten ganz Mexikos – zeugt der phantastische Schatz aus einem Grab in Monte Albán. Dort bestatteten die Mixteken gegen Mitte des 14. Jh. die Überreste eines ihrer Könige und die Körper seiner getöteten Diener. Mit ins Grab gelegt wurden dem Herrscher kostbare Arbeiten aus Gold sowie Silber, Türkismosaike, Ketten aus Bergkristall, Bernstein, Gagat und Koralle, Tausende von Perlen – eine davon so groß wie ein Taubenei – und Teile von mit Schnitzereien verzierten Jaguarknochen, die historische und mythologische Szenen zeigen.

Zaachila, eine im Tal gelegene Stadt, in der sich auch heute noch die Nachfahren der Zapoteken und der Mixteken feindlich gesinnt sind, war nach dem Untergang von Monte Albán eine Hauptstadt der Zapoteken. Sie hatte einen zapotekischen König, ihre Kultur hingegen war mixtekisch. In einem ihrer Bauwerke wurden zwei Gräber freigelegt, die einen Schatz mit mixtekischen Objekten bargen, zu denen die bemerkenswerteste polychrome Töpferware zählte, die bislang in der Neuen Welt entdeckt wurde: Darunter ein wunderschön bemalter Becher mit der dreidimensionalen Darstellung eines auf dem Rand hockenden blauen Kolibris.

Mixteca-Puebla-Stil
Dieses Gefäß vereint vielfarbige Mäander, codexähnliche Zeichnungen und Friese.

Nicht nur im Süden, sondern auch in Cholula hoch im Norden hinterließ der mixtekische Kunststil seine Spuren – dort entwickelte sich der Mixteken-Puebla-Stil, und Manuskripte, Skulpturen, Töpferware und Türkismosaike in diesem Stil gehören zu den aus-

DIE METALLBEARBEITUNG, EIN BEITRAG AUS DER ANDENWELT

Die mesoamerikanische Metallbearbeitung hatte ihren Ursprung in der Andenwelt, in Peru, Ecuador und Kolumbien. Die Technik wurde wahrscheinlich auf dem Seeweg, entlang der Pazifkküste, eingeführt. Gegenstände aus Metall tauchten zuerst in den Küstenregionen von Oaxaca, Michoacán, Jalisco und Nayarit auf, in denen es besonders viel Silber und Kupfer gab. Die frühesten Hinweise auf einen Gebrauch von Metall sind bei Tomatlán in Jalisco und Amapa in Nayarit gefunden worden. In den übrigen Regionen Mesoamerikas war Metall zu dieser Zeit noch unbekannt.

Ab 800 n. Chr. entwickelte sich die eigentliche Metallbearbeitung, die sich die alten Techniken aus den Anden zunutze machte, z. B. den für Kolumbien typischen Wachsguss oder die Kaltschmiede, die in Peru und Ecuador verbreitet war. Durch das Hämmern des kalten Metalls wird Kupfer härter und der Bronze ähnlich. Beim Wachsguss, mit dem Glöckchen und Schmuckstücke hergestellt werden konnten, wurde ein genauer Prototyp des Stücks aus einer Mischung von Ton und getrockneter Kohle angefertigt. Der Prototyp musste an der Sonne trocknen, wurde dann mit einer Wachsschicht umhüllt und kam schließlich in eine Gussform, die aus Ton und grob zerstoßener Kohle bestand. Durch die Form verlief ein dünner Kanal aus Wachs. Beim Erhitzen der Form schmolz das Wachs und floss durch den Kanal ab. Der entstehende Hohlraum wurde mit dem geschmolzenen Metall aufgefüllt. Nach dem Erkalten zerschlug man die Form, nahm das Stück heraus und polierte es. Diese Techniken, die schon seit 200 v. Chr. in den Anden bekannt gewesen waren, wurde den verfügbaren Metallen und der Gesellschaft angepasst. Die Künstler stellen fast ausschließlich Schmuckstücke her, Metallwerkzeuge kamen erst in der Nachklassik auf.

erlesensten Dokumenten der jüngeren mexikanischen Geschichte. Auch wenn die Mixteken Zielscheibe der aggressiven Kriegspolitik der Azteken waren, wurden sie von diesen nie wirklich bezwungen. Erfolgreich schlossen sie sich mit den Zapoteken gegen die Eindringlinge zusammen und entgingen auf diese Weise dem Schicksal vieler anderer unabhängiger Staaten im postklassischen Mexiko.

Das Taraskenreich

Die Azteken nannten das Gebiet der Tarasker, die sie ebenfalls nie in ihre Gewalt bringen konnten, Michoacan, was so viel bedeutet wie „Der Ort der Meister der Fische". Das ist ein treffender Name, denn der Großteil der Geschichte Taraskans spielte sich am fischreichen Pátzcuaro-See im Westen Mexikos ab. Sich selbst und ihre Sprache, die keinerlei Ähnlichkeit mit anderen mesoamerikanischen Sprachen aufweist, nannten die Tarasker Purépecha. Glücklicherweise blieb der Nachwelt eine ausgiebige ethnohistorische Quelle, die so genannte Relación de Michoacan, erhalten, wobei es sich offensichtlich um eine frühe spanische Übersetzung eines oder mehrerer Originale in Taraskisch handelt, mit wichtigen Einzelheiten über die Geschichte und den Alltag dieses Volkes am Vorabend der spanischen Eroberung.

In der späten Postklassik grenzte der taraskische Staat im Süden und Westen an aztekisch kontrollierte Gebiete und im Norden an das Land der Chichimeken. Die aus verschiedenen Ethnien zusammengesetzte Bevölkerung wurde von den eingeborenen Tarasken beherrscht, die etwa zehn Prozent der Einwohner ausmachten. Viele der in ihrem Einflussgebiet lebenden Völkerschaften sprachen Nahuatl. In den Aufzeichnungen wird von Wanderbewegungen verschiedener Stämme nach Michoacan berichtet, von denen die wichtigste ethnische Gruppe die Chichimeken waren – vermutlich Halbbarbaren, die Taraskisch sprachen und sich auf Inseln auf dem See Pátzcuaro niederließen. Sie nannten sich Wakúsecha. Ihre erste Hauptstadt war die Stadt Pátzcuaro, die sie um 1325 n. Chr. gründeten. Von dort aus zwangen sie der Urbevölkerung und anderen Stämmen ihre Sprache und Herrschaft auf.

Mit der Zeit eroberten die Tarasken das gesamte heutige Michoacan und errichteten an ihren Grenzen eine Reihe von befestigten Grenzposten. Später wurde Ihuátzio am südöstlichen Arm des Sees zur Hauptstadt, gefolgt von Tzintzúntzan, das im Jahr 1522 bei der Ankunft der Spanier Sitz der königlichen Macht war.

GRAB 7 VON MONTE ALBÁN
Das berühmte Grab enthielt zahlreiche Goldgegenstände, u. a. diesen Brustschmuck, der einen Toten mit geschlossenen Augen darstellt. Bei der Konstruktion des Grabs hat man auf die zapotekische Bauweise zurückgegriffen.

An der Spitze der taraskischen Hierarchie stand der Kasonsí, der König. Er war Kriegsherr und oberster Richter des Landes und gleichzeitig Herrscher von Tzintzúntzan. Unter ihm standen die Herrscher von zwei weiteren Verwaltungszentren, Ihuátzio und Pátzcuaro, sowie vier Fürsten von Grenzgebieten. Der Kasonsí unterhielt einen großen Hof, zu dem eine Vielzahl von Beamten gehörten, deren unterschiedliche Ämter eine Vorstellung von den im königlichen Haushalt anfallenden Tätigkeitsbereichen vermitteln. So gab es z. B. die Vorsteher verschiedener Berufsstände wie die der Maurer, Trommelmacher, Ärzte, Hersteller von Obsidianmessern, Fischer, Silberschmiede und Keramikdekorateure oder auch des Königs Zoowärter oder das Oberhaupt seiner Kriegsspione.

Seitenlang schildert die Relación die Bestattung des Kasonsí, die sicherlich spektakulär gewesen sein muss, auch wenn sie sich ansonsten nicht groß von der anderer mesoamerikanischer Herrscher unterschied. Taraskische und fremde Fürsten gaben ihm das Geleit, als er mit Musik und aufwändigen Riten zur letzten Ruhe gebettet wurde. In den Tod begleiteten ihn sieben wichtige Frauen aus seinem Palast, wie die „Hüterin des Lippenschmucks aus Gold und Türkis“, seine Köchin, seine Weinträgerin und die „Hüterin seines Urinals“. Daneben wurden 40 männliche Bedienstete geopfert, einschließlich des Arztes, der ihn von seiner letzten Krankheit nicht hatte heilen können. Aus diesen Aufzeichnungen geht recht deutlich hervor, dass der Palast des Kasonsí im Land der Toten nachgebildet werden sollte.

Im Gegensatz zu den Azteken lebten die taraskischen Priester, wie bei den späten Maya, nicht im Zölibat. Das Kennzeichen der Priester war der Kürbis, den sie als Tabakbehälter auf ihrem Rücken trugen. An der Spitze der religiösen Organisation stand der höchste Oberpriester, der eine komplexe Hierarchie von weiteren, in unterschiedliche Ränge eingeteilten Priestern unter sich hatte.

Die Staatsreligion der Tarasker erscheint äußerst untypisch für Mesoamerika. Sie hatten keine Entsprechung zum Regengott Tlaloc und keine Gefiederte Schlange. Noch auffälliger ist das Fehlen des 260-Tage-Kalenders sowie die Tatsache, dass sie für ihre Prophezeiungen keine Kalender heranzogen. Dagegen hatten sie ein Sonnenjahr mit 18 Monaten zu 20 Tagen und den fünf zusätzlichen Tagen. Ballspielplätze gab es nur selten, in Tzintzúntzan selbst vermutlich gar nicht.

Der Himmel war das Reich Kurikaweris, des Sonnengotts, der wichtigsten Gottheit des Staatskults. Seine Anbetung erforderte Unmengen von Feuerholz, ein Umstand, der neben der Rodung für den Feldbau in ganz Michoacan zu einer massiven Abholzung führte. Kurikaweri war zugleich Stammesgott der Wakúsecha und ein Kriegsgott, zu dessen Ehren Menschenopfer, u. a. sogar Selbstopferungen, dargebracht wurden. Der Kasonsí verkörperte seine irdische Gestalt.

TARASKISCHER TRÄGER
Die taraskische Bildhauerei ist sehr vielseitig und reich an Themen. Dieser Träger erinnert an die überragende Bedeutung des Handels für die Tarasken, die die wichtigsten Handelswege unter ihrer Kontrolle hatten.

Wie die Götter auf dem griechischen Olymp gehörten auch die taraskischen Gottheiten zu einer großen Familie. Kurikaweris Frau war Kwerawáperi, die Erdmutter, eine Schöpfergottheit, die alle anderen Götter gebar. Sie war die Herrscherin über Leben und Tod, Regen und Dürre. Es gab viele lokale Kulte, denn alle von den Taraskern unterworfenen Völkerschaften hatten ihre eigenen Schutzgottheiten. Diese wurden allesamt in die kosmologisch-spirituelle Dimension der offiziellen Staatsreligion aufgenommen.

Für die taraskischen Jungen gab es keine formale Ausbildung, sie wurden von ihren Vätern in bestimmte Tätigkeiten eingelernt. Die jungen Mädchen des Wakúsecha-Adels dagegen wurden in besonderen Einrichtungen unterrichtet. Sie galten als die Ehefrauen des Stammesgottes Kurikaweri und wurden in der Regel mit Offizieren verheiratet.

Die Ruinen der letzten taraskischen Hauptstadt Tzintzúntzan liegen auf einem terrassierten Hang oberhalb des nordöstlichen Arms des Pátzcuaro-Sees. Auf einer riesigen,

Yákata in Tzintzúntzan

Wie für andere Kulturen vor ihr hatten runde Formen für die taraskische Kultur eine besondere Bedeutung. Die fünf yákatas *von Tzintzúntzan dominierten den See von Pátzcuaro.*

etwa 440 Meter langen, rechteckigen Plattform erheben sich fünf als *yákatas* bezeichnete Gebäude; jede yákata besteht aus einer rechteckigen Stufenpyramide, die über einen gestuften Übergang mit einer runden Stufenpyramide verbunden ist. Einst waren diese *yákatas* mit passgenauen Platten aus vulkanischem Gestein verkleidet, was an die Perfektion der Inkabauten in Südamerika erinnert. Die freigelegten *yákatas* enthielten prachtvoll ausgestattete Gräber. Daher geht man davon aus, dass sie ursprünglich als Grabstätten für die verstorbenen Kasonsís und ihr Gefolge dienten.

Die wenigen archäologischen Funde lassen den Schluss zu, dass die Tarasken außerordentlich befähigte Kunsthandwerker waren. Zu ihren erstaunlichsten Werken zählen hauchdünne, mit Blattgold und Türkisintarsien verzierte Ohrspulen und Lippenstecker aus Obsidian. Wahre Meisterleistungen sind jedoch ihre Gold- und Silberarbeiten und die Stücke, in denen sie diese beiden kostbaren Metalle verarbeitet haben.

Die Tarasker waren nicht nur hervorragende Krieger, denen es immer wieder gelang, aztekische Angriffe erfolgreich abzuwehren, sie waren folglich auch großartige Künstler und Architekten mit einer reichen Kultur, die in vielerlei Hinsicht an die Zivilisationen in den Anden erinnert.

Der Aufstieg des Aztekenreiches

Die Anfänge des Aztekenreiches waren nach den eigenen Aufzeichnungen dieses Volkes so bescheiden, dass ihr Aufstieg zur Führungsmacht in fast ganz Mexiko innerhalb von nur wenigen Jahrhunderten an ein Wunder grenzt. Es ist unbegreiflich, dass diese großartige, von den Spaniern bezeugte und zerstörte Kultur von einem Volk geschaffen wurde, das vor nicht allzu vielen Generationen noch zu den wildesten Barbaren gehörte – und doch erzählen es so ihre Legenden.

Diese Geschichten, die alle in Nahuatl oder in der frühen Kolonialzeit in Spanisch niedergeschrieben wurden, müssen im größeren Zusammenhang gesehen und entsprechend ausgelegt werden. Zunächst einmal steht fest, dass angesichts der zentralmexikanischen Zeitrechnung, die sich auf die 52-jährige Kalenderrunde stützt, zumindest einige der in den Chroniken genannten angeblich historischen Daten eher zyklisch als linear sind: Ein Ereignis, das in einem Zyklus an einem bestimmten Punkt erfolgte, könnte also ebenso gut in einem anderen Zyklus zu ähnlicher Zeit erfolgt sein. Ferner hatte die Königsdynastie der Azteken ausreichend Gelegenheit, ihre eigene Geschichte und die Geschichte ihres Reiches bei Bedarf umzuschreiben. Es heißt, dass dies bereits zu Zeiten des Herrschers Itzcoatl erfolgt sei, in einem weit größeren Umfang jedoch im 16. Jh., um mit dem Zusammenbruch des Reiches infolge der spanischen Invasion und Eroberung fertig zu werden. In seiner Blütezeit hatte der aztekische Staat eine kosmische Vision von sich und seiner Stellung im Universum, die eine ganz bestimmte Geschichte voraussetzte, wobei selbst der königliche Stammbaum dieser Vision angepasst wurde.

Es ist daher alles andere als leicht, aus den oft widersprüchlichen Chroniken eine schlüssige Geschichte über die Herkunft der Azteken und ihren Aufstieg zur Macht zu erhalten. Weitgehende Übereinstimmung herrscht dagegen über die groben Zusammenhänge. Die Geschichte beginnt im 12. Jh. mit den Ereignissen nach der Zerstörung von Tula. Flüchtlinge aus diesem toltekischen Zentrum ließen sich im Süden des Hochtals nieder, vor allem in den Städten Colhuacan und Xico, die eine wichtige Rolle bei der Übermittlung der höheren Kultur ihrer Vorgänger an die wilden Völkerschaften übernahmen, die inzwischen in großer Zahl in den Norden des Landes einfielen. Dazu zählten die Chichimeken unter ihrem Anführer Xolotl, die 1244 ins Hochtal kamen und sich in Tenayuca niederließen, die Acolhua, die um 1244 Coatlinchan gründeten, die Otomí, die um 1250 Xaltocan erreichten, sowie die mächtigen Tepaneken, die 1230 die Stadt Atzcapotzalco eroberten. Mit Ausnahme der Otomí sprachen sie alle Nahuatl, das heute die meist verbreitete Sprache Zentralmexikos ist. So gab es im 13. Jh. im ganzen Tal kleinere

HALBNOMADEN ODER HALBSESSHAFTE?

Die Mexicas bezeichneten die Völker, die jenseits der Nordgrenze Mesoamerikas lebten, als Chichimeken. Für sie war die Region ein Ort des Leidens und des Elends, der vom Tod beherrscht wurde. Die Trockenheit des Nordens stand im Gegensatz zu ihrer eigenen, fruchtbaren Umgebung und war gleichbedeutend mit Armut. In diesem Gebiet, in dem regelmäßige Landwirtschaft fast unmöglich ist, bestand die Bevölkerung aus Nomaden. Sie errichteten daher kaum große Bauten und hatten nur spärliche Einrichtungsgegenstände. Der einzige Reichtum der Bevölkerung waren ihre tiefen Kenntnisse und der respektvolle Umgang mit der Flora und Fauna.

Die Chichimeken gehörten in Wahrheit verschiedenen Kulturstufen an, von echten Nomaden, die für Barbaren gehalten wurden, bis hin zu den chichimekischen Tolteken, die für ihr Kunsthandwerk berühmt waren. Einige Gruppen betrieben nebenher Landwirtschaft oder nutzten stärkere Regenfälle aus, um eine Zeit lang am selben Ort bleiben zu können. In höheren Lagen, wo mehr Regen fiel, bauten einige Gruppen mithilfe komplexer Bewässerungssysteme Mais an. Die Feindseligkeit der Umwelt härtete die Menschen ab. Sie leisteten den Spaniern lange Widerstand, sodass einige ihrer Gebiete erst im 19. Jh. erobert werden konnten.

Pyramide von Tenayuca
Wie die Pyramide von Tula war die von Tenayuca von einer Schlangenmauer umgeben. Die zusammengerollten stilisierten Klapperschlangen bildeten einen Schutzwall, der vielleicht auf die Vorstellung von einem Urberg zurückging.

Stadtstaaten, wobei sich die chichimekischen Emporkömmlinge im Norden eifrig darum bemühten, von den Tolteken im Süden zu lernen.

Für das Tal war dies eine Zeit des Friedens. Die toltekischen Flüchtlinge, die das Land im Süden und Westen besiedelten, führten die Machtstruktur und Herrscherideologie der Elite *(pipiltin)* ein, wonach nur ein Mitglied der alten toltekischen Königsdynastie Herrscher oder *tlatoani* („Sprecher") werden konnte. Wer eine solche Abstammung nicht vorweisen konnte, hatte die Möglichkeit – sofern er die entsprechende Macht besaß – eine Frau der königlichen Familie zu ehelichen. Bald besaß die Elite ein nahezu unangefochtenes Anrecht auf die höchsten Ämter des Stadtstaates. Mit der Zeit übernahmen auch die nicht toltekischen Stämme dieses System.

Auf dieser politischen Bühne erschienen nun die Azteken – der letzte Barbarenstamm, der ins Hochtal von Mexiko vordringen sollte – die „Menschen, deren Gesicht niemand kennt". Nach offizieller aztekischer Geschichtsschreibung stammten sie von einem Ort namens Aztlan („Land der weißen Reiher"), einer Insel auf einem See im Westen oder Nordwesten Mexikos, wonach sie sich Azteken nannten. Einer Legende zufolge begannen sie ihre Wanderung nach Zentralmexiko im Jahr 1111 n. Chr. unter der Führung ihrer Stammesgottheit Huitzilopochtli („Kolibri zur Linken"), dessen Bildnis von vier Priestern, den so genannten *teomamaque*, auf den Schultern getragen wurde. Sie besaßen Kenntnisse über den Feldbau und trugen Kleidung aus Agavefasern, hatten jedoch keine höheren politischen Führer als ihre Stammeshäuptlinge und Klanführer. Es leuchtet ein, dass Huitzilopochtli ein Kriegsgott und gleichzeitig Vertreter der Sonne war, denn die Azteken bewiesen in militärischen Angelegenheiten außerordentliche Fähigkeiten und gehörten zu den besten und härtesten Kriegern Mexikos.

Der Mondsee

Auf ihrem Marsch gab Huitzilopochtli ihnen einen neuen Namen – Mexica – den sie bis zur Eroberung durch die Spanier beibehalten sollten. In vielen Versionen der Geschichte ihrer Wanderung machen sie Rast in Chicomoztoc, „Sieben Höhlen", aus denen all die verschiedenen ethnischen Gruppen hervorgingen, die später die aztekische Nation bilden sollten. Ein weiterer Halt wird an dem mythischen Ort Coatepec („Schlangenberg") eingelegt, an dem Huitzilopochtli auf wundersame Weise als Sonnengott wiedergeboren wird – ein übernatürliches Geschehen von höchster Bedeutung.

All diese Geschichten sind natürlich nicht wörtlich zu verstehen: Wie viele andere Völker Mesoamerikas besaßen die Azteken Mythen und Legenden, in denen von einer Wanderung aus einem unbestimmten Ursprungsland an einen historischen Ort die Rede ist, an dem sie sich nach einer göttlichen Prophezeiung niederließen. Ähnliche Legenden finden sich im Buch Mose und bei einer Reihe von afrikanischen und polynesischen Stammesstaaten. Ihre Aussage ist deutlich: Die Welt soll wissen, dass die Herrschaft einer bestimmten Elite von der Geschichte vorgegeben und von göttlicher Seite gewollt wurde.

Niemand weiß genau, wann die Azteken im Hochtal von Mexiko eintrafen; fest steht nur, dass es vor Beginn des 14. Jh. gewesen sein muss. Zu diesem Zeitpunkt war das gesamte Hochtal bereits von zivilisierten Völkerschaften besiedelt. Misstrauisch beobachteten diese die Eindringlinge, die ständig Gebiete besetzten, die ihnen nicht gehörten, und daraus immer wieder vertrieben wurden. Es grenzt an ein Wunder, dass sie dennoch irgendwann toleriert wurden, zumal sie, wie alle Einwanderer, an Frauenmangel litten und auf ihren Streifzügen fremde Frauen raubten. Die kulturell hoch stehenden Bewohner der Stadt Colhuacan erlaubten ihnen schließlich ein Dasein zweiter Klasse. Als Leibeigene bestellten sie die Ländereien ihrer Herren und besserten ihre Kost mit Schlangen und sonstigem Getier auf. Im Jahr 1323 jedoch revanchierten sich die Azteken für die Freundlichkeit ihrer Herren, die ihrem Anführer eine Prinzessin aus Colhuacan zur Frau gegeben hatten, indem sie die junge Dame opferten, in der Hoffnung, dass sie eine Kriegsgöttin wurde. Colhuacan holte zum Vergeltungsschlag aus und vertrieb diese widerwärtigen Wilden aus ihrem Gebiet.

DAS NACHKLASSISCHE TOLLAN IM HOCHLAND DER MAYA

Wie Teotihuacán wurde auch Tula nach seinem Untergang zu einer mythischen Stadt, einem Bezugspunkt. Reichtum, erfolgreiche Wissenschaft und das Ansehen Quetzalcóatls machten es zum Symbol der Zivilisation. Alle zentralmexikanischen Völker, die nach der Macht strebten, sahen sich als Erben von Tollan. Da sich die Azteken dort aufhielten, erwarben sie den Status eines zivilisierten Volkes und damit das Recht zur Eroberung. Die Mixteken beriefen sich auf ihr altes Bündnis, denn ihre Dynastie soll von Tula anerkannt worden sein. Noch erstaunlicher ist, dass sich die Mayavölker des Hochlands von Guatemala, die Quiché und die Cakchiquel, auf ihren toltekischen Ursprung beriefen. Sie bezogen sich jedoch ihrer geographischen Lagebeschreibung zufolge auf ein mythisches Tollan, das nur eine entfernte Beziehung zum archäologisch vermuteten Tula aufweist. Es könnte sich auch um Chichén Itzá oder eine andere, niedriger gelegene Stadt handeln, die toltekisch beeinflusst war oder ausreichend enge Beziehungen zu Tula unterhielt, um einen mythischen Status zu erlangen. Fest steht, dass es nur ein Tula, aber viele mythische Tollan gibt. Dadurch wird zwar die Situation für die Archäologen nicht einfacher gemacht, aber wenigstens die Einheit der mesoamerikanischen Mythen belegt.

In der Folgezeit hielten sich die Azteken in den Sümpfen des großen Sees auf, der „Mondsee" genannt wurde. Sie setzten ihre Wanderung fort, bis sie am Westufer auf einige sumpfige, binsenbedeckte Inseln stießen, die unbewohnt waren. Hier soll die Stammesprophezeiung in Erfüllung gegangen sein: Sie sollten an dem Ort eine Stadt errichten, an dem ein Adler auf einem Kaktus sitzt und eine Schlange im Schnabel hält. Bis zum Jahr 1344 oder 1345 hatte sich der Stamm in zwei Gruppen aufgeteilt. Die eine gründete unter ihrem Anführer Tenoch die südliche Stadt Tenochtitlán, die andere Tlatelolco im Norden. Die Sümpfe wurden trockengelegt und kultiviert, und so wuchsen die Inseln mit der Zeit zu einer großen Insel mit zwei Städten und zwei Regierungen zusammen. Dieser Zustand sollte jedoch nicht von Dauer sein.

Das Jahr 1367 markiert den Wendepunkt im Dasein der Azteken: Zu diesem Zeitpunkt verdingten sie sich als Söldner bei der größten Macht auf dem Festland, dem tepanekischen Königreich Atzcapotzalco, das von dem kriegerischen Herrscher Tezozomoc regiert wurde. Nacheinander fielen die Stadtstaaten im Hochtal von Mexiko in die Hände der vereinten Streitkräfte von Tezozomoc und seiner Verbündeten. Die Azteken wurden an der Beute beteiligt und gleichzeitig unter tepanekischen Schutz gestellt.

AZTEKISCHE WANDERUNG
Die Azteken nahmen für sich, vielleicht zu Unrecht, einen barbarischen Ursprung in Anspruch, der ihnen das Recht zur Eroberung Mexikos gab. Detailliert beschrieben sie im Codex Azcatitlán die Lebensweise ihrer Vorfahren und ihre langsame Wanderung, die sie bis nach Tenochtitlán führte.

Bis dahin hatte es in dem aztekischen Regierungssystem keine sozialen Klassen gegeben. Die *teomamaque* und andere traditionelle Führer hatten das Sagen. 1375 aber gab Tezozomoc ihnen den ersten Herrscher (*tlatoani*) namens Acamapichtli („Schilfrohrbündel"), der jedoch ohne die Zustimmung der Stammesführer und der Versammlung keine wichtigen Entscheidungen treffen durfte. In all diesen Jahren, und vermutlich bereits unter Colhuacan, übernahmen die Azteken sehr viel von der Kultur ihrer toltekischen Vorgänger, dem Erbe aller Nationen im Hochtal von Mexiko. Vieles davon lernten sie von den mächtigen Tepaneken, insbesondere die Staatskunst und Staatsbildung, die von Tezozomoc so erfolgreich betrieben wurde. Und damit war das kleine Inselreich der Azteken darauf vorbereitet, seine Macht auch auf das Festland auszudehnen.

Der Ausbau der aztekischen Macht

Die Gelegenheit dazu ergab sich im Jahr 1426, als der betagte Tezozomoc auf dem tepanekischen Königsthron von seinem Sohn Maxtlatzin abgelöst wurde, der bei den Azteken „Tyrann Maxtla" genannt wurde und ein erbitterter Gegner der wachsenden Macht von Tenochtitlan war. Maxtlatzin versuchte, das Aztekenproblem durch grobe Drohungen und andere Druckmittel zu lösen. Auf dem Höhepunkt der Krise starb der dritte König der Azteken. Itzcoatl, „Obsidianschlange", der 1427 die Herrschaft übernahm, war mutiger, entschlussfreudig und hatte außerdem Tlacaelel als Hauptberater, einen der bedeutendsten Männer, die die Mexica jemals hervorbrachten. Die beiden entschlossen sich zum Kampf, mit dem Ergebnis, dass die Tepaneken ein Jahr darauf vernichtend geschlagen waren und Atzcapotzalco in Trümmern lag. Mit dieser Schlacht gewannen die Azteken die Herrschaft über den größten Staat Mexikos.

GRÜNDUNG MEXIKOS
Das auf Befehl des Vizekönigs Antonio de Mendoza angefertigte aztekische Manuskript enthält die Geschichte Tenochtitláns: von der Standortwahl bis zum Einmarsch der Europäer.

Mit der Zeit begann sich die aztekische Verwaltung mit innenpolitischen Fragen zu beschäftigen, vor allem unter Tlacaelel, der während drei Regentschaften eine Art Großwesir des aztekischen Thrones war und im Jahr 1475 oder 1480 starb. Er führte eine Reihe von Reformen durch, die das Leben der Mexica vollkommen verändern sollten. Die grundlegende Reform betraf die Vorstellung, die die Azteken von sich und ihrem Schicksal hatten. Dazu musste die Geschichte umgeschrieben werden, was Tlacaelel auch tat: Er ließ alle Bücher der eroberten Völker verbrennen, da der Ruhm der Azteken darin nicht erwähnt war. Unter seiner Ägide erwarben die Azteken ein mystisch-visionäres Selbstbild als auserwähltes Volk, der wahren Erben der toltekischen Tradition, die Kriege führten, um die Sonne am Leben zu halten.

Die Sonne, verkörpert durch den wilden Gott Huitzilopochtli, verlangte nach Herzen feindlicher Krieger. Während der Herrschaft von Montezuma Ilhuicamina, „dem nach dem Himmel Schießenden" (er war von 1440 bis 1469 an der Macht), rief Tlacaelel den „Blumenkrieg" ins Leben: In diesem Rahmen gründete er den Dreibund zwischen Tenochtitlan, dem alten Acolhua-Staat Texcoco und dem Marionettenstaat Tlacopan. Hauptzweck dieses

Bundes war der Kampf gegen die nahuatlsprachigen Staaten Tlaxcala und Huexotzingo, mit denen die Azteken ständig Krieg führten. Das Ziel beider Seiten bestand in erster Linie darin, Gefangene für Menschenopferungen zu beschaffen.

Unter Tlacaelel wurden außerdem politische, rechtliche und wirtschaftliche Reformen durchgeführt. Das neue System erwies sich unter Montezuma Ilhuicamina während einer zweijährigen Hungersnot als sehr erfolgreich.

Schon bald nach Überwindung dieser Krise unternahmen die Azteken zusammen mit ihren Verbündeten ehrgeizige Eroberungszüge. Der ältere Montezuma begann mit der Expansion; er eroberte Huaxteca, Gebietsteile um Mount Orizaba und wütete im Land der Mixteken. Axayacatl (1469 bis 1481) unterwarf das benachbarte Tlatelolco, zwang es zur Abführung von hohen Tributen und löste die ehemals unabhängige Verwaltung durch eine Militärregierung ab. Nur das taraskische Königreich Michoacan hielt seinen Übergriffen stand. Der erfolgreichste Eroberer war Ahuitzotl (1486–1502), der Tizoc als sechsten König ablöste. Ahuitzotl eroberte Gebiete bis zur guatemaltekischen Grenze und brachte fast ganz Zentralmexiko unter aztekische Herrschaft. Vermutlich zum ersten Mal nach dem Untergang von Tula gab es in Mexiko ein einziges Reich, das so mächtig wie oder sogar noch mächtiger als das der Tolteken war. Zu Ahuitzotls Verdiensten gehören der Bau des Großen Tempels von Tenochtitlan, der 1487 eingeweiht wurde, sowie der Bau eines Aquädukts, der Wasser von Coyoacan in die Hauptstadt leitete.

DER STEIN DES TIZOC
Der Sieg des Königs Tizoc über 14 Stämme, die als jeweils ein besiegter Krieger dargestellt werden, ist das Thema dieses Denkmals. Es hat einen Durchmesser von 2,65 m und ist auf der Oberseite mit einer Sonnenscheibe verziert.

Ahuitzotls Nachfolger Montezuma Xocoyotzin „der Jüngere“ (1502–1520) gehört zweifelsohne zu den tragischsten Gestalten der Geschichte, denn er war an der Macht, als die Zivilisation der Mexica vernichtet wurde. In vielen Beschreibungen wird er als eine sehr vielseitige Persönlichkeit dargestellt. Ganz sicher war er nicht der von Ahuitzotl so vortrefflich verkörperte zielstrebige Militarist. An Kriegen schien er wenig Gefallen zu finden, dagegen zog er sich gern zur Meditation in sein Schwarzes Haus zurück. Er hatte etwas von einem Philosophenkönig wie der römische Kaiser Hadrian. Wie jener legte auch er in der Hauptstadt einen Schrein für alle Götter der eroberten Länder an, denn er hatte großes Interesse an fremden Religionen. Nach der Eroberung durch die Spanier wurde diese Neigung als Grund für seinen Niedergang angegeben: Der Kaiser sei bei der Landung von Cortés im Jahr 1519 überzeugt gewesen, dass dieser bärtige Fremde Quetzalcoatl höchstpersönlich sei, der – wie es in den alten Bücher stand – aus dem Osten zurückgekehrt war, um das Volk der Mexica zu vernichten. Seine Untätigkeit angesichts der spanischen Bedrohung und die Bereitwilligkeit, mit der er sich in Cortés Gewalt begab, wird darauf zurückgeführt, dass er der alten toltekischen Philosophie verhaftet war. Die Spanier erzählten ihren neuen Untertanen nur allzu gerne von Montezumas Schicksal, wonach ihm aufgrund geheimnisvoller Vorzeichen dieses Ende vorherbestimmt war.

SCHMUCK ODER WERKZEUG
Die Metallbearbeitung, die zunächst der Schmuckherstellung diente, wandte sich kurz vor der Conquista mehr dem funktionalen Gebrauch zu. Diese Brosche fand als Schmuck oder Verschluss für Kleidungsstücke Verwendung. Gleichzeitig erschienen Werkzeuge wie Metalläxte und -nadeln.

Das Reich der Tarasken

Die Tarasken sind heute vor allem für die Qualität ihrer kunsthandwerklichen Produktionen bekannt, die in den großen mexikanischen Museen ausgestellt sind. Die unterschiedlichen Formen polychromer Keramik, der Federschmuck, der von den Chronisten vielfach gepriesen wurde, der Zuschnitt des Obsidians, aus dem künstlerische Arbeiten und filigrane Schmuckstücke hergestellt wurden, und später die Metallbearbeitung, die für ihre Schönheit und Raffinesse berühmt war, bildeten die wichtigsten Kennzeichen der Tradition.

Das 1470 errichtete taraskische Reich umfasste bei der Ankunft der Spanier ganz Michoacán sowie Teile von Guanajuato und Guerrero. Grabungsstätten wie Tzintzúntzan und Ihuatzio am Ufer des Pátzcuaro-Sees zeugen von früherer Pracht. Die Kolonien wurden auf alten prähispanischen Ruinen errichtet, sogar die Steine der alten heidnischen Tempel wurden beim Aufbau verwendet. Noch heute sind die als *yakatas* bezeichneten Großbauten zu sehen, beispielsweise in Tzintzúntzan. Es handelt sich dabei um rechteckige Plattformen, neben denen abgestufte runde Bauten lagen. In der Hauptstadt Tzintzúntzan residierte während der Blütezeit der *Cazonci*, der Herrscher der Tarasken, der das Reich mithilfe zahlreicher Beamter von seinem Palast aus regierte.

Die Westgrenze des taraskischen Territoriums wurde durch die Eroberung der Regionen von Jalisco und Colima verschoben. Die Ostgrenze blieb dagegen wegen der mächtigen Nachbarn, der Azteken, konstant. Diese versuchten wiederholt, in das taraskische Territorium vorzudringen, allerdings ohne Erfolg; oft erlitten sie schwere Niederlagen. Der Handlungsbedarf im Osten machte die Mobilisierung des Großteils der Krieger erforderlich, hierdurch kam die Expansion im Westen zum Erliegen. Bei Ankunft der Spanier fassten die Azteken den Plan, mit den Tarasken ein Bündnis gegen die neuen Eindringlinge einzugehen. Die Tarasken konnten die alte Feindschaft jedoch nicht beilegen und lehnten ab.

Obgleich die Tarasken bemerkenswerte Krieger waren, übergaben sie ihr Reich den Spaniern ohne Widerstand. Der Grund dafür lag möglicherweise in der Tatsache, dass sie die Eroberer als unbesiegbare Übermenschen ansahen. Der Sieg über die Azteken, die größte Kriegsmacht der Epoche, schien ihre Annahme zu bestätigen.

Bemalte Schale
Wie in Teotihuacán und den nördlichen Kulturen entstanden auch in Michoacán Neuheiten durch die Kombination von Techniken. Die farbige Bemalung von Stuckkeramik im Freskenstil brachte originelle Exemplare hervor.

Geschnitzte Muschel
Die Tarasken taten sich als geschickte Handwerker in der Goldschmiedekunst, aber auch in der Bearbeitung vieler anderer Materialien hervor. Der nahe Pazifik lieferte Muscheln, die zu Schmuck oder Musikinstrumenten verarbeitet wurden.

Grabmaske
In der mesoamerikanischen Tradition schufen die Tarasken, die über große Obsidianvorkommen verfügten, Meisterwerke aus diesem schwer zu polierenden Material.

Die taraskische Monumentalbauweise
Sie unterscheidet sich vom mesoamerikanischen Modell, da sie rechteckige und runde Formen kombiniert. Die fünf yakatas *von Tzintzúntzan dominieren die Stadt und das Ufer des nahe gelegenen Sees.*

DER BERICHT VON MICHOACÁN

Die komplexe Verwaltung des taraskischen Reiches wird im Bericht von Michoacán dargestellt. Der Text besteht aus Zeugnissen der Einheimischen, die einige Jahre nach der Conquista gesammelt wurden. Obgleich der Bericht die Sichtweise der Nachkommen der Elite widerspiegelt, trägt er viel zur Kenntnis über die Bevölkerung, ihre Zeremonien, ihre Riten und Regierung bei. So wissen wir beispielsweise, dass die Funktionen der hohen Beamten – Gouverneur, Hoherpriester und Kriegsherr – von nahen Verwandten des *Cazoncí* ausgeübt und vom Vater auf den Sohn vererbt wurden. Ferner verwalteten vier Verwaltungschefs die Provinzen des Reiches, die ihrerseits in von Kaziken regierte Städte zerfielen. Sogar die Stadtviertel wurden von einem Funktionär verwaltet, den die Hauptstadt ernannte.

Der Kojote
Dieses bei uns wenig geschätzte Tier nahm in den Kriegsriten Mesoamerikas eine Schlüsselrolle ein. Die Tarasken hoben ihn in ihrer Bildhauerei hervor, indem sie ihm ein beinahe menschliches Aussehen verliehen.

KAPITEL 9

Die Azteken um 1519

Die Inselstadt

Lassen wir den Soldaten Bernal Díaz von seinen Eindrücken berichten, als er den ersten Blick auf die Inselhauptstadt Tenochtitlán warf. Als Gefährte von Hernán Cortés war er dabei, als sich die Spanier am 8. November 1519 zum ersten Mal der aztekischen Festung näherten:

„Am Morgen erreichten wir die Hauptstraße nach Iztapalapa. Von dort aus sahen wir alle zum ersten Mal die vielen Städte und Dörfer, die mitten in den See gebaut waren, und die noch weitaus größere Zahl der Ortschaften an den Ufern und schließlich die gepflegte, kerzengerade Straße, die in die Stadt Mexiko führte. Wir waren sehr angetan von diesem Zauberreich, das fast so unwirklich schien wie die Paläste in dem Ritterbuch des Amadis. Hoch und stolz ragten die fest gemauerten, steinernen Türme, Tempel und Häuser mitten aus dem Wasser. Einige unserer Männer hielten alles für einen Traum."

FARBIGE HEUSCHRECKE
Auch bei den Azteken findet man realistische Tierdarstellungen wie diese Heuschrecke, chapulín *auf Nahuatl, deren klare Formen die leuchtend rote Farbe des Steins zur Geltung bringen.*

Die Insel war über drei Hauptdämme mit dem Festland verbunden. Ein Damm führte gen Norden nach Tepeyac, ein anderer gen Westen nach Tlacopan und der dritte nach Süden nach Coyoacan. In bestimmten Abständen waren diese Dämme durch Öffnungen unterbrochen, durch die Kanus hindurchfahren konnten. Darüber spannten sich Holzbrücken, die zu Verteidigungszwecken entfernt werden konnten. Zudem verwehrten bemannte Wachhäuser Feinden den Zugang zur Stadt. Über den westlichen Damm führte ein riesiger Steinaquädukt, der Trinkwasser aus der Quelle von Chapultepec nach Tenochtitlán leitete.

Die spanischen Eroberer sahen in der aztekischen Hauptstadt ein neues Venedig. Mit einer Gesamtfläche von fast 35 Quadratkilometern war die Stadt rasterförmig angelegt, wie aus dem Abschnitt einer noch in Teilen erhaltenen Karte des 16. Jh. hervorgeht. In nördlicher und südlicher Richtung verliefen lange Kanäle, auf denen sich die Kanus drängten, daneben waren Wege angelegt, und rechtwinklig dazu kreuzten breitere Kanäle. Zwischen diesen Wasserstraßen lagen regelmäßig angeordnete, rechteckige Grundstücke mit Häusern. Tenochtitlán war wirklich eine schwimmende Stadt.

Die Technik des *chinampa*-Anbaus wird auch heute noch in der Region Xochimilco im Süden von Mexiko-Stadt eingesetzt und geht wahrscheinlich auf die Teotihuakaner der frühen Klassik zurück. Sie gehört zur allgemeinen Kategorie der Hochäckeranlagen, die in den tropischen Gebieten der Neuen Welt weit verbreitet ist und auch von den Tieflandmaya eingesetzt wurde. Die ersten aztekischen Siedler auf der Insel bauten Kanäle, indem sie dicke Schichten der Wasservegetation abschnitten, wie Matten auf-

stapelten und auf diese Weise Land gewannen. Über diese grünen Flöße verteilten sie Schlamm vom Grund der Kanäle und verankerten die schwimmenden Inseln, indem sie rundum Weiden pflanzten. Auf diesem überaus fruchtbaren Boden wurden viele verschiedene Nahrungspflanzen angebaut und sorgfältig gepflegt. Mit der Zeit wuchsen die sumpfigen Inseln zusammen und bildeten die Hauptstadt Tenochtitlán. Die Häuser auf den neu errichteten *chinampas* durften nur aus leichtem Schilfrohr und Stroh bestehen, lediglich auf den trockeneren Bereichen der Insel konnten festere Gebäude aus Stein und Mörtel gebaut werde – einige davon waren sogar zweistöckig und hatten mit Blumen geschmückte Innenhöfe und Gärten. Von einer Kanalseite zur anderen gelangte man über Planken, die brückenartig über das Wasser gelegt wurden.

Das größte Problem für die Bewohner war das salzige Wasser des Sees, zumindest im östlichen Teil der Stadt. Da es keine Abflussmöglichkeit gab, überflutete das salzhaltige Wasser die *chinampas* und zerstörte sie. Um das zu verhindern, ließ der Dichterkönig Ne-

DIE CHINAMPAS VON XOCHIMILCO
Die chinampas, *von den Spaniern „schwimmende Gärten“ genannt, bestanden aus Binsenflößen, die mit mehreren Erdschichten bedeckt waren. Sie lieferten äußerst fruchtbare Äcker.*

zahualcoyotl freigiebig einen 17 Kilometer langen Deich errichten, der eine aus einer Quelle gespeiste Süßwasserlagune für Tenochtitlán sicherte.

Mit ihren Weiden, Gärten, Blumen und den Kanälen mit Kanus muss Tenochtitlan eine überwältigend schöne Stadt gewesen sein. Ein Gedicht in Nahuatl beschreibt das so:

Auf Jade gebettet erstreckt sich die Stadt,
sendet Lichtstrahlen aus wie Quetzalfedern,
die großen Herren werden in Booten gefahren:
ein Blumenschleier breitet sich über ihren Häuptern aus.

Wie groß die Einwohnerzahl der Stadt im Jahr 1519 war, lässt sich nur schwer schätzen. Viele frühe Quellen behaupten, dass es etwa 60 000 Häuser gegeben habe, aber nirgends steht, wie viele Menschen dort wohnten. Anhand der aztekischen Tributlisten stapelten sich in den Lagerhäusern von Tenochtitlán genügend Nahrungsmittel, um 350 000 Menschen zu ernähren, wobei die auf den *chinampas* angebauten Produkte nicht einmal berücksichtigt waren. Nach den vorliegenden – wenn auch wenig aussagekräftigen – Daten hatte Tenochtitlán (zusammen mit Tlatelolco) beim Einmarsch von Cortés mindestens 200 000 bis 300 000 Einwohner, also fünfmal so viel wie London zur Zeit von Heinrich VIII. Daneben gab es eine ganze Reihe anderer großer bevölkerungsreicher Städte in Zentralmexiko, z. B. Texcoco. Zwischen dem Isthmus von Tehuantepec und der chichimekischen Grenze zählte ganz Mexiko damals etwa elf Millionen Einwohner, von denen die meisten unter aztekischer Herrschaft lebten.

Architektur, religiöses Zentrum und Markt von Tenochtitlan

Die Häuser des allgemeinen Volkes, besonders die auf den *chinampa*-Grundstücken, bestanden meist aus lehmverputztem Schilfrohr und strohgedeckten Dächern; die Wohlhabenderen besaßen Flachdachhäuser aus Adobeziegeln, die Reichen hatten Steinhäuser, die vermutlich wie die Häuser in Tula Wohneinheiten bildeten, die um Innenhöfe angeordnet waren. Die höchsten Würdenträger lebten in großen Palästen, von denen die größten dem aztekischen Herrscher oder Huei Tlatoani („Großer Sprecher“) und den Nachkommen seiner Vorgänger vorbehalten waren. Das höher gelegene Zentrum von Tenochtitlán, wo alle wichtigen Straßen vom Festland zusammenliefen, bildete das politische und religiöse Herz des Reiches: In der Vorstellung der Azteken und laut Bruder Bernardino de Sahagún, der wichtigsten Autorität in allen Fragen der aztekischen Kultur, war es der Mittelpunkt des Universums. Es

RECHTLICHE VERGEHEN UND STRAFEN

Das aztekische Rechtssystem kannte keine Haftstrafen. Je nach Art und Schwere des Vergehens wurden die Strafen sofort ausgeführt. Sie reichten von leichten Schmerzen bis zum Tod. Diebstahl, Kindesraub und Verschuldung konnten mit Versklavung geahndet werden, bis die Schuld beglichen war. Andere Vergehen, wie die Trunkenheit eines einfachen Mannes oder Herstellung von Falschgeld, zogen schwerere Strafen nach sich, z. B. Geißelung und öffentliche Zurschaustellung. Ehebruch, Trunkenheit eines Adligen und andere Vergehen, die für die Gesellschaftsordnung gefährlich waren, wurden unweigerlich mit dem Tod bestraft. Die zum Zweck der Integrität aus allen Gesellschaftsschichten gewählten Richter waren gefürchtet und geachtet. Sie verfügten über Verwaltungspersonal und eine Polizei und setzten das Recht streng und schnell um. Ihre Aufgabe war es auch, Alltagskonflikte über Eigentum oder innerhalb der Familie zu regeln. Ein unehrlicher Richter wurde ebenfalls sofort verurteilt. Bei all dieser Ordnung schien es seltsam, dass die Händler – die *pochtecas* – eine eigene Gerichtsbarkeit hatten. Sie war nicht weniger streng und konnte ebenfalls Todesurteile verhängen. Die Existenz einer doppelten Rechtsprechung zeigt, dass die Komplexität der aztekischen Gesellschaft zunahm.

TZOMPANTLI IM GROSSEN TEMPEL
Der Brauch, die Köpfe der Enthaupteten öffentlich zur Schau zu stellen, geht auf die Tolteken zurück. Die Azteken haben die tzompantli *(Schädelgerüste) jedoch ins Maßlose vergrößert, um ihre Feinde in Schrecken zu versetzen. Auch die Spanier waren entsetzt.*

war der Heilige Bezirk, ein gepflasterter, von der Schlangenmauer umgebener Bereich mit 78 Gebäuden. Über dem Heiligen Bezirk ragte der Tempel von Huizilopochtli und Tlaloc (der Große Tempel) auf, deren Doppeltreppen vom Blut der geopferten Gefangenen gerötet waren. Andere Tempel waren Tezcatlipoca, seinem Gegenspieler Quetzalcóatl, und Xipe Totec, dem Gott des Frühlings, geweiht. An die Bedeutung der unaufhörlichen Blumenkriege erinnerte ein Schädelgerüst, *tzompantli* genannt, auf dem Tausende von menschlichen Schädeln öffentlich zur Schau gestellt wurden. Daneben lag ein riesiger Ballspielplatz, auf dem Montezuma Xocoyotzin angeblich gegen den König von Texcoco gespielt und verloren hatte. Bei diesem Spiel ging es darum, dessen Prophezeiung über den Untergang von Montezumas Königreich zu widerlegen. Die prachtvollen Paläste der aztekischen Herrscherfamilie umrahmten den Heiligen Bezirk.

Sowohl in Tenochtitlán als auch in Tlatelolco gab es riesige Marktplätze in der Nähe der Haupttempel. Bernal Díaz fehlten nahezu die Worte, um den Marktplatz von Tenochtitlán zu beschreiben. Nach Cortés war er doppelt so groß wie die Plaza Mayor von Salamanca in Spanien, und einige Soldaten, die schon in Rom und Konstantinopel gewesen waren, behaupteten, er sei auch größer als jeder Platz dort. Täglich strömten mehr als 60 000 Menschen zum Einkaufen und Verkaufen auf den Marktplatz von Tlatelolco, es gab sogar vom Herrscher eingesetzte Marktaufseher, die Preise regelten und die Geschäfte prüften. Wurde ein Dieb auf dem Marktplatz gefasst, wurde er sofort zu Tode geprügelt – das aztekische Recht sah drakonische Strafen vor.

Als Zahlungsmittel dienten Kakaobohnen (die manchmal auch gefälscht waren), Baumwollumhänge und durchsichtige, mit Goldstaub gefüllte Federkiele. Wie es dem Handelszentrum eines solchen Reiches zukommt, konnte man auf dem Markt von Tlatelolco alle erdenklichen Luxusgüter erwerben: Gold, Silber, Jade, Türkise oder Federn, alle Arten von Kleidung, gekochte und rohe Speisen, Töpferwaren, von denen die bunten Teller und Becher aus Cholula mit am beliebtesten waren, Schokolade und Vanille, Schreinerwerkzeuge aus Kupfer, Rohrzigaretten, Tabakpfeifen, aromatische Zigarren und sogar Sklaven, die von Händlern aus dem Sklavenzentrum Atzcapotzalco gebracht und in Holzkäfigen ausgestellt wurden. Die Händler auf dem Markt waren verpflichtet, den Staat mit Nahrungsmitteln für Kriegszüge zu versorgen, hauptsächlich in Form von Mais, der so zubereitet war, dass er auf langen Märschen nicht verderben konnte.

Die aztekische Gesellschaft

Die Grundeinheit der aztekischen Gesellschaft war das *calpolli*, was so viel bedeutet wie „großes Haus". Fälschlicherweise wird es häufig auch mit „Sippe" übersetzt, was eine echte oder fiktive Abstammung von einem gemeinsamen Vorfahren bedeuten würde. Mit *calpolli* wurde dagegen eine Gruppe von Familien bezeichnet, die durch Verwandtschaft oder Nachbarschaft über einen langen Zeitraum miteinander verbunden waren. Die Gruppenangehörigen höheren Ranges stellten den einfachen Mitgliedern Ackerland zur Verfügung und/oder gaben ihnen eine Beschäftigung außerhalb der Landwirtschaft, wofür sie in Form von Naturalien oder Arbeit Tribut zahlten. Somit handelte es sich bei dem *calpolli* um einen lokal begrenzten, kooperativen Verband mit eigenem Land, der aber auch rituelle Funktionen ausübte. Diese Verbände hatten ihre eigenen Tempel und Götter, und jeder von ihnen seinen bestimmten Tag im 260-Tages-Kalender. Ihr oberster Chef, der *calpollec*, wurde von den Bewohnern auf Lebenszeit gewählt und vom

EINE EIGENTÜMLICHE FORM DER SKLAVEREI

Nach unserem Verständnis von Sklaverei ist der Begriff für die Azteken nicht anwendbar. Wir verbinden mit dem Wort die Sklaverei der Antike und die der Neuen Welt. Die Sklaverei in Mesoamerika wich stark davon ab. Der Sklave – *tlacotli* – arbeitete für einen Herrn, aber eher als Diener, Landarbeiter oder Träger. Er erhielt zwar keinen Lohn, aber Unterkunft, Verpflegung und gute Behandlung. Sein Status war weder erblich noch endgültig: Viele wurden beim Tod ihres Herrn oder während Zeremonien wie der Thronbesteigung des Königs freigelassen. Ferner konnten die Sklaven Güter besitzen, Land oder gar andere Sklaven kaufen und freie Bürgerinnen bzw. Bürger heiraten. Es war ihnen außerdem möglich, die Freiheit zu kaufen.

Wie wurde jemand zum Sklaven mit diesem eigentümlichen Status? Viele Sklaven waren Kriegsgefangene oder Geiseln, die von besiegten und eingenommenen Städten an die Azteken ausgeliefert wurden. Für sie war die Sklaverei nur vorübergehend, weil sie schließlich für die Opferung bestimmt waren. Andere Sklaven waren Diebe oder Gesetzesbrecher. Die größte Gruppe jedoch bildeten die freiwilligen Sklaven. Jeder Freie konnte sich verkaufen. Wer zu viel im Spiel verloren hatte, wer zu faul oder zu arm war, konnte seinen Unterhalt dadurch sichern, dass er in die Dienste eines Herrn trat, der ihm im Tausch gegen seine Arbeit Sicherheit und Schutz bot. Daraus erwuchs eine weitere Eigentümlichkeit der aztekischen Sklaverei: Jeder Sklave konnte, wenn die Situation es erforderte, sich durch einen Verwandten ersetzen lassen, um seine Freiheit wiederzuerlangen. Der größte Teil dieser ständig wachsenden Gruppe führte in der aztekischen Gesellschaft ein Leben ohne Risiko und Zwang.

Herrscher in seinem Amt bestätigt. Es gab etwa 20 *calpoltin* in Tenochtitlán, von denen einige als traditionelle Stadtteile in Zentrumsnähe im modernen Mexiko-Stadt bis heute überlebt haben. Die *calpoltin* waren den vier großen Stadtteilen (*Barrios*) der aztekischen Hauptstadt zugeordnet. Die Stadtteile wurden durch imaginäre Nord-Süd- und Ost-West-Linien markiert, die im Heiligen Bezirk zusammenliefen.

Der Hauptteil der Bevölkerung in den Metropolen, Städten und Dörfern des Reiches bestand aus einfachem Volk (*macehualtin*). Es arbeitete auf dem Land, das den *calpoltin* gehörte, wobei jede Familie Rechte an dem von ihnen bestellten Land erwarb, sofern es nicht länger als zwei Jahre brach lag.

Weit oben auf der sozialen Leiter standen die Adligen (*pipiltin*), die Söhne ehemaliger Herrscher waren: „kostbare Federn von den Flügeln vergangener Könige", wie es in einer Quelle heißt. Aus ihren Reihen wurden die Verwalter des Imperiums berufen, die das ihnen anvertraute Land nutzen durften, aber auch eigenes Land besaßen. Die sozialen Schichten, die die aztekische Gesellschaft so entscheidend bestimmten, waren jedoch nicht völlig festgelegt, denn es gab auch die *cuauhpipiltin*, „Söhne des Adlers" – Bürgerliche, die für besondere kriegerische Tapferkeit mit Adelstiteln und privatem Grundbesitz belohnt wurden.

Über den *pipiltin* an der Spitze der sozialen Pyramide standen die *teteuhctin*, die Herrscher der Metropolen und Städte; auch der Große Sprecher war ein *tecuhtli*. Ihre Namen trugen die ehrenvolle Nachsilbe *-tzin*, und sie waren berechtigt, kostbarste Kleider zu tragen. Sie regierten von ihren Palästen aus und sorgten dafür, dass die Tributzahlungen an alle entsprechenden Ebenen der königlichen Verwaltung geleistet wurden. In den eroberten Gebieten führten die Azteken ein System der indirekten Herrschaft ein: Die ursprünglichen *tecuhtli* und Adligen wurden nicht vertrieben, jedoch in mittlere und untere Reihen des Adels herabgestuft.

Porträt
Neben einer im Wesentlichen religiösen und politischen Kunst räumten die Azteken auch einer profaneren Kunst beträchtlichen Raum ein. Dieses in Stein gehauene Gesicht scheint einem Porträt nahe zu kommen.

Auf der untersten Stufe dieses Gesellschaftssystems standen die *mayeque*, Leibeigene oder Hörige, die die Ländereien der Adligen bestellten. Sie bildeten etwa 30 Prozent der Bevölkerung und waren oft ehemalige *macehualtin*, die ihre Rechte verloren hatten. Ein Drittel der Ernte der Felder, die ein Leibeigener bestellte, ging an seinen Herrn, den Rest konnte er für sich und seine Familie behalten. Gelegentlich wurde ein *mayeque* durch ererbtes Vermögen und sonstige Rechte reicher und einflussreicher als ein *macehualtin*.

Sklaven (*tlacohtin* – „Gekaufte") waren Personen, die nicht in der Lage gewesen waren, ihren Verpflichtungen nachzukommen. Solche Menschen konnten sich selbst für einen festgelegten Zeitraum verpfänden oder sogar von bedürftigen Ehegatten oder Eltern verpfändet werden. Die Institution der Sklaverei war nach aztekischem Recht jedoch streng definiert: Ein Sklave konnte z. B. ohne seine Einwilligung nicht weiterverkauft werden, es sei denn, er hatte wiederholt gegen Regeln verstoßen; in diesem Fall konnte er auch auf dem Sklavenmarkt enden. Im Allgemeinen wurden Sklaven gut behandelt und arbeiteten häufig als Diener im Haus, auf dem Feld und sogar als Grundstücksverwalter. Einige wurden dabei sogar vermögend. Junge hübsche Sklavinnen wurden von Herrschern oftmals als Nebenfrauen gehalten und galten als diplomatisches Geschenk.

Die reisenden Kaufleute

Auch wenn sie zahlenmäßig nicht sehr stark vertreten waren, bildeten die reisenden Kaufleute oder *pochteca* in der aztekischen Gesellschaft eine mächtige Gruppe. Sie genossen einen weitaus höheren Status als gewöhnliche Markthändler. Der König ließ ihnen dieselben Ehren zukommen wie den Adligen, und wenn einer von ihnen auf einer Expedition starb, kam er wie ein gefallener Krieger direkt ins Paradies des Sonnengottes. Die *pochteca* unterstanden direkt dem königlichen Palast und den *tlatoani*, für die sie von der Hauptstadt aus in fremde Länder reisten, um Güter wie kostbare Quetzalfedern, Bernstein und andere erlesene Waren für den Herrscher zu erwerben. Mit den *pochteca* verbündet war eine Spezialgruppe von Kaufleuten, die auch als Spione arbeiteten – die *oztomeca*. Sie kleideten sich wie die Einheimischen und sprachen ihre Sprache. Mit dieser Tarnung konnten sie nicht nur exotische Waren erwerben, sondern auch geheime militärische Informationen sammeln. Wie die Unternehmensspione unserer Tage agierten die *oztomeca* häufig als aztekische Vorhut bei der Eroberung anderer Nationen oder als Polizeispitzel.

Die Mitgliedschaft in der *pochteca-Gilde* war erblich. Insgesamt gab es zwölf Kaufmannsverbände oder Gilden, die alle im Herzen des Reiches angesiedelt waren und von den führenden Kaufleuten in Tenochtitlán-Tlatelolco kontrolliert wurden. Die wichtigste Handelsroute verband die Hauptstadt mit den tropischen Küsten im Südosten Mesoamericas, insbesondere mit dem Handelshafen Xicallanco der Putún-Maya am Golf von Mexiko; ein bedeutender Knotenpunkt war die aztekische Garnisonsstadt Tochtepec in Norden von Oaxaca. Die exportierten Waren bestanden hauptsächlich aus Baumwollumhängen und anderen Textilien aus den königlichen Lagerhäusern, die dort als Tributzahlungen eingegangen waren, sowie Goldschmuck, der von den meisterhaften Goldschmieden in Tenochtitlán gefertigt wurde.

FLORENTINER CODEX
Schagún hinterließ uns ein geradezu ethnologisches Werk, in dem der Alltag geschildert wird. Diese Träger, die ihre Last mithilfe eines um die Stirn gelegten Bandes halten, illustrieren die Mängel im prähispanischen Transportwesen.

KAKAO: GETRÄNK ODER FLÜSSIGES SILBER?

Die Geschichte des Kakaos reicht mehr als 2000 Jahre zurück. Der Kakao ist eine typisch mesoamerikanische Kulturpflanze, die in tropischen Regionen wächst. In Mexiko kommt er nur in wenigen Gebieten vor, etwa an der Pazifikküste von Chiapas. Es ist kein Zufall, dass die Azteken bei ihrer Expansion bemüht waren, dieses Gebiet zu erobern. Warum aber war der Kakao so wichtig? Da die mesoamerikanischen Völker kein Geld kannten, praktizierten sie Tauschhandel. Um den Wert eines Produkts zu bestimmen und den Tausch zu vereinfachen, bedienten sie sich eines Wertmaßstabs. Neben Federn, Schmuckstücken und Baumwollstoffen erfüllten vor allem Kakaobohnen diesen Zweck. Sie hatten einen stabilen Wert, waren überall anerkannt und leicht zu transportieren. So entwickelten sie sich langsam zu Geld. Es gab sogar Falschmünzer, die die Bohnen aushöhlten, um das Kakaopulver zu gewinnen, und die Bohnen wieder mit Sand auffüllten. War der Wert des Kakaos dafür verantwortlich, dass er als Getränk eine derartige Bedeutung bei der Elite und den Göttern erlangte, oder umgekehrt? Jedenfalls ließen die Azteken bei seiner Zubereitung größte Sorgfalt walten: Zusammen mit Pfeffer, Mais oder dem Blut eines Geopferten war es das heilige Getränk der Festmahle und Zeremonien.

Da die *pochteca* ihre Steuern an den Königshof nicht unbedingt mit Erzeugnissen ihrer Ländereien zahlen mussten, sondern diese auch in Form von Luxusgütern begleichen konnten und dadurch an Reichtum und Macht gewannen, werden sie in manchen Quellen als aufstrebende Mittelklasse bezeichnet. Harte Vorschriften verhinderten, dass sie ihren Reichtum zur Schau stellten: So mussten sie sich nach einer erfolgreichen Handelsexpedition bei Nacht heimlich in die Stadt schleichen, um nicht die Eifersucht des Herrschers zu erregen. Und noch etwas anderes erschwerte ihren Aufstieg: Je höher ein Kaufmann in der Hierarchie der Gilde rückte, desto kostspieliger waren die Feierlichkeiten, die er bei seiner Rückkehr aus dem Ausland ausrichten musste. Dazu gehörte das Gesangsfest, ein üppiges Festmahl für zahlreiche Gäste. Bei einem weiteren Aufstieg in der Gilde der *pochteca* verlangten die Vorschriften nicht nur ein großartiges Bankett, sondern auch die Opferung von Sklaven vom Sklavenmarkt.

Auch wenn die Kaufleute hoch angesehen waren, so barg ihre Tätigkeit große Gefahren; viele von ihnen starben unterwegs an Krankheiten oder wurden umgebracht. Daher galten für sie bestimmte, vom Sonnenkalender vorgegebene Rituale. Sie hatten sogar ihre eigenen Götter, an erster Stelle Xiuhtecuhtli, der Gott des Feuers und Yacatecuhtli („Nasengott"), eine Gottheit mit einer Nase wie Pinocchio, der mit einem Reisestab in der einen Hand und einem gewebten Fächer in der anderen dargestellt wurde.

Erziehung

Der Eintritt in die aztekische Kultur begann bei der Geburt: Nachdem die Hebamme die Nabelschnur durchtrennt hatte, begrüßte sie das Neugeborene mit einer rituellen Ansprache. Zu einem Mädchen sagte sie: „Oh mein liebes Kind, oh mein Juwel, oh meine Quetzalfeder, du bist in dieses Leben eingetreten, du bist geboren worden, du bist auf diese Erde gekommen. Unser Herr hat dich geschaffen, er hat dich geformt, er hat dich auf diese Erde geschickt, er, durch den alles lebt: Gott. Wir haben auf dich gewartet, wir, deine Mütter, deine Väter, deine Tanten und deine Onkel, all deine Verwandten haben auf dich gewartet, sie haben geweint, sie waren traurig, bevor du kamst, bevor du in dieser Welt geboren wurdest."
Einem Jungen wurde gesagt, dass sein Geburtshaus nicht sein wirkliches Zuhause sei, sondern nur ein Ruheplatz, weil er ein Krieger sei: „Du bist dazu bestimmt, die Sonne mit dem Blut deiner Feinde zu laben und Tlaltecuhtli, die Erde, mit ihrem Leib zu nähren." Im Gegensatz dazu erwartete ein Mädchen das Leben einer Hausfrau.

Nicht lange nach der Geburt, an einem günstigen Tag im 260-Tage-Kalender, fand die Taufe statt, wobei die Hebamme das Kind wusch und ihm einen Namen gab. Auch hier wurde zwischen den Geschlechtern unterschieden: Ein Junge erhielt ein winziges Hüfttuch, einen Umhang, einen Schild und vier Pfeile; ein Mädchen einen Rock (*creitl*), eine

TLAZOLTEOTL
Tlazolteotl war die Gottheit der Liebe und der Geburt, aber auch der Krankheit und der Sünde. Sie zählte zu den Fruchtbarkeitsgöttern und hatte, wie andere Götter auch, einen ambivalenten Charakter.

Bluse (*huipilli*) und eine Webausrüstung. Aus dem frühen kolonialen Mendoza-Codex geht hervor, dass die Kinder streng und spartanisch erzogen wurden. Bis zum Alter von 15 Jahren fand die Erziehung in der Familie statt, ein Junge begleitete seinen Vater beim Holzsammeln und lernte später von ihm, wie man fischt. Ein Mädchen lernte Spinnen, danach das Weben und Mahlen von Mehl für die Tortillas. Für Regelverstöße gab es drastische Strafen: Ein ungehorsamer Junge musste eine Nacht unbekleidet draußen in der Kälte verbringen, er wurde mit Agaven-Dornen gestochen oder über brennende Chilischoten gehalten.

Im Jahr 1519 waren die Azteken vermutlich weltweit das einzige Volk, das beiden Geschlechtern eine Schulbildung ermöglichte. Die Schule begann für alle Jungen und Mädchen mit 15 und dauerte bis zum heiratsfähigen Alter (ca. 20). Es gab zwei Arten von Schulen, die *calmecac* und die *telpochcalli*. Die *calmecac* war ein Seminar, das in der Regel einem bestimmten Tempel angegliedert war und von den Söhnen und Töchtern des Adels besucht wurde, aber auch von einigen Kindern der *pochteca*. Die Lehrerpriester dort unterrichteten alle Bereiche der aztekischen Religion, wozu auch der Kalender, die Rituale und Lieder gehörten. Ein weiteres Fach war die glorreiche Geschichte des aztekischen Volkes. Wie der Besuch einer weiterführenden Schule in heutiger Zeit war der Abschluss eines *calmecas* die Vorbedingung für ein höheres Amt in der aztekischen Verwaltung. Die Schüler, die das Priesteramt anstrebten, gingen danach zur weiteren Ausbildung auf eine Art höhere Theologieschule, die *tlamacazcalli* („Haus der Priester").

CODEX MENDOZA, *(S. 157) Als Gedächtnisstütze verwenden lässt sich dieser Codex mit seinen erzählenden Bildern. Alle Motive stellten ein Ereignis oder eine Handlung dar, in aller Regel in chronologischer Ordnung. Diese Seite zeigt die Schritte des Hochzeitsrituals.*

Bei der *telpochcalli*, sozusagen dem Haus der Jugend, handelte es sich im Grunde um eine Militärakademie, die von den Sprösslingen der *macehualtin* (gewöhnliche Leute) besucht wurde, und Tezcatlipoca, dem Schutzgott der Krieger, unterstand. Wie im *calmecac* waren die Geschlechter streng getrennt. Die Mädchen besuchten das *cuicalco*, das Haus des Gesangs, wo sie Unterricht in Tanz und Gesang erhielten, die Jungen wurden in den Kriegskünsten ausgebildet und durften sogar erfahrene Krieger als Knappen aufs Schlachtfeld begleiten. Die Strenge im männlichen Teil der Akademie scheint sehr viel weniger streng gewesen zu sein als im *calmecac*, und einige Quellen berichten, dass der Besuch von Freudenmädchen in den Gemeinschaftsquartieren keine Seltenheit war.

Hochzeit und Ehe

Bei den gewöhnlichen Mitgliedern der Gesellschaft fand die Eheschließung im Alter von etwa 20 Jahren statt; zudem wurde erwartet, dass man jemanden aus dem eigenen *calpolli* heiratete. Diese Verbindung galt als Vertrag zwischen zwei Familien, nicht zwischen zwei Personen, und sie wurde von einer alten Frau arrangiert, die als Vermittlerin auftrat. Es handelte sich um eine komplizierte Angelegenheit, denn es musste nicht nur die Zustimmung der Familie der künftigen Braut eingeholt werden, sondern auch die der Lehrer des jungen Mannes.

Nachdem im heiligen 260-Tage-Kalender ein günstiger Tag für die Zeremonie ausgewählt worden war, wurde ein Festessen im Haus der Braut veranstaltet, während sie für das bevorstehende Ereignis geschmückt wurde. Die wirkliche Hochzeit fand in der Nacht statt. Die Braut wurde auf dem Rücken einer alten Frau in einer feierlichen Prozession zum Haus des Bräutigams getragen. Das junge Paar setzte sich auf eine Matte, die vor der Feuerstelle ausgebreitet wurde, und erhielt Geschenke. Die Verbindung wurde besiegelt, indem ihre Bluse und sein Umhang miteinander verknotet wurden. Dann folgte ein Fest, bei dem es den alten Leuten gestattet war, sich zu betrinken.

Wenn in der Schule noch das Prinzip der Gleichberechtigung gegolten hatte, so sah es in der Ehe jedoch anders aus. Da die Gesellschaft von den Männern regiert wurde, wohnte das junge Paar stets bei der Familie des Bräutigams. Darüber hinaus konnte sich ein Mann so viele Nebenfrauen oder Mätressen nehmen, wie er sich leisten konnte: Prinzen und große Herrscher hatten dutzende, manchmal mehrere hundert Frauen. Von Nezahualpilli, dem *tlatoani* von Texcoco wird berichtet, dass er 2000 Frauen und 144 Kinder gehabt habe! Bei einer Scheidung besaßen Frauen jedoch die gleichen Rechte wie Männer, auch wenn eine solche Trennung nicht einfach war.

Tribute

Ein Blick auf eine Karte des aztekischen Herrschaftsgebiets im Jahr 1519 zeigt, dass sich das aztekische Reich vom Golf von Mexiko bis hin zum Pazifik ausbreitete, jedoch in keiner Weise ganz Mesoamerika umfasste. Mittendrin lagen feindliche Staaten wie Tlaxcalla, Huexotzingo und Chollolan (Cholula). Unter Axayacatl (1469–81) hatten die Azteken versucht, die Taraskaner zu unterwerfen, waren jedoch endgültig zurückgeschlagen worden. Ferner blieb der Großteil des südöstlichen Veracruz frei von aztekischer Herrschaft, wie auch das gesamte Gebiet der Maya. Trotzdem stand das Reich der Azteken mit seiner großen Bevölkerung, die zwecks Tributleistungen an das Hochtal von Mexiko nach einem strengen System organisiert war, der Alten Welt in nichts nach.

Alle Völker, die vor den Azteken und ihren Verbündeten im Dreibund Tenochtitlán, Texcoco und Tlacopan kapitulieren mussten, wurden rasch in tributpflichtigen Provinzen des Reiches organisiert. Militärgouverneure in aztekischen Garnisonen sorgten dafür, dass die außerordentlich hohen Tributzahlungen pünktlich geleistet wurden. Nach den meisten Quellen wurden diese Zwangsabgaben bei ihrem Eintreffen im Hochtal im Verhältnis 2:2:1 (Tenochtitlán und Texcoco erhielten je zwei Fünftel, Tlacopan ein Fünftel) verteilt. Glücklicherweise ist die Tributliste im Staatsarchiv von Montezuma in Form von Kopien erhalten geblieben, denn auch die Spanier waren sehr daran interessiert zu wissen, was sie aus den alten aztekischen Provinzen herauspressen konnten. So unglaublich es auch scheinen mag, so erhielt Tenochtitlán jährlich aus allen Teilen des Reiches 7000

Tonnen Mais und je 4000 Tonnen Bohnen, Chia-Samen und Amaranth sowie die unvorstellbare Zahl von zwei Millionen Baumwollumhängen, sowie Kriegsbekleidung, Schilde, Federkopfputz und Luxusartikel wie Bernstein. Zweifellos gaben die königlichen Schatzmeister einen Teil dieser Beute als Handelsware an die *pochteca* weiter, die sie in entfernten Handelshäfen gegen andere Produkte eintauschten. Der Großteil der Tributzahlungen diente jedoch als wichtiges Finanzmittel des Staates, um die Staatsbediensteten in Form von Gütern und Land und die Künstler für die von ihnen für den königlichen Palast hergestellten Kostbarkeiten zu entlohnen.

ADLER-KRIEGER
Diese Skulptur zeigt ein Mitglied des Kriegerordens der Adler, der neben dem der Jaguare zu den Einflussreichsten des Aztekenreichs zählte.

Jede Seite der Tributliste steht für eine Provinz; die einzelnen Vasallenstädte werden auch aufgeführt. Die Namen dieser Orte sind in Rebusform eingetragen, die einzige aztekische Schrift, die nur für Eigen- und topographische Namen verwendet wurde. So wird der Name der Stadt Mapachtepec („Waschbärenhügel") durch eine Hand (*ma-itl*) symbolisiert, die ein Bündel mit Spanischem Moos (*pach-tli*) hält, darunter das Bild eines Hügels (*tepe-tl*). Die Zahlen wurden mithilfe eines auf der Grundzahl 20 aufbauenden Systems dargestellt: 1–19 durch Punkte oder Finger, 20 durch eine Flagge, 400 durch ein Zeichen, das an eine Feder erinnert, 8000 durch eine Tasche oder einen Beutel.

Von den Tributzahlungen ausgenommen waren neben den *pipiltin*, die Einnahmen aus ihren eigenen Ländereien erzielten, bestimmte Berufsstände wie Maler und Sänger sowie herausragende Krieger. Das gewöhnliche Volk musste Tributzahlungen in Form von Mais und Arbeit erbringen und zudem pro Jahr einen Baumwollumhang liefern. Händler und gewöhnliche Handwerker zahlten mit den Waren, die sie herstellten oder mit denen sie handelten.

Das Aztekenreich war in erster Linie eine Wirtschaftsmacht, die auf Tributzahlungen beruhte. Manche Völker fügten sich diesem System nur widerwillig und litten unter dem aztekischen Joch. Diesen Schwachpunkt nutzte Cortés schnell zu seinem Vorteil.

MALINALLI, MARINA, MALINCHE

Die aus einer adligen Familie von der Golfküste stammende Malinalli wurde nach dem Tod ihres Vaters als Sklavin verkauft. Ihre Käufer überließen sie den Herrschern von Potonchan im Staat Campeche. Die Stadt, die Cortés nach einer erbitterten Schlacht einnahm, musste sich den Spaniern ergeben und ihnen Lebensmittel, Goldgegenstände und 20 Frauen aushändigen, darunter Malinalli. Ursprünglich waren die Sklavinnen dazu vorgesehen, für die Eroberer zu kochen. Doch als die Sklavinnen in das Lager der Spanier kamen, wurden sie getauft und unter Cortés' Männern verteilt. Diese nahmen sie nicht nur als Köchinnen, sondern auch als Konkubinen. Malinalli, die nach ihrer Taufe den Namen Marina trug, wurde Puertocarrero zugeteilt, der bald nach Spanien zurückkehrte. Cortés nahm Marina zu sich, weil sie nicht nur schön und intelligent war, sondern auch Nahuatl und Maya sprach. Sie wurde seine Dolmetscherin, Konkubine und die Mutter seines Sohns Martin, des ersten bekannten Mestizen. Doña Marina spielte eine wichtige Rolle bei der Einnahme Tenochtitláns. Nachdem sie innerhalb kurzer Zeit Spanisch gelernt hatte, konnte sie Cortés' Ansprachen simultan übersetzen. In den Codices wird sie als gleichwertige Partnerin des Befehlshabers dargestellt, den Montezuma Malinche nannte: derjenige, der Malinalli besitzt.

Der Herrscher und sein Palast

Der Kaiser der Azteken war in jeder Hinsicht ein absoluter Herrscher, wenn auch nur in bestimmten Bereichen. Sein Titel in Nahuatl lautet *Huei Tlatoani*, „Großer Sprecher", und seine Aufgabe war – wie bei den Häuptlingen der nordamerikanischen Indianerstämme – die Außenpolitik: Krieg, Tributzahlungen und Diplomatie. Die internen Angelegenheiten von Mexico-Tenochtitlán lagen in den Händen des Mannes, der das Amt des *Cihuacoatl*, „Weibliche Schlange", inne hatte. Schon der Titel zeigt den Gegensatz zwischen dem männlichen und dem weiblichen Prinzip in der dualistischen Philosophie der Azteken. Dieses Amt glich dem eines Großwesirs und wurde stets von einem engen Verwandten des *Huei Tlatoani* ausgeübt. Der berühmteste *Cihuacoatl* war der große Tlacaelel, der das Aztekenreich zu einem großen Imperium machte.

Der *Huei Tlatoani* wurde aus dem königlichen Geschlecht von einem Rat gewählt, der aus Adligen, obersten Priestern und militärischen Führern bestand. Außer dem Sprecher wurden die vier höchsten Würdenträger ernannt, die als seine Exekutivbeamten fungierten. In allen Quellen wird übereinstimmend über die Offenheit dieses Wahlverfahrens berichtet. Während in der Versammlung viele Namen genannt wurden, verkündete der Rat schließlich nur einen einzigen. Noch heute ist man sich über die Regeln der dynastischen Erbfolge nicht einig; in den letzten 100 Jahren scheint es jedoch so gewesen zu sein, dass Brüder einander häufiger auf den Thron folgten als Söhne den Vätern.

MONTEZUMAS SCHATZ
Bei der Ankunft der Spanier überreichte Montezuma ihnen Geschenke und symbolische Gegenstände, darunter diesen Federfächer. Die empfindlichen Stücke wurden nach Europa geschickt und blieben außerordentlich gut erhalten.

EINE SAMMLUNG VON KURIOSITÄTEN
Zum Königspalast gehörten viele Gärten, Volieren und sogar ein Zoo. Dies zeugte von einer echten wissenschaftlichen Neugier sowie dem Wunsch, die Größe des Reiches zu veranschaulichen. Die Skelette der exotischen Tiere gehörten außerdem zu den Opfergaben für den großen Tempel.

Bei seiner Amtseinführung wurde der neue König von den obersten Priestern zum Tempel des Nationalgottes Huitzilopochtli geführt, um diesem die gebührende Ehre zu erweisen. Während der König oben im Heiligtum das Bild des Gottes in Weihrauch hüllte, drängten sich unten die Volksmassen voller Erwartung unter dem lauten Dröhnen der Muscheltrompeten. Vier Tage verbrachte der König meditierend und fastend im Tempel. Dabei betete er auch zu Tezcatlipoca, der Schutzgottheit des Königshauses. Völlig entblößt stand der neue König vor dem Bildnis dieses allmächtigen Gottes und sprach folgende Worte: „Oh Meister, oh unser Herr, oh Herr des Nahen, des Bevorstehenden, oh Nacht, oh Wind ... Armselig bin ich. Wie soll ich für deine Stadt handeln? Wie soll ich für das Volk handeln, für die Untertanen? Denn ich bin blind, ich bin taub, ich bin schwachsinnig, ich bin unrein, im Unrat habe ich mein Leben verbracht ... Vielleicht verwechselst du mich ja mit jemand anderem, vielleicht suchst du einen anderen an meiner Stelle.“ Dann wurde der *Huei Tlatoani* zu seinem Palast geleitet, der neben dem Heiligen Bezirk lag. Zu seiner Krönungsfeier kamen selbst die Könige ferner Länder, wie die Herrscher des Taraskenreichs, der König der Totonaken (ein Marionettenherrscher) und hohe Persönlichkeiten, selbst aus dem weit entfernten Tehuantepec.

Aus den Beschreibungen der Spanier geht eindeutig hervor, dass der *Huei Tlatoani* ein Halbgott war. Selbst hochrangige Fürsten durften sich ihm nur in schlichter Kleidung und mit gesenktem Kopf nähern, denn es war ihnen nicht gestattet, ihm ins Gesicht zu schauen. Überallhin wurde er in einer mit prächtigen Federn geschmückten Sänfte auf den Schultern von Adligen getragen. Wenn er ging, fegten edle Herren den Boden vor ihm und legten kostbare Tücher aus, damit sein Fuß nicht die nackte Erde berührte. Wenn Montezuma aß, schützte ihn ein vergoldeter Wandschirm vor den Blicken der Zuschauer. Mehrere hundert Gerichte wurden ihm bei jedem Mahl von ausgesuchten hübschen Frauen dargereicht, während er sich von Possenreißern, Zwergen, Jongleuren und Akrobaten unterhalten ließ.

Montezumas Gärten und Lustschlösser faszinierten die Spanier. Das königliche Vogelhaus bestand aus zehn großen Räumen mit Salz- und Süßwasserbecken und beherbergte alle Arten von Vögeln. Großzügig angelegte Gärten dienten seiner Hoheit als Promenade. In einem anderen Gebäude war der königliche Zoo untergebracht. In Käfigen wurden Tiere aus allen Teilen des Reiches gehalten, darunter Jaguare, Pumas, Füchse und viele andere, die mit ihrem Heulen und Brüllen einen höllischen Lärm verursachten. Viele missgestaltete Menschen von erschreckendem Aussehen bewohnten jeweils einen Raum in einer Art königlichem Gruselkabinett und wurden von Dienern versorgt.

Andere Tätigkeitsbereiche des kaiserlichen Hofs bildeten die Rechtsprechung für den Adel und die Krieger sowie für das gewöhnliche Volk, die Überwachung der Lagerhäuser durch Verwalter, die Unterhaltung der staatlichen Zeughäuser, der Offiziersquartiere und der Militärakademie sowie die Verwaltung des landesweiten Tributsystems.

Nahrungsmittel und Landwirtschaft

All diese Funktionen des Staates, die aztekische Kriegsmaschine und auch die aztekische Wirtschaft selbst basierten letztlich auf der landwirtschaftlichen Grundlage der mexikanischen Völker – dem Anbau von Mais, Bohnen, Kürbissen, Chilis, Tomaten, Amaranth, Chia und vieler anderer Kulturpflanzen. Tausende von Kanus befuhren täglich den großen See und brachten diese Erzeugnisse in die Hauptstadt – entweder als Tributzahlung oder als Handelsware, die gegen andere Bedarfsartikel auf den Märkten getauscht wurde. Einen großen Überschuss lieferten die fruchtbaren *chinampas* am Ufer des Sees und die übrigen Felder. Auf den angrenzenden Berghängen wurden vermutlich Maguey-Agaven angebaut, aus denen jenes schwach alkoholische Getränk gewonnen wurde, das in der aztekischen Kultur eine besonders wichtige Rolle spielte.

KÖNIGLICHE BECHER *Die Chronisten bestätigen, dass der König jedes Geschirrteil nur einmal benutzte. Die Pracht dieser Becher bezeugt jedenfalls den Luxus, mit dem sich die Azteken am Vorabend der Conquista umgaben.*

Die meisten Azteken, vom Adel bis zu den Sklaven, waren sehr gut genährt, auch wenn die puritanische aztekische Ethik Schlemmereien und sonstige Exzesse nicht gestattete. Die Ernährung der gewöhnlichen Bürger bestand zum größten Teil aus Tortillas, die in *molli*, eine Sauce aus zerstampften Chilis, getaucht wurden. Mais wurde gedämpft (*Tamales*) zusammen mit Bohnen zubereitet. Die aztekische Küche war überaus vielseitig: Es gab Dutzende von verschiedenen Zubereitungsarten für Tamales. Fleisch und Fisch waren der Elite vorbehalten oder für Festtage vorgesehen, während die ärmeren Leute viel Gemüse aßen. Auch wenn einiges dem heutigen Geschmack entspricht, so wurden in der aztekischen Küche auch zahlreiche für uns eher ungewöhnliche tierische und pflanzliche Nahrungsmittel zubereitet, wie der *axalotl*, ein großer Salamander, der in den Entwässerungskanälen lebte und in einer Sauce aus gelben Chilis gekocht wurde. Insekten, auch als Larven, bildeten einen ebenso wichtigen Bestandteil der Ernährung wie *tecuilatl*, eine schaumartige Alge, die am Seeufer gesammelt und zu Küchlein gepresst wurde. Zahlreiche Früchte aus dem Hochland und dem tropischen Tiefland wurden auf den Märkten angeboten und waren sehr gefragt.

JAGD UND FISCHFANG
Zu den beliebtesten Freizeitbeschäftigungen des Adels und des Königs zählten die Jagd und der Fischfang. Vögel wurden u. a. erlegt, um für das Kunsthandwerk wertvolle Federn zu erbeuten. Für die Küche waren Jagd und Fischfang natürlich ebenfalls von Bedeutung.

Amaranth nahm einen besonderen Stellenwert in der aztekischen Ernährung ein. Diese nahrhafte Getreidepflanze wurde in großen Mengen in die Hauptstadt gebracht, sie war jedoch weniger zum alltäglichen Verzehr als für zeremonielle Zwecke bestimmt: Amaranth wurde mit gemahlenem Mais, Honig oder Agavensaft vermischt, zu Bildnissen des Gottes Huitzilopochtli geformt und an Festtagen verzehrt – zum blanken Entsetzen der spanischen Priester, die darin eine Verhöhnung der Heiligen Kommunion sahen!

Mais konnte nicht nur in Form von Tortillas und Tamales, sondern auch in flüssiger Form als *atolli*, Maisgrütze, verzehrt werden; ein anderer Maistrunk hieß *pozolli* und bestand aus leicht gegorener Maispaste. Beide konnten in Flaschenkürbissen von den Bauern mit aufs Feld genommen werden. Kakao war im Allgemeinen der Elite und den Reichen vorbehalten, denn Kakaobohnen waren teuer. Kakao wurde auf vielfältige Weise und in vielen verschiedenen Geschmacksrichtungen (z. B. Chili, Vanille u. a.) zubereitet; er konnte sogar mit *atolli* gemischt werden. In Anbetracht ihrer strengen Ideale von Mäßigung und Enthaltsamkeit hatten die Azteken eine eher zwiespältige Haltung zu *octli* (den die Spanier *pulque* nannten), dem gegorenen Saft der Maguey-Agave. Auf einem Fest durften nicht mehr als vier Becher getrunken werden, und Trunkenheit wurde streng – manchmal sogar mit dem Tod – bestraft. Alte Leute hingegen waren von dieser Einschränkung befreit und durften sich so oft sie wollten sinnlos betrinken. Dennoch spielte *octli* eine wichtige Rolle bei aztekischen Kulthandlungen, und es gab eine ganze Reihe von *octli*-Göttern sowie eine Göttin der Agavenpflanze, zu der es einen mythischen Fruchtbarkeitszyklus gab.

Der „Blumenkrieg"

Wie bei anderen Armeen hing auch der Erfolg des aztekischen Heeres von der Verpflegung ab. Die militärischen Erfolge, denen die Azteken ihr riesiges Reich verdankten, beruhten zumindest z. T. darauf, dass sie ihre Truppen überall mit Nahrung – in erster Linie mit getrockneten Tortillas – versorgen konnten. Hauptziel des aztekischen Staates war es, Kriege zu führen. Jeder gesunde Mann musste Waffen tragen, sogar die Priester und die reisenden Händler, die in eigenen Einheiten kämpften, während sie vorgeblich auf Handelsreise waren. Für die Azteken gab es nichts Glorreicheres, als Gefangene für Huitzilopochtli zu opfern oder selbst für ihn zu sterben:

Das Schlachtfeld ist der Ort,
wo man den göttlichen Trank des Krieges kostet,
wo die göttlichen Adler rot befleckt sind,
wo die Jaguare brüllen,
wo Edelsteine aus kostbaren Kriegstrachten regnen,
wo Kopfputze mit feinen Federn wogen,
wo Königssöhne in Stücke gehauen werden.

TORSO MIT HARNISCH
Die aztekischen Krieger trugen Rüstungen aus gepolsterter Baumwolle. Die Spanier tauschten ihre unbequemen Rüstungen bald gegen diesen Schutz aus, der besser an das Klima angepasst war.

In der bildreichen Sprache des Nahuatlliedes wird das blutbefleckte Schlachtfeld als weite, blumenbedeckte Fläche beschrieben. Glücklich ist der, der dort stirbt:

Unvergleichbar ist der Tod auf dem Schlachtfeld,
nichts gleicht dem Blumentod.
So kostbar für Ihn, der das Leben spendet:
Weit in der Ferne sehe ich ihn: mein Herz verlangt nach ihm!

BEDEUTUNG DES FEDERSCHMUCKS

Die Spanier waren so von der Bedeutung und Schönheit der Federarbeiten beeindruckt, dass die Feder als Symbol der Neuen Welt in die europäische Vorstellungswelt und Heraldik einging. Das hat sich bis heute nicht geändert. Im Zusammenhang mit den Zerstörungen während der Conquista kam dem Federschmuck eine besondere Aufmerksamkeit zu: Er wurde beschlagnahmt und adaptiert. So entstanden auf Veranlassung von Mönchen wie Peter von Gand zahlreiche liturgische Gegenstände: Mitren, Triptychen, Bilder. Die Azteken haben diese Kunst vervollkommnet. Die *amantecas*, spezialisierte Künstler, genossen ein derartiges Ansehen, dass sich sogar die Herrscher in ihrer Kunst versuchten. Mehrfarbige Federn waren für die Azteken besonders wichtig. Einige Städte entrichteten ihren Tribut in Form wertvoller Federn von Vögeln wie dem Quetzal, dem Papagei, dem Ara und dem Kolibri.

Es sind mehrere Techniken bekannt, von der simplen Aufreihung bis zum großartigen Mosaik. Auf einer Baumwollunterlage, die durch eine Substanz auf Leimbasis gehärtet wurde, zeichnete man die Bilder vor. Die Federn wurden dann auf die notwendige Größe getrimmt und auf der Unterlage verteilt, sodass polychrome Bilder entstanden. Zur Herstellung von Schatten benutzte man schwarze Federn. Die Vielfalt der Techniken ermöglichte die Anfertigung zahlreicher Luxusobjekte: Schilde, Kleidung, Teile von Verzierungen und Uniformen, prächtige Helmbüsche, die für Krieger, Herrscher und Götter bestimmt waren. Eine strenge Regelung der Farbgebung sowie der Art und Größe der Objekte führte dazu, dass der Status eines Federschmuckträgers auf den ersten Blick erkennbar war. Das unberechtigte Tragen eines bestimmten Objekts oder einer für einen höheren Status bestimmten Farbe konnte mit dem Tod bestraft werden.

FEDERSCHILD
Die aztekischen Kriegsherren trugen diese Schilde und bunte Helmbüsche als Insignien. Dadurch waren sie für die Spanier in den Schlachten leicht erkennbar – mit folgenschweren Konsequenzen.

Zu den aztekischen Waffen gehörte das furchtbare Keulenschwert (*macuahuitl*), in dessen Seiten rasiermesserscharfe Obsidianklingen eingesetzt waren, sowie Speere, deren Spitzen ebenfalls mit Klingen ausgerüstet waren, und mit Widerhaken versehene, gefiederte Pfeile, die mit dem *atlatl* geschleudert wurden. Erfahrene aztekische Krieger trugen prächtige Umhänge aus Jaguarfellen oder Adlerfedern, womit sie ihre Zugehörigkeit zu den Kriegerorden demonstrierten. Zur Verteidigung trugen die aztekischen Truppen manchmal Umhänge aus gesteppter Baumwolle. Sie führten stets ein fellbezogenes Rundschild aus Holz oder Schilfrohr mit sich, das oft reich mit bunten Federn verziert war. Während die Schlacht tobte, waren hochrangige Offiziere an den Standarten zu erkennen, die sie auf den Schultern trugen – turmartige Konstruktionen aus Schilfrohr, Federn und Ähnlichem. Für Cortés und seine Männer waren sie daher eine leichte Zielscheibe. Als Söldner angeheuerte, wilde Otomíkrieger begleiteten die aztekische Armee als Bogenschützen.

Zur Kunst der Kriegsführung gehörte auch die Informationsbeschaffung über den Feind und die Erstellung von Karten. Generäle legten die Schlachtordnung fest: Die Angriffsspitze bildete ein Elitekorps aus schlachterprobten Kriegern, ihnen folgte die Masse der Soldaten zum Klang der von den Priestern geblasenen Muscheltrompeten. Ziel war dabei nicht nur die Zerstörung der gegnerischen Stadt, sondern auch die Isolierung und Gefangennahme möglichst vieler Gegner, die dann zur Nachhut geschafft und schließlich in der Hauptstadt geopfert wurden.

Menschenopfer

Auch wenn der Experte Henry Nicholson sagte, dass bei den Azteken „Menschenopfer in einem Ausmaß praktiziert wurden, das in der Menschheitsgeschichte von keinem anderen rituellen System auch nur annähernd erreicht wurde“, so sind viele Forscher heute davon überzeugt, dass die Spanier bei ihren Beschreibungen stark übertrieben hatten, um ihre eigenen Gräueltaten an den eingeborenen Völkern der Neuen Welt zu rechtfertigen.

Eine spanische Quelle berichtet beispielsweise, dass mehr als 80 000 Kriegsgefangene zur Einweihung des Großen Tempels im Jahr 1487 getötet wurden, was praktisch gar nicht durchführbar war. Aber dennoch ist es richtig, wie auch Nicholson feststellte, dass „Menschenopfer in der Regel alle wichtigen Rituale begleiteten“, ein Brauch, der sicher auf die Olmeken zurückgeht und schon in Teotihuacán praktiziert wurde, wie die Opferung vieler Krieger im Tempel von Quetzalcóatl eindeutig beweist. Wahrscheinlich verloren hunderte, vielleicht sogar mehrere tausend junge Männer auf diese Weise ihr Leben in der aztekischen Hauptstadt, es gibt aber keine Möglichkeit, dies nachzuweisen.

Im Idealfall waren die Opfer tapfere gegnerische Helden. Nahm ein Krieger auf dem Schlachtfeld einen Gegner gefangen, sagte er zu ihm: „Hier ist mein geliebter Sohn", und dieser antwortete: „Hier ist mein verehrter Vater". Auf diese Weise entstand eine Art fiktive Verwandtschaft, die in der Neuen Welt von den Tupinambá in Brasilien bis hin zu den Irokesen im Bundesstaat New York die Beziehung zwischen Krieger und Gefangenem charakterisiert. Jeder Krieger glaubte, dass er sich im Augenblick des Todes in einen Kolibri verwandelte, der in das himmlische Paradies des Sonnengottes emporstieg.

Nach einem rituellen Bad konnte der Gefangene auf fünf verschiedene Arten geopfert werden: Meist wurde der Körper über einen Opferstein gelegt, die Brust mit einer Stein- oder Obsidianklinge geöffnet und das Herz herausgerissen, das den Göttern in einem *cuauhxicalli* (Adlergefäß) aus Stein dargeboten wurde. Eine andere Methode war die Enthauptung, die aber in der Regel weiblichen Gefangenen, die Göttinnen verkörperten, vorbehalten war. Dann gab es den Gladiatorenkampf, bei dem der Gefangene an einen runden Stein gebunden wurde und sich gegen einen erfahrenen Krieger mit einem Keulenschwert ohne Obsidianklingen verteidigen musste. Wie Vater Durán lakonisch bemerkt, „spielte es keine Rolle, ob man sich gut verteidigte oder schlecht kämpfte, der Tod war ohnehin unvermeidlich". Manche Krieger wurden auch an Gerüste gebunden und mit Pfeilen oder Wurfspeeren getötet. Schließlich gab es noch die Version, den Gefangenen wiederholt ins Feuer zu werfen, bevor man ihm das Herz herausriss.

Fest steht, dass einige dieser Opfer rituell verzehrt wurden. Jüngst ist eine sensationelle Theorie aufgekommen: Die aztekische Elite soll Kannibalismus praktiziert haben, um sich in einer proteinarmen Umwelt das Monopol auf Protein zu sichern – eine an Menschenverachtung nicht zu überbietende Form der Ausbeutung! Das Argument ist jedoch aus zwei Gründen nicht schlüssig: 1. im Hochtal von Mexiko gab es eine ganze Reihe von Proteinquellen, nicht zuletzt der Spirulina-Seeschaum und 2. belegt eine sorgfältige Untersuchung der historischen Aufzeichnungen, dass Menschenfleisch nur sehr selten und nur bei streng kontrollierten Ritualen verzehrt wurde – in Wirklichkeit handelte es sich eher um eine Art Kommunion als um ein kannibalistisches Gelage.

OPFERMESSER
Bei den Azteken war die Opferung von Blut eine Pflichtübung, die den Fortbestand des Reiches sicherte. Dieses Opfermesser, das ein menschliches Gesicht trägt, ist ein Symbol dafür.

HALLUZINOGENE DROGEN

Die Ethnologie und die Quellen der Conquista haben es ermöglicht, etwa 40 bewusstseinsverändernde Drogen zu identifizieren, die den prähispanischen Völkern bekannt waren. Einige werden immer noch benutzt, z. B. Peyotl, die heilige Pflanze der Huicholes. Wenn man andere Substanzen berücksichtigt, wird die Liste noch länger. Man hat behauptet, dass auch Tiergifte wie das der Kröte wegen ihrer halluzinogenen Eigenschaften beliebt waren. Der Gebrauch bewusstseinsverändernder Substanzen gehörte in die Sphäre des Sakralen, gelegentlich auch in den medizinischen Bereich. Er wurde vor allem von Priestern betrieben sowie von Schamanen und allen, die wegen ihrer Funktion andere Bewusstseinsebenen erlangen mussten. Ihre Visionen und Vorhersagen waren wesentlich für die Gesellschaft. Aus einem ähnlichen Grund konnten die *curanderos*, die Krankheiten zu erkennen hatten, auf Drogen zurückgreifen, um die Ursache des Leidens eines Patienten zu lokalisieren. Sie waren allerdings nur selten dazu gezwungen.

Des Öfteren wurde behauptet, dass die Geopferten, vor allem in der aztekischen Epoche, vor den Opferritualen Drogen eingenommen hätten. Das ist zwar möglich, jedoch nicht bewiesen, zumal das Opfer dann seinen dramatischen Charakter verloren hätte. In anderen Werken wurde auf der Grundlage von esoterischen Darstellungen die Hypothese aufgestellt, dass einige Herrscher im rituellen Rahmen Drogen genommen hätten. Auch hier ist die Diskussion noch offen. In jedem Fall aber war die Einnahme dieser Substanzen auf die Sphäre des Sakralen beschränkt. In Gesellschaften, die so streng und prüde sind, wie die mesoamerikanischen Kulturen es waren, musste der Gebrauch bewusstseinsverändernder Substanzen, deren Wirkung bekannt war, genau geregelt werden.

Aztekische Religion

Die aztekische Vorstellung von der Götterwelt war das Werk ihrer mythischen Vordenker, die die Stammesgötter des eigenen Volkes mit der weitaus vielfältigeren Kosmogonie der älteren Kulturen Mexikos zu einem einzigen System verschmelzen ließen. Für diese Vordenker war die verwirrende Anzahl der mexikanischen Götter eine Verkörperung des kosmischen Dualitätsprinzips, der Einheit der Gegensätze, personifiziert durch den zweigeschlechtlichen Schöpfergott Ometeotl, „Herr der Zweiheit". In der aztekischen Philosophie war dies die einzige Realität, alles andere galt als Illusion.

XIPE TOTEC

Der Gott der Fruchtbarkeit und der pflanzlichen Erneuerung wird stets mit der Haut eines geopferten Menschen bekleidet dargestellt. Zahlreiche Bildnisse zeugen von der großen Bedeutung seines Kultes.

Ometeotl war Herrscher über ein vielschichtiges Universum. Er selbst residierte im 13. und obersten Himmel, während die Himmelserscheinungen wie Sonne, Mond, Sterne, Kometen und Winde darunter angesiedelt waren. Unter der Erdoberfläche lagen die Ebenen der neun Unterwelten, die die Seelen der Toten durchwandern mussten, bis sie auf der untersten Ebene, Mictlan Opochcalocan, „dem Land der Toten, wo die Straßen links sind", ihre endgültige Ruhe fanden. Über dieses Land herrschte eine duale Gottheit, „Herr und Herrin des Landes der Toten".

Aus dem von Ometeotl verkörperten geschlechtlichen Gegensatz wurden die vier Tezcatlipocas geboren. Wie alle Mesoamerikaner und andere indianische Völkerschaften teilten die Azteken die Erde in die vier Himmelsrichtungen ein, denen jeweils eine bestimmte Farbe und ein bestimmter Baum, auf dem ein besonderer Vogel saß, zugeteilt wurde. Auf der Hauptachse der Erde saß der Alte Feuergott, eine Verkörperung von Ometeotl, namens „Mutter der Götter, Vater der Götter". Von den vier Nachkommen des Ometeotl war der Schwarze Tezcatlipoca („Rauchender Spiegel") des Nordens der Mächtigste. Er war der Gott des Krieges und der Hexerei und Schutzpatron des Königshauses, den der neue Herrscher am Tag seines Amtsantritts anrief. Er war überall und konnte mit seinem Zauberspiegel in alle Herzen sehen. Daher war der wahre Tezcatlipoca, der Herr über Leben und Tod, sehr gefürchtet. Der Weiße Tezcatlipoca des Westens war der bekannte Quetzalcóatl, der Herr und Schutzpatron des Priesterordens.

Der berühmte Kalenderstein und andere aztekische Monumente spiegeln die Vorstellung wider, dass die Welt bereits vier kosmische Zeitalter oder Sonnen erlebt hat, die alle durch eine Katastrophe zerstört wurden. Die Wiederholung von Schöpfung und Zerstörung war auf den gewaltigen Kampf zwischen dem Schwarzen Tezcatlipoca und Quetzalcóatl zurückzuführen, bei dem der Sieger über das jeweils nächste Zeitalter herrschte. Die letzte Ära versank in den Fluten, als der Himmel auf die Erde fiel und alles dunkel wurde. Heute leben wir im Zeitalter der Fünften Sonne, das in Teotihuacán geschaffen wurde, als die Götter dort zusammentrafen, um über die Zukunft zu beraten. Nachdem jeder von ihnen die Ehre abgelehnt hatte, sich selbst zu opfern, um die Erde wieder neu zu erschaffen, warf sich der Elendste unter ihnen, „der Pockenübersäte", in ein loderndes Feuer und stieg als neue Sonne in den Himmel. Ein anderer Gott wiederholte daraufhin diesen altruistischen Akt und stieg als Mond auf. Dieser leuchtete jedoch genauso hell wie die Sonne, und die Götter mussten seinen Schein dämpfen. Also schleuderten sie ein Kaninchen gegen den Mond, das auch heute noch zu erkennen ist.

In vergangenen Welten hatte es ebenfalls Menschen gegeben, aber sie waren zugrunde gegangen. Um sie neu zu schaffen, unternahm Quetzalcóatl eine gefährliche Reise in die Unterwelt und stahl ihre Knochen von Mictlantecuhtli, „dem Herrn des Totenreichs". Als er damit zur Erde zurückkehrte, wurden die Knochen in einer Schale zerstampft, und die Götter gossen Blut aus ihren durchbohrten Gliedmaßen darüber. Daraus wurden Menschen geboren, denen jedoch die Nahrung fehlte, die für sie vorgesehen war: Mais, den die Götter in einem Zauberberg versteckt hielten. Auch hier eilte Quetzalcóatl zu Hilfe: Er verwandelte sich in eine Ameise, drang in den Berg ein und stahl die Körner, von denen sich das aztekische Volk ernähren sollte.

Ein zentrales Merkmal der aztekischen Geschichte war der offizielle Kult des Huitzilopochtli, des Blauen Tezcatlipoca des Südens. Dieser Schutzgott war auf wundersame Weise dem Schoß von Coatlicue (dem weiblichen Prinzip Ometeotls) entsprungen. Er war der schreckliche Kriegergott der Sonne, der die Herzen und das Blut geopferter Krieger brauchte, um jeden Morgen nach seiner nächtlichen Reise durch die Unterwelt im Osten wieder aufgehen zu können.

Im Osten stand der Rote Tezcatlipoca, Xipe Totec, „der Herr der Geschundenen". Er war der Gott des Frühlings und der Erneuerung und wurde von den Priestern und Büßern verkörpert, die die Haut eines geschundenen Opfers trugen. Die neue Haut symbolisierte „den Mantel der Vegetation, den die Erde zur Regenzeit überstreift". Nach 20 Tagen durfte die Person, die den Gott verkörperte, die Haut abnehmen, aber bis dahin „stank sie wie ein toter Hund", wie es in einer Quelle heißt.

Tlaloc war ein anderer Naturgott, er schickte Regen und Blitze und besaß damit eine zentrale Rolle für landwirtschaftliche Rituale. Auch er konnte eine vierfache Gestalt annehmen, sodass es schwarze, weiße, blaue und rote Tlalocs gab; meist wurde er jedoch als blaue Gestalt mit den Giftzähnen einer Schlange und kreisrunden Augen dargestellt. Zu den grausigsten Riten der Azteken gehörte die Opferung kleiner Kinder auf Berggipfeln, um Tlaloc zu besänftigen und den Regen zum Ende der Trockenzeit herbeizurufen. Es hieß, je mehr sie weinten, umso größer war die Freude des Regengottes. Sein Kult hat sich bei der Landbevölkerung Zentralmexikos bis heute erhalten, auch wenn es seit den frühen Anfängen der Kolonialzeit wahrscheinlich keine Menschenopfer mehr gegeben hat.

COATLICUE
Die Riesenskulptur der Göttin der Erde ist 2,65 m hoch und ein Meisterwerk aztekischer Bildhauerei. Die beeindruckende Monströsität bildet einen Gegenpol zur Schönheit der Formen.

Der aztekische Kalender

Der Kult wurde von einer zölibatären Priesterschaft geleitet. Jeder Priester besuchte ein Seminar, in dem er in die komplizierten Rituale eingeführt wurde, die er täglich auszuführen hatte. Mit ihrem langen, ungekämmten, vom Blut ihrer Opfer verklebten Haar, ihren durch Selbstverstümmelungen mit Agaven- und Stachelrochendornen zerfetzten Ohren und Gliedmaßen und dem ihnen anhaftenden Gestank nach Tod und Verwesung müssen sie recht einschüchternde Sprecher der aztekischen Götter gewesen sein.

Das aztekische Alltagsleben war in Zeremonien eingebunden, die von einem höchst präzisen Kalender diktiert wurden. Das Ritualjahr (*tonalpohualli*) mit seinen 260 Tagen entstand durch die Kombination von 20 Tagen (mit Namen wie Krokodil, Wind, Haus, Eidechse etc.) und den Zahlen von 1–13, die in den aztekischen Aufzeichnungen nur mit Punkten ausgedrückt sind. Jeder Tag im *tonalpohualli* stand für jeden Einzelnen je nach den Vorhersagen der Priester unter einem guten oder bösen Vorzeichen, die schlimmen Auswirkungen ließen sich jedoch abmildern: Wenn ein Kind an einem ungünstigen Tag geboren wurde, verschob man seine Namensgebungszeremonie auf einen verheißungsvolleren Tag. Für jede der 20 13-Tage-„Wochen" gab es festgelegte Riten und Götter. Übernatürliche Vögel wachten über jeden der 13 Tage der Woche, und neun Götter einer sich ständig wiederholenden Reihe galten als die Herrscher der Nacht.

Aztekischer Kalender
Die zyklische Zeitvorstellung der Mesoamerikaner zeigt sich im „Sonnenstein", der die Bedeutung und Komplexität ihres Kalendersystems offenbart.

Das Sonnenjahr bestand aus 18 namentlich bezeichneten Monaten mit jeweils 20 Tagen und einer unheilvollen und höchst gefährlichen Zeit von fünf zusätzlichen Tagen vor dem Beginn des nächsten Jahres. Auch hier gab es bestimmte Zeremonien für jeden Monat, an denen alle Bewohner der Hauptstadt teilnahmen. Bei diesem Zyklus ist es nicht verwunderlich, dass die Monate eng mit dem landwirtschaftlichen Jahr verknüpft waren, wobei es eine ständige Verzögerung gegeben haben muss, da weder die Azteken noch die anderen mesoamerikanischen Völker mit Schaltjahren oder anderen Ausgleichsmechanismen arbeiteten, um die Tatsache zu berücksichtigen, dass ein Jahr einen Vierteltag länger ist als 365 Tage. Die Sonnenjahre wurden zusammen mit dem entsprechenden Zahlenkoeffizienten nach einem der vier möglichen Namen des Ritualjahrs benannt, das auf den letzten Tag des 18. Monats fallen konnte.

Auch wenn sie in dieser Hinsicht nicht so fortschrittlich waren wie die Maya, führten die aztekischen Priester Beobachtungen der Sonne, des Mondes, der Planeten und der Sterne durch. Nach der Sonne war die Venus das wichtigste Himmelsgestirn für die Azteken, vor allem in ihrem ersten Erscheinen als Morgenstern im Osten, ein Ereignis, das nach ihren Berechnungen alle 584 Tage stattfand (in Wirklichkeit sind es 583,92 Tage). Auch wenn der Morgenstern als der auferstandene Topiltzin Quetzalcóatl, der Herrscher von Tula, angesehen wurde, galt sein spiralförmiger Aufstieg als sehr gefahrvoll, und sein Strahl war deshalb gefürchtet. Bemerkenswert ist die Tatsache, dass die verschiedenen Kalender alle 104 Sonnenjahre übereinstimmten: das Ritualjahr mit 260 Tagen, das Sonnenjahr mit 365 Tagen und die synodische Umlaufzeit der Venus von 584 Tagen.

Für die Azteken stand fest, dass das Ende jeder 52-jährigen Kalenderrunde ein Zeitpunkt war, an dem die Fünfte Sonne zerstört werden konnte. An jenem Tag wurde in allen Tempeln, Palästen und Haushalten das Feuer gelöscht. Die Feuerpriester stiegen auf den Hügel des Sterns, östlich von Colhuacan im Tal von Mexiko, und beobachteten gespannt, ob die Plejaden um Mitternacht den Zenit überschritten. Wenn ja, war der Fortbestand des Universums gesichert. In der Brust eines neu geopferten Gefangenen wurde ein Feuer entfacht und die glühenden Kohlen von Läufern in alle Teile des aztekischen Reiches gebracht.

Die Codices

Diese komplexen Sachverhalte waren in Bildercodices in zusammenfaltbaren Büchern aus Rindenpapier oder Hirschlederhaut verzeichnet, die von den Priestern in den Tempeln und Seminaren aufbewahrt wurden. In den staatlichen Archiven lagerten auch Geschäftsbücher, Karten und möglicherweise historische Arbeiten. In Anbetracht des bruchstückhaften Charakters der aztekischen Schrift muss es sich bei diesen Büchern in erster Linie um Gedächtnisstützen gehandelt haben, die den Priestern dabei halfen, sich ihre langen Gebete ins Gedächtnis zu rufen. Äußerst bedauerlich ist, dass kein echter aztekischer Codex aus dem Hochtal von Mexiko die groß angelegte Bücherverbrennung der Franziskaner überlebt hat. Der Codex Borbonicus, der in der Bibliothek der Französischen Nationalversammlung aufbewahrt wird, ist auf die sehr frühe Kolonialzeit datiert und kommt wahrscheinlich sehr nahe an die aztekischen Originale heran. Über die genaue Herkunft von prähispanischen Ritualbüchern wie dem einmaligen Co-

CODEX BORBONICUS
Alle mesoamerikanischen Zivilisationen räumten der Zeit, die ihr Alltagsleben regelte, einen herausragenden Platz ein. Die hier dargestellte Erfindung des Kalenders war daher ein wichtiger Bestandteil ihrer Kultur.

Malinalco
Diese Stätte gehörte zu den mythischen Orten, an die die Azteken auf der Suche nach einem Platz, an dem sie sich niederlassen konnten, gekommen waren. Sie errichteten dort einen Tempel für ihre Kriegerorden.

dex Borgia in der Vatikanischen Bibliothek oder dem Codex Cospi in Bologna sind sich die Forscher noch nicht einig, sie gehen aber davon aus, dass sie innerhalb der Grenzen des damaligen aztekischen Reiches entstanden sind.

Der Ritualkalender bestimmte den Alltag der gewöhnlichen Bürger von Tenochtitlán und sorgte für eine ständige Beschäftigung mit Festen, dem Schmücken der Götterbilder, Tänzen und Gesängen, begleitet von Trommeln, Muscheltrompeten, Rasseln und Flöten. Zu Ehren der Götter waren persönliche Bußübungen, das Verbrennen von blutbeflecktem Papier und parfümiertem Copalharz vorgeschrieben sowie die Opferung von mehreren hundert oder tausend Gefangenen pro Jahr.

Wie bereits erwähnt, kamen die Seelen der Krieger, die durch das Opfermesser oder auf dem Schlachtfeld starben, nicht in das Land der Toten in die Unterwelt, sondern direkt ins Paradies des Sonnengottes. Dies galt merkwürdigerweise auch für die gefürchteten Geister von Frauen, die im Kindbett gestorben waren – auch sie hatten ihre „Schlacht“ gefochten und verloren. Jeden Morgen stiegen sie ehrerbietig vom Westen auf, um die Sonne am Mittag zu grüßen und sie in die Unterwelt zu begleiten.

Der Auslöschung im Mictlan entgingen auch diejenigen, die ihren Tod dem Regengott verdankten: durch Blitz, Ertrinken, Wassersucht oder Gicht. Sie stiegen zu Tlaloc ins Paradies empor, wo sie ein idyllisches Leben unter Blumen und Schmetterlingen und voll anderer himmlischer Freuden führten.

Das bekannteste Menschenopfer der Azteken war die jährliche Opferung eines hübschen jungen Gefangenen, der als Verkörperung des Gottes Tezcatlipoca ausgewählt wurde. Ein ganzes Jahr lang wurde er als Gott verehrt und führte ein paradiesisches Dasein. Gegen Ende erhielt er vier schöne Jungfrauen als Geliebte. Am Tag seiner Opferung stieg er die Stufen des Tempels empor, zerschmetterte die Tonflöten, auf denen er während der kurzen Dauer seines Ruhmes gespielt hatte, wurde dann rücklings auf den Opferstein geworfen und mit einem Steinmesser erdolcht.

HUITZILOPOCHTLI
Darstellungen von Huitzilopochtli sind äußerst selten. Aus diesem Grund ist diese Skulptur des aztekischen Stammesgottes aus dem Großen Tempel besonders bedeutsam.

Aztekische Kunst und Architektur

Die Azteken waren nach den Olmeken die größten Bildhauer Mexikos. Selbst kleinste Arbeiten aus Halbedelsteinen wie Bergkristall und Amethyst verwandelten sich unter ihren Händen zu wahrhaft monumentalen Meisterwerken. Auf manche Betrachter mögen aztekische Skulpturen abstoßend wirken, und ganz zweifelsohne flößen die kolossalen Götterstatuen wie die von Coatlicue Furcht und Schrecken ein – ihre Ehrfurcht gebietende Kraft steht jedoch ganz außer Frage. Diese Stärke spiegelt sich auch in den realistischeren Werken wie der sitzenden Steinstatue von Xochipilli („Blumenprinz"), dem Gott der Liebe und des Sommers, in der von den Tolteken perfektionierte Traditionen fortgeführt werden. Derselben Stilrichtung entstammt die wunderschöne Trommelskulptur aus Malinalco, die an das Nahuatl-Kriegslied erinnert:

Die Erde bebt. Der Mexica hebt zu seinem Lied an:
Er bringt Adler und Jaguare dazu, mit ihm zu tanzen!
Kommt und seht den Huexotzinca:
Auf den Schwingen des Adlers stößt er seinen Schrei aus;
Laut hallt der Ruf des Mexica.

Die aztekischen Künstler in Tenochtitlán gehörten verschiedenen Gilden an und waren berühmt für ihre prachtvollen Federmosaike. Mit der meisterhaften Handwerkskunst aus der Region von Cholula, wo unter dem Einfluss der Mixteken im Süden, der Azteken im Norden und möglicherweise der Tarasker im Westen der unvergleichliche Mixteca-Puebla-Stil entstand, konnten sie jedoch nicht konkurrieren. Montezuma selbst trank nur aus Bechern und speiste nur von Tellern aus Cholula, und sicher ist, dass der Großteil der Goldarbeiten sowie sämtliche Masken und anderes Zeremonialzubehör aus Holz mit Türkismosaiken ebenfalls von dort stammten. Die prachtvolle Sammlung von Mosaiken, die einst Karl V. in seinem Besitz hatte und die heute im Britischen Museum, in Florenz und in Rom zu sehen ist, zeugt von der meisterhaften Bearbeitungskunst dieses Materials im späten Mexiko.

Der Große Tempel von Tenochtitlán

Die aztekische Architektur war in erster Linie religiös und nicht weltlich orientiert. Als die Spanier die Heiligen Bezirke von Tenochtitlán und Tlatelolco dem Erdboden gleich machten, um dort ihre eigenen Verwaltungsgebäude, die Kathedrale und Kirchen zu errichten, wurden alle Fundamente der wichtigsten aztekischen Tempel zerstört. Eine Vorstellung von der einstigen aztekischen Pracht vermitteln die Bauten, die an anderen Orten im Hochtal von Mexiko erhalten geblieben sind, wie der riesige Doppeltempel von Tenayuca oder das einzigartige, in Stein gehauene Heiligtum in Malinalco, das die Form eines Kreises hat und daher vermutlich Quetzalcóatl geweiht war.

OPFERGABE
Zahlreiche Opfergaben für den Großen Tempel sind in Steinkisten wie diese gelegt worden. Die Anordnung der Gegenstände in übereinander liegenden Schichten war strengen Regeln unterworfen, die mit der Kosmogonie oder der Expansion des Reiches verknüpft waren.

Seit langem wusste man, dass die Ruinen des Großen Tempels von Tenochtitlán nicht weit von der Kathedrale in nordöstlicher Richtung unter den kolonialen und modernen Gebäuden von Mexiko-Stadt lagen. Die zufällige Entdeckung eines großen ovalen Monuments führte zu einem der bedeutendsten archäologischen Funde der aztekischen Kultur. Dieser Stein lag am Fuß der Huitzilopochtli-Seite des Tempels, direkt vor einer der sieben seit seiner Errichtung durchgeführten Überbauungen, und zeigt ein Hochrelief des zerstückelten Körpers der Göttin Coyolxauhqui, der böswilligen Schwester Huitzilopochtlis – ein wahres Meisterwerk der aztekischen Bildhauerkunst. Die Bedeutung dieses Monuments erschließt sich, wenn man den zugrunde liegenden Mythos kennt. Huitzilopochtli, der schreckliche Kriegsgott der Sonne, war die Frucht der wundersamen Empfängnis seiner Mutter Coatlicue („Die mit dem Schlangenrock") durch einen Federball auf dem Coatepec („Schlangenberg") nicht weit von Tula. Wütend über diese vermeintliche Entehrung und ange-

DIE BAUTEN DES GROSSEN TEMPELS

Den Schilderungen von Sahagún zufolge, des gewissenhaften Chronisten der Azteken, umfasste die heilige Mauer des Großen Tempels von Tenochtitlán nicht weniger als 70 Bauwerke. Die während der Belagerung zerstörte heilige Mauer wurde durch Kolonialbauten ersetzt, ist aber in der heutigen Stadt Mexiko seit 1979 wieder zu sehen. Der Zentralbau, die Tlaloc und Huitzilopochtli geweihte Doppelpyramide, wurde oft beschrieben. Ihre sieben Bestandteile, die damit verbundenen Skulpturen und die Tausende von Opfergaben sind heute wohlbekannt. Weniger bekannt ist die Tatsache, dass während der Grabungen weitere Bauwerke freigelegt wurden, die zwar weniger beeindruckend, aber ebenso sinnträchtig sind. Zu ihnen zählt der Rote Tempel im Süden der Pyramide, der sich im Aussehen an die Bauten von Teotihuacán anlehnt. Ein Schädelregal, ein *tzompantli*, war mit etwa 240 Schädeln bestückt. Im nördlich gelegenen Haus der Adler fand man prächtige Keramikskulpturen und Reliefs, die von Tula inspiriert und wahrscheinlich für Rituale im Zusammenhang mit der Thronbesteigung des Königs bestimmt waren. Hierzu gesellen sich mehrere Plattformen.

Es war ein Glücksfall für die Archäologen, dass die Kathedrale stabilisiert werden musste. Bei den damit verknüpften Grabungen konnten Teile des Ballspielsplatzes und anderer kleiner Bauten entdeckt und teilweise freigelegt werden. Seit dem 19. Jh. sind zahlreiche Skulpturen und Bauten untergeordneter Bedeutung ausgegraben worden. Hinzu kommen punktuelle Entdeckungen wie die Pyramide bei der U-Bahn-Station Pino Suarez. Bei dieser Grabung hat man sich auf Sahagún gestützt und seine Schilderungen bestätigen können. So verfügt man heute über einen recht genauen Plan der heiligen Umfassungsmauer.

DER CHAC-MOOL DES GROSSEN TEMPELS
Durch diese hervorragend erhaltene, mit feinem Stuck bedeckte Statue kann die beeindruckende Polychromie der aztekischen Skulpturen rekonstruiert werden.

stachelt von ihrer Schwester Coyolxauhqui (mit großer Wahrscheinlichkeit die Mondgöttin) beschlossen ihre 400 Söhne (die Sterne des Südhimmels), ihre Mutter zu töten. Es gelang ihnen schließlich, Coatlicue zu enthaupten, ein Ereignis, an das eine beeindruckende Statue der Göttin erinnert: Ein Schlangenpaar stellt den Blutstrahl dar, der aus ihrem abgeschlagenen Haupt schießt. Doch Huitzilopochtli stieg aus dem Leib seiner Mutter, erschlug seine Schwester und warf ihre Leiche vom Gipfel des Schlangenbergs in die Tiefe. Danach bekämpfte er seine 400 Brüder – sicher ein astraler Mythos von dem Sieg der Sonne über Mond und Sterne.

Die Bedeutung dieser Legende, bestätigt durch den Fund des ovalen Monuments, besteht darin, dass die Azteken die Huitzilopochtli-Seite des Großen Tempels „Coatepec" nannten. Vermutlich gab es vor jeder Überbauung der Huitzilopochtli-Pyramiden eine

Darstellung Coyolxauhquis. Nach dem spektakulären Fund des Coyolxauhqui-Reliefs wurde ein umfangreiches archäologisches Projekt ins Leben gerufen, bei dem die auf dem Großen Tempel errichteten kolonialen Bauten abgetragen werden sollten.

Das mexikanische Archäologenteam unter der Leitung von Professor Eduardo Matos Moctezuma legte die frühesten Stadien des Großen Tempels frei, wobei es sich ebenso wie bei den zugehörigen Skulpturen um auffällig grobe Konstruktionen handelt – Funde, die im Einklang mit der aztekischen Vorstellung stehen, dass ihre Vorfahren wirklich Barbaren waren, die sich in früher Zeit auf ihrer Insel niederließen. Die Wandgemälde des ältesten Tempels z. B. waren nicht auf Stuck gemalt, sondern auf lehmverputzte Wände. In allen späteren Überbauungen waren Opferdepots angelegt, die oftmals große Mengen von Objekten aus allen Teilen des Reiches enthielten, insbesondere Mezcala-Figurinen, die die Azteken eindeutig aus spät vorklassischen Grabstätten im neu eroberten Guerrero geraubt haben müssen. Sogar eine äußerst fein gearbeitete olmekische Maske tauchte als Opfergabe auf.

Von der ersten bis zur letzten Überbauung war der Große Tempel in eine rechte – oder auch südliche Hälfte – geteilt, die dem Sonnenkult von Huitzilopochtli gewidmet war, und eine linke bzw. nördliche Seite, die der Verehrung des Regengottes Tlaloc galt. In den Opferdepots des Regengottes lagen prächtige blau bemalte Tlaloc-Vasen aus Ton und Stein zusammen mit Muscheln, Korallen und anderen von den Küstenregionen eingeführten Gegenständen, während auf dem Boden einer frühen Ausführung des Huitzilopochtli-Tempels immer noch einer der gefürchteten Opfersteine steht. Der Große Tempel war der Mittelpunkt des aztekischen Universums, und so überrascht es nicht, dass dieses Bauwerk das uralte Prinzip der Dualität widerspiegelt, die das Leben aller Azteken durchzieht: der Gegensatz zwischen Regen und reichen Ernten auf der einen und Krieg und dem Überleben der Fünften Sonne auf der anderen Seite.

COATLICUE
Den Dualismus von Leben und Tod im aztekischen Universum stellt diese Steinskulptur der Göttin der Erde dar. Die nährende Mutter, deren Haartracht aus menschlichen Schädeln besteht, verzehrt ihre Kinder.

Aztekische Gedankenwelt und Literatur

Eine erstaunliche Menge an Literatur in der Sprache Nahuatl ist erhalten geblieben und wurde nach dem Fall des aztekischen Reiches in Buchstaben des europäischen Alphabets niedergeschrieben. Diese Texte gewähren uns einen tiefen Einblick in die Denkweise dieses Volkes. Die von den aztekischen Dichtern und Denkern verwendete Sprache ist reich an Metaphern, häufig gebraucht sie zwei Attribute hintereinander, die eine dritte, übertragene Bedeutung haben, wie die folgenden Beispiele anschaulich zeigen:

Nahuatl	Übersetzung	Bedeutung
Atl, tepetl	Wasser, Berg	Stadt
Cuitlapilli, atlapilli	Schwanz, Flügel	das Volk
Petlatl, icapalli	Matte, Sitz	Herrschaft
Teoatl, tlachinolli	göttliches Wasser, lodernd	Krieg
Yollotli, eztli	Herz, Blut	Kakao
Topco, petlacalco	in einer Kiste, in einer Truhe	Heimlich
Teuhtli, tlazolli	Staub, Schmutz	Böse, Laster
Mixtitlan, ayautitlan	aus den Wolken, aus dem Nebel	ein Wunder

In Gebeten oder Lobpreisungen werden die übernatürlichen Mächte oft metaphorisch umschrieben, die Gottheiten werden selten mit Namen angesprochen. Dies gilt insbesondere für den Furcht einflößenden Tezcatlipoca, der mit Begriffen wie „Herr der Nacht", „Herr des Windes", „Feind auf beiden Seiten" oder „Spötter" betitelt wurde.

Ein höchst anspruchsvoller, an Stilfiguren reicher Text war der Huehuetlatolli, „das Gebet der Älteren", bei dem es sich um didaktische Unterweisungen der Kinder in den *calmecac* und *telpochcalli*, aber auch der Erwachsenen handelte. Band 6 von Sahagúns *Enzyklopädie des Lebens der Azteken* gibt uns eine Fülle von Beispielen für diese Vorträge, darunter auch Gebete von Eltern für Kinder sowie Gebete, die während der *pochteca*-Bankette gesprochen wurden. Auf eindrucksvolle Weise vermitteln sie etwas über die Mentalität, dank derer das aztekische Volk harte Schicksalsschläge, Katastrophen und Entbehrungen nicht nur überlebte, sondern auch eines der fortschrittlichsten Staatsgebilde Mexikos schaffen konnte. Zu Hause und in der Schule wurden die Azteken in strengster Disziplin erzogen, sie lernten, Hunger und Kälte zu ertragen, und verkörperten Ideale, die jedem Römer zur Ehre gereicht hätten. Selbstbeherrschung und Bescheidenheit wurden auch von denen erwartet, die reich an Macht und Einfluss waren, so auch vom Herrscher selbst:

Der reife Mann:
Ein Herz so fest wie Fels,
Ein weises Verhalten,
Er hat ein Gesicht, ein Herz,
Und zeigt Verständnis.

Was hielten die Azteken wohl von dem Größenwahn und der unerschöpflichen Gier der Spanier? Das Bild der Azteken als blutrünstige Wilde, denen der Sinn allein nach Mord und Plünderungen stand – wie von den Spaniern häufig beschrieben wurde – wird von der umfangreichen Nahuatl-Gedichtsammlung, den *Cantares Mexicanas,* widerlegt. Die Azteken nannten die Gedichte *in xochitl, in cuicatl,* „Blumen, Lieder". Sie wurde am königlichen Hof vorgetragen, begleitet von der *teponaztli,* einer Schlitztrommel, die mit kautschukbesetzten Schlägeln geschlagen wurde. Töne und Trommelrhythmus einiger Gedichte bestehen aus lautmalerischen Silben wie *totocoto tototo cototo tiquititi titiqui tiquito.* Auch wenn der Krieg und der Tod auf dem „Blumenfeld" (dem Schlachtfeld) in einigen Gedichten verherrlicht werden, so sind viele andere von einer melancholischen und pessimistischen Stimmung durchzogen, einer Thematik, die vor allem von dem verbündeten Königshaus von Texcoco, das für seine Gelehrtheit und Kultiviertheit bekannt war, entwickelt wurde. Die Vergänglichkeit des irdischen Lebens und das ungewisse Jenseits drücken sich in einem Lied aus, das dem tlatoani Nezahualcoyotl, dem Dichterkönig von Texcoco, zugeschrieben wird:

NEZAHUALCOYOTL (CODEX IXTLILXOCHITL) *Der Dichterkönig von Texcoco, ein Verbündeter der Azteken, war auch ein Furcht erregender Krieger. Er wurde aber ebenso seiner intellektuellen Qualitäten wegen gerühmt.*

Ich, Nezahualcoyotl, stelle diese Frage:
Ist es wahr, dass man wirklich auf der Erde lebt?
Nicht für immer auf der Erde,

Nur für eine kleine Weile.
Auch Jade zerfällt,
Auch Gold vergeht,
Nicht für immer auf der Erde,
Nur für eine kleine Weile.

Für einen anderen Dichter, Tochihuitzin Coyolchiuhqui, ist das Leben selbst eine Illusion:

So sprach Tochihuitzin,
So sprach Coyolchiuhqui:
Wir stehen nur auf vom Schlaf,
Wir sind nur zum Träumen gekommen,
Es ist nicht wahr, es ist nicht wahr,
dass wir auf die Erde kommen, um zu leben.
Wie eine Pflanze im Frühling,
so sind auch wir.
Unsere Herzen schenken Leben, lassen
die Blumen unseres Fleisches sprießen,
einige öffnen ihre Blüten,
dann verwelken sie.
So sprach Tochihuitzin,
So sprach Coyolchiuhqui.

Doch schließlich gelangt Nezahualcoyotl zu der Erkenntnis, dass die Blumen und die Lieder unvergänglich sind und ein wahrhaft weiser Mann nur durch sie zur letzten Wirklichkeit und Wahrheit gelangt, zur dualen Schöpfergottheit, in der alle Dinge enthalten sind, dem Spender allen Lebens. Wie ein Künstler ein Buch gestaltet, so hat auch er uns mit Blumen und Liedern gemalt:

Teponaztli von Malinalco
Wie die Muschelhörner, die Flöten und die Glocken ist die liegende Trommel – teponaztli *auf Nahuatl* – *ein Beleg für die Bedeutung der Kunst in Mesoamerika.*

Mit Blumen malst Du,
Oh Spender des Lebens!
Mit Liedern schenkst Du Farbe,
Mit Liedern spendest Du Schatten
für die, die auf Erden leben.
Später wirst Du Adler und Jaguare vernichten:
hier, auf dieser Welt
leben wir nur in Deinem Bild.

Mit schwarzer Tinte wirst Du alles auslöschen
alles, was einst Freundschaft,
Brüderlichkeit, Edelmut war.

Du schenkst denen Schatten
die auf Erden leben.
Hier auf Erden,
leben wir nur in Deinem Malbuch.

Kapitel 10

Die spanische Eroberung

Die bösen Ahnungen des Montezuma

Dem Sieger steht nicht nur die Beute zu, so lautet ein altes Sprichwort, sondern auch die Freiheit, die Geschichte seines Sieges zu erzählen, ohne Widerspruch fürchten zu müssen. Die Spanier und mit ihnen Generationen von Historikern, darunter auch der angesehene William Prescott, haben die Eroberung Mexikos durch eine Hand voll tapferer und einfallsreicher Soldaten als unweigerliche Folge der kulturellen Überlegenheit der Europäer über die eingeborenen Völker dargestellt. Dank eines kritischen Quellenstudiums wissen wir heute, dass diese in erheblichem Maße verfälscht und die Ereignisse oft stark verzerrt dargestellt wurden, selbst bei sonst so untadligen Persönlichkeiten wie Vater Sahagún. Besonders unzuverlässige Quellen sind die eigennützigen Briefe von Hernán Cortés an seinen König Karl V., da er seine Feldzüge in Mexiko illegal und ohne königliche Erlaubnis führte.

Düstere Vorahnungen
Die bevorstehende Ankunft der Spanier soll von beunruhigenden Vorzeichen angekündigt worden sein, etwa von diesem Kometen. Tatsächlich wussten die Azteken schon Jahre vor der Conquista von den Erkundungsreisen der Spanier.

Laut der von den Spaniern z. T. neu geschriebenen Geschichte war das Schicksal der Azteken durch die Schwäche ihres Herrschers Montezuma Xocoyotzin vorherbestimmt, der von einer Reihe düsterer Omen und dem Mythos der „Rückkehr des göttlichen Herrschers“ wie gelähmt war: Er glaubte, dass Topiltzin Quetzalcóatl persönlich in Gestalt von Cortés zurückgekehrt sei. Nach diesen Schilderungen, die heute von Experten angezweifelt werden, waren dem entsetzten Herrscher in den letzten zehn Jahren seiner Herrschaft seltsame Zeichen erschienen. Das erste war ein riesiger Komet „wie eine Feuerzunge, eine Flamme, aus der sich das Licht der Morgendämmerung ergoss“. Danach brach auf mysteriöse Weise ein Feuer in einem Turm des Großen Tempels aus; das Wasser im See schäumte und brodelte und überflutete die Straßen der Hauptstadt, und nachts hörte man eine weinende Frau in den Straßen von Tenochtitlán. Männer mit zwei Köpfen wurden entdeckt und zum Herrscher gebracht, aber sie verschwanden, sobald er den Blick auf sie richtete. Fischer fingen einen kranichähnlichen Vogel mit einem Spiegel auf der Stirn. Sie zeigten ihn Montezuma bei Tageslicht, doch als er in den Spiegel schaute, sah er die

Sterne leuchten. Er sah bewaffnete Männer auf Hirschen reiten. Seine Wahrsager wussten keinen Rat; Nezahualpilli, der König von Texcoco, sagte jedoch die Zerstörung Mexikos voraus. Der Monarch der Azteken verhängte grausame Strafen über seine Zauberer, die das von ihm vorausgesehene drohende Verhängnis nicht abwenden konnten. Es heißt, er war wie vom Donner gerührt, als eines Tages ein merkwürdiger Fremder von der Golfküste gemeldet wurde, der zu ihm vorgelassen werden wollte. „Ich komme", so verkündete dieser, „um Euch mitzuteilen, dass ein großer Berg auf dem Meer gesehen wurde, der sich von einem Ende zum anderen bewegte, ohne die Felsen zu berühren." Der arme Teufel wurde sofort hinter Gitter gesperrt, und Montezuma sandte zwei verlässliche Boten an die Küste, um das Gehörte zu überprüfen. Als sie zurückkamen, bestätigten sie nicht nur diese Geschichte, sondern erzählten auch von seltsamen Männern mit weißen Gesicherten und langen Bärten, die in einem Boot von „einem Haus auf dem Wasser" gekommen seien.

Da er insgeheim davon überzeugt war, dass es sich um Quetzalcóatl und seine Gefährten handelte, ließ er ihnen das heilige Gewand des Gottes und Früchte des Landes anbieten, die sie sofort mit zurücknahmen auf ihr Wasserhaus und damit seine Vermutungen bestätigten. Die Götter ließen einiges von ihren eigenen Nahrungsmitteln am Strand zurück: süß schmeckende Kekse, die der Herrscher in einen vergoldeten Kürbis legen ließ, der mit kostbaren Stoffen bedeckt und in einer Prozession von singenden Priestern nach Tula zu den Tolteken gebracht wurde, wo das heilige Gebäck ehrfurchtsvoll in den Ruinen des Tempels von Quetzalcóatl begraben wurde.

Die ersten Siege von Cortés

Der „Berg, der sich bewegte" war in Wirklichkeit das spanische Schiff unter dem Kommando von Juan de Grijalva, der nach der Umsegelung der Küste von Yucatán 1518 die erste spanische Landung auf mexikanischem Boden, in der Nähe des heutigen Veracruz, vornahm. Diesem Spähtrupp folgte 1519 die große Kriegsflotte, die unter der Führung von Hernán Cortés von Kuba aus lossegelte. Die Völker der Golfküste, von denen einige Vasallen des aztekischen *Huei Tlatoani* waren, setzten diesen fremden Wesen wenig Wi-

DIE ÜBERSETZER DES CORTÉS

Mit einer Welt konfrontiert, die sie unbedingt erobern wollten, hatten die Spanier viele Probleme zu lösen. Wann sollten sie in den Kampf eintreten? Es war nicht unbedingt ihr Ziel, zu kämpfen, denn sie waren sich ihrer Schwächen sehr bewusst. In dieser Situation soll Cortés diplomatisch gehandelt, die rechtmäßigen Vorgehensweisen respektiert und seine Gegner davon überzeugt haben, die spanische Herrschaft anzuerkennen. Hierfür musste zunächst die Sprachbarriere überwunden werden. Cortés führte von Kuba zwei Mayagefangene mit sich, die etwas Spanisch sprachen. Er vertraute ihnen, doch sie hintergingen ihn. Zu seinem Glück traf er Gerónimo d'Aguilar, einen spanischen Schiffbrüchigen, der acht Jahre an der Küste von Yucatán gelebt hatte und Maya sprach. Doña Marina erledigte den Rest: Sie sprach Maya sowie Nahuatl und lernte in kurzer Zeit so gut Spanisch, dass sie d'Aguilar ablösen konnte. D'Aguilar machte sich mit Nahuatl vertraut und lehrte andere diese Sprache, so etwa den Pagen Ortega, den Cortés als Spion bei Montezuma einschleuste. So verfügte Cortés über mindestens drei Getreue, die ihn mit den Grundlagen aztekischen Denkens vertraut machten. Das Unwissen der Azteken über die Absichten der Spanier war für sie ein weiterer Nachteil, der schwere Konsequenzen hatte.

derstand entgegen, und Cortés erfuhr schon bald, wie unzufrieden sie mit der aztekischen Herrschaft und den zu leistenden Tributzahlungen waren. Auf dem Weg ins Hochtal von Mexiko und dem Zentrum des Aztekenreichs trafen die Eroberer auf den Widerstand der Tlaxcallaner. Nachdem diese erbitterten Feinde des Dreibunds vernichtend geschlagen waren, gewann Cortés sie als willige Verbündete, wobei die Tlaxcallaner eine Schlüsselrolle bei der Eroberung der Zivilisation der Mexica spielen sollten.

Eine entscheidende Figur in Cortés Plänen war seine eingeborene Dolmetscherin und Geliebte, die als La Malinche in die Geschichte einging. Diese schöne und intelligente Frau war von edler Herkunft und wurde Cortés von einem reichen Kaufmann aus der Küstenstadt Tabasco geschenkt. Der Großteil seines Erfolgs bei den Verhandlungen mit den Azteken muss dem Scharfsinn und dem Wissen dieser Frau zuerkannt werden. Dennoch scheinen Missverständnisse beim Aufeinandertreffen dieser beiden Kulturen die Regel gewesen zu sein. Weniger gelähmt von dem Glauben, in Cortés den zurückgekehrten Quetzalcóatl zu sehen, schien Montezuma ihn vielmehr als den behandelt zu haben, als den er sich ausgab: als Botschafter eines entfernten und unbekannten Herrschers, dem Respekt und Gastfreundschaft zu zollen war. So wurde Cortés in der Hauptstadt und im kaiserlichen Palast empfangen, doch im Gegenzug nahm der Spanier seinen Gastgeber gefangen – sehr zum Ärger der Untertanen des Huei Tlatoani. Der Ausgang der Geschichte ist bekannt. Als Cortés erfuhr, dass eine gegnerische Expedition unter Panfilo Narvaez von seinem Feind, dem Gouverneur von Kuba, nach Veracruz geschickt worden war, um ihn gefangen zu nehmen, bekämpfte Cortés die Eindringlinge an der Küste. Bei seiner Rückkehr nach Tenochtitlán fand er die Stadt in Aufruhr. Bei den Tumulten wurde Montezuma getötet, vermutlich von den Spaniern. Bei Nacht mussten die Eroberer aus der Hauptstadt fliehen, wobei viele ihr Leben verloren.

ARKEBUSE GEGEN ATLATL
Azteken und Spanier standen sich im Kampf mit ungleichen Waffen gegenüber. Hinzu kam die Bedeutung der von den Europäern eingeschleppten Krankheiten, die große Erfahrung der spanischen Krieger sowie der nicht abreißende Strom vordringender Eroberer.

Damit endete die ersten Phase der Eroberung. Nachdem sie bei den befreundeten Tlaxcallanern Zuflucht gesucht hatten, sammelten die Spanier neue Kräfte, und Cortés schmiedete neue Pläne. Schließlich trafen beide Armeen in einer offenen Schlacht in der Ebene bei Otumba aufeinander, bei der die spanischen Waffen den Sieg davontrugen.

Danach zog Cortés mit seinen Verbündeten aus Tlaxcallan erneut gegen Tenochtitlán und baute eine Invasionsflotte am Ufer des großen Sees. Die Belagerung von Tenochtitlán begann im Mai 1521 und endete nach einer heroischen Verteidigung durch Cuauhtemoc, dem letzten und tapfersten der aztekischen Herrscher, am 13. August jenes Jahres. Die nach Rache dürstenden Tlaxcallaner richteten ein wahres Blutbad an. Auch wenn Cortés Cuauhtemoc ehrenvoll empfing, ließ er ihn drei Jahre später hängen, strecken und vierteilen. Die Fünfte Sonne war in der Tat untergegangen.

Wie aber war es möglich, dass eine winzige Streitmacht von etwa 400 Männern ein mächtiges Reich mit mindestens elf Millionen Einwohnern einnehmen konnte? Zunächst

SCHUSSWAFFE
Mit dieser Schusswaffe, dem atlatl, *war es möglich, die spanischen Rüstungen aus großer Entfernung zu durchschlagen.*

einmal steht außer Frage, dass die Waffen der Soldaten aus der Renaissance der steinzeitlichen Ausrüstung der Azteken überlegen waren. Kanonen, Reiter mit Stahlschwertern, Rüstungen aus Stahl und Kampfhunde, die auf den Antillen auf Indianer abgerichtet worden waren – das alles trug zum Untergang des aztekischen Reiches bei.

Ein weiterer Faktor war die Strategie der Spanier, nach Regeln zu kämpfen, die völlig anders waren als die, die seit Jahrtausenden in Mesoamerika galten. Für die Azteken war eine Schlacht im Idealfall ein heiliges Duell zwischen ebenbürtigen Kriegern. Es kam sogar häufig vor, dass sie einer Stadt oder Provinz, der sie den Krieg erklärt hatten, Waffen sandten, damit der Gegner gleich stark war. Der ebenbürtige Kampf war jedoch kein Maßstab für die Spanier, die in den Augen der Azteken Feiglinge waren – sie schossen ihre Waffen aus der Entfernung ab, vermieden den Zweikampf gegen indianische Krieger und versteckten sich hinter ihren Kanonen. Verheerende Auswirkungen auf die aztekische Verteidigung hatte die offene spanische Terrorpolitik: So ließ Cortés mehr als 50 tlaxcallanischen Boten, die von den Spaniern zunächst friedlich empfangen wurden, die Hände abhacken. Oder das Massaker an unbewaffneten Kriegern, die während einer Feier tanzten und auf Befehl des gefürchteten Pedro de Alvarado niedergemetzelt wurden.

Weiterhin muss die Rolle von mehreren tausend tlaxcallanischen Kriegern, den tödlichsten Feinden des Dreibundes, berücksichtigt werden. Sie trugen nicht nur zur Niederlage des Aztekenreiches bei, sie halfen auch danach bei der Eroberung des übrigen Mesoamerika und beteiligten sich an der Unterwerfung der Maya-Staaten im Hochland.

Der wichtigste Faktor jedoch war der unsichtbare und tödliche Verbündete, den die Invasoren aus der Alten Welt mitbrachten: die Infektionskrankheiten, gegen die die Urbevölkerung der Neuen Welt absolut keine Widerstandskräfte besaß. Die Pocken, die offenbar von einem Schwarzen eingeschleppt wurden, der zu der Narvaez-Expedition 1520 gehörte, wüteten in ganz Mexiko, und noch bevor Cortés seine Belagerung begann, hatten sie die Bevölkerung Zentralmexikos bereits stark dezimiert. Neben Masern, Keuchhusten und Malaria (vielleicht auch Gelbfieber) führten sie zu einem Massensterben, das die Zahl und die Schlagkraft der aztekischen Truppen enorm verminderte und zu einem allgemeinen Gefühl der Verzweiflung und Hoffnungslosigkeit bei der Bevölkerung geführt haben muss. In Anbetracht dieser vier Faktoren ist es ein Wunder, dass der Widerstand der Azteken überhaupt so lange währte. Die Niederlage der Azteken wird in ihrem ganzen vernichtenden Ausmaß sehr anschaulich in diesem Klagelied geschildert:

Zerbrochene Speere liegen in den Straßen;
vor Kummer haben wir uns die Haare ausgerissen.
Die Häuser sind nun ohne Dächer und ihre Wände
sind rot von Blut.

Überall auf den Straßen und Plätzen kriechen Würmer,
und alle Mauern sind bespritzt mit geronnenem Blut.
Das Wasser ist rot geworden, als hätte man es gefärbt,
und wenn wir es trinken,
schmeckt es wie Salzwasser.

Voller Verzweiflung haben wir mit unseren Händen
gegen die Lehmziegelmauern gehämmert,
denn unser Erbe, unsere Stadt, ist tot und verloren.
Die Schilde unserer Krieger waren ihre Verteidigung,
aber sie konnten sie nicht retten.

Neuspanien und der Kolonialismus

Innerhalb von drei Jahren nach dem Untergang von Tenochtitlán war fast ganz Mexiko zwischen der Landenge von Tehuanatepec und der Grenze zum Gebiet der Chichimeken an die Spanier und ihre tlaxcallanischen Verbündeten gefallen. Zahlreiche indianische Aufstände, wie der Taraskeraufstand, wurden schnell niedergeschlagen. Dieses riesige Gebiet erhielt unter dem Namen Neuspanien eine neue Organisation mit einem Vizekönig, der gegenüber dem spanischen König verantwortlich war.

Die Konquistadoren waren keine gewöhnlichen Soldaten, sondern Abenteurer, die auf Reichtümer aus waren. Um sie zufrieden zu stellen, schuf die Krone das System der *encomiendas*, nach dem die Indianer den Spaniern Abgaben zahlen und für sie arbeiten mussten. Als Gegenleistung garantierten ihnen die Spanier eine gesunde Seele durch Bekehrung zum Christentum. Da mit der Zeit große Missstände auftraten, wurde das System der *encomiendas* 1549 durch das *repartimiento* ersetzt, nach dem die Indianer theoretisch Anspruch auf einen gerechten Arbeitslohn hatten. Doch durch die Gier der Spanier und bürokratische Missstände verwandelte sich das *repartimiento* schnell in ein System der Zwangsarbeit.

Kurz nach der Eroberung wurde das soziale, wirtschaftliche und religiöse Leben in Mexiko völlig umgewandelt; sogar das Landschaftsbild veränderte sich. Die Oberklasse, die die alten prähispanischen Städte regiert hatte, spaltete sich auf. Viele verschwanden und mit ihnen die Hochkultur, die sie geschaffen hatten, während andere, die sich vielleicht eher fügten, von den neuen Herren Titel erhielten, als Tributeinforderer eingesetzt wurden und neue Arbeitskräfte beschaffen mussten. Sie dienten auch als Träger der Akkulturation, da sie sich zu der neuen Religion bekehrt und auch die spanische Sprache gelernt hatten.

MEXIKO-STADT
Das auf den Überresten des alten Tenochtitlán errichtete Mexiko-Stadt hatte von Beginn an europäischen Charakter. Auffallend ist, dass die Stadt um einen von wichtigen Bauwerken gesäumten Platz herum erbaut wurde.

Die großen Städte sowie Tausende von Tempeln der indianischen Kulturen in Mexiko wurden dem Erdboden gleichgemacht und durch rasterförmig angelegte Siedlungen ersetzt. Die alten *calpoltin* wurden zu *barrios*, und die *calpolli*-Tempel zu Pfarrkirchen.

Die wirtschaftliche Umgestaltung Mexikos begann mit der Einführung von Hühnern, Schweinen und Herdentieren wie Rindern, Pferden, Schafen und Ziegen, was zu einer Überweidung und damit zur Zerstörung der Landschaft führte. Auch Eisenwerkzeuge und den Pflug brachten die Spanier mit, sowie europäische Obstbäume und Feldfrüchte wie Weizen und Kichererbsen.

Das System des *repartimiento* führte zur Entstehung von riesigen *haciendas*, die nur mithilfe der indianischen Zwangsarbeit bewirtschaftet werden konnten. Nach ihrer Abschaffung wurde sie in eine Form der Schuldknechtschaft umgewandelt, ein Zustand, der bis zur mexikanischen Revolution unverändert andauern sollte. Neuspanien stieg zum besten Silberlieferanten des spanischen Reiches auf, und hunderttausende Indianer wurden unter grausamsten Bedingungen zur Arbeit in den Silberminen gezwungen.

Gemäß der päpstlichen Doktrin, dass die Bewohner der Neuen Welt eine Seele besäßen und daher nicht versklavt, sondern zum wahren Glauben bekehrt werden müssten, nahmen die Konquistadoren die Missionierung sehr ernst. Diese Aufgabe wurde den Bettelorden übertragen, woraufhin zwölf Franziskanermönche in dem auf den Ruinen von Tenochtitlán neu errichteten Mexiko-Stadt eintrafen. Als sie barfuß und in ihren geflickten Roben durch die Stadt schritten, beeindruckten sie die Urbevölkerung mit ihrer Armut und Demut. Die Franziskaner betrachteten die Indianer mit verschrobenem Paternalismus: Sie sahen in ihnen ein unschuldiges Volk, mit dem sie eine utopische Welt aufbauen konnten, frei von den Sünden der spanischen Siedler. Schnell lernten sie ihre Sprache, das Nahuatl, und unterwiesen die Söhne der indianischen Oberschicht in die christlichen Werte und Traditionen. Andere Orden, wie Augustiner, Dominikaner und die Jesuiten folgten ihnen.

Die Bekehrung der Urbevölkerung hatte jedoch nur oberflächlich stattgefunden, wie die Geistlichkeit im 16. Jh. feststellen musste. Die Ähnlichkeit zwischen vielen Aspekten der aztekischen Religion und dem spanischen Katholizismus hatte zu einer Verschmelzung geführt, die auch heute noch in vielen Regionen Mexikos bemerkbar ist: Es gab (und gibt) tatsächlich die „Götter hinter den Altären". Die Versuche der Kirche, den heidnischen Kult auszulöschen, wurden dadurch vereitelt, dass die Indianer durch eine Ausnahmeregelung von den gerichtlichen Verhören durch die Inquisition befreit waren. Viele Praktiken wurden weiterhin ausgeübt, vor allem im Bereich der Medizin.

Abgesehen von den Minen und den riesigen *haciendas* bewahrten viele indianische Gemeinschaften ihre wirtschaftliche Unabhängigkeit und besaßen eigenes Land. Diese so genannten *Repúblicas de Indios* waren nach dem spanischen *cabildo*-System der Stadtverwaltung organisiert. An dessen Spitze stand ein gewählter Gouverneur, in früheren Jah-

HALBGÖTTER ODER STERBLICHE: DIE SPANISCHEN VERLUSTE

Den Mythen zufolge soll Quetzalcóatl nach seiner Niederlage bei Tula mit seinen Getreuen in den Osten geflohen sein, mit dem Versprechen, zurückzukehren, um seine Rechte und Güter einzufordern. Die Ankunft von Cortés und den Spaniern, deren Aussehen an den Gott erinnerte, wurde als Ankündigung seiner Rückkehr gedeutet. Die Azteken, allen voran Montezuma, wurden so zum Opfer ihrer eigenen Religion, weil sie unfähig waren, den Göttern entgegenzutreten. Es ist unbestritten, dass es zu Beginn eine derartige Verwirrung gab. Davon zeugen die Gaben an die Neuankömmlinge und die Namen, die ihnen verliehen wurden. Alvarado etwa wurde wegen seines roten Bartes *Tonnatiuh*, Sonne, genannt. Allerdings unterschätzt man die Intelligenz und die Beobachtungsgabe der Azteken. Die Verluste der Spanier in den Schlachten gegen die Tlaxcallaner und durch Krankheiten beliefen sich auf 55 Soldaten, was bei den 800 Männern, über die Cortés verfügte, eine beträchtliche Schwächung bedeutete. Dadurch ahnten die Azteken, dass sie es mit Menschen zu tun hatten. Um das zu prüfen, führten sie Experimente durch, indem sie spanische Gefangene opferten. Der für die Opfer Verantwortliche wurde darauf von den entsetzten Spaniern getötet. Von da an verloren die Spanier ihren göttlichen Charakter, und die Lähmung fiel von den Azteken ab. Kurz nach diesem Vorfall begannen die Kämpfe: Die Azteken hatten keine Angst mehr, den falschen Göttern entgegenzutreten. Die Gründe für ihre Niederlage sind wohl anderswo zu suchen, in den Kampftechniken, in Krankheiten oder im falschen Vertrauen auf die Tlaxcallaner. Überdies wog der ständige Zustrom neuer Eroberer die Verluste der Spanier wieder auf. Bald verfügte Cortés über nahezu 2000 Männer, also weit mehr als gemeinhin angegeben wird.

ren oftmals ein indianischer Würdenträger. Unter ihm gab es die *alcaldes*, Richter in kleineren Strafsachen und Zivilklagen, und *regidores*, Ratsmitglieder, die Gesetze für lokale Angelegenheiten erließen. Zunächst wurden nur Personen mit adliger Abstammung in diese Ämter gewählt; als der Adel aber immer weiter schrumpfte, übernahmen auch Bürgerliche oder *macehualtin* diese Ämter. Unter Vormundschaft der Mönche hatten die indianischen Gemeinschaften die religiösen Bruderschaften übernommen, die im Leben der Spanier so wichtig sind, und diese wurden mit dem *cabildo*-System verflochten: In dieser staatlich-religiösen Hierarchie stieg man über arbeitsreiche Ämter, *cargos*, auf, die umso kostspieliger wurden, je höher Amt und Würden waren. In vielen indianischen Gemeinschaften gibt es diese Form der Hierarchie auch heute noch.

MESTIZEN
In der Kolonialzeit unterschied man 16 Kategorien von Mestizen, je nach dem Anteil des weißen, schwarzen oder indianischen Erbguts. Die gesellschaftliche Stellung hing vom Grad der europäischen Abstammung ab.

Die Ladinosierung Mexikos

Nach 1600 begann für Neuspanien ein Jahrhundert der Depression, in dem sowohl die Nahrungsmittelproduktion als auch die Zahl der Arbeitskräfte massiv zurückging. Dies war die direkte Folge der Dezimierung der indianischen Bevölkerung, was folgende Zahlen belegen: 1519, am Vorabend der spanischen Eroberung, zählte Zentralmexiko etwa

FEDERTRIPTYCHON
Der Federschmuck faszinierte die Neuankömmlinge so sehr, dass sie diese Kunst wählten, um zahlreiche religiöse Kunstwerke herzustellen. In Europa sind mehr als 30 erhalten: Mitren, Bilder sowie dieses Triptychon mit einem Federmosaik.

elf Millionen Einwohner, bis zum Ende des 16. Jh. waren nur noch 2,5 Millionen Indianer übrig und um 1650 etwa 1,5 Mio. Auch wenn der spanische Klerus diese Entwicklung gerne den angeblichen Trinkgewohnheiten seiner Schäflein zuschrieb, so steht fest, dass das große Sterben auf eine Reihe von Epidemien zurückzuführen war, die 1520 ausbrachen und besonders in der Zeit von 1545–46 und 1576–79 wüteten. Hinzu kamen unzumutbare Arbeitsbedingungen in den Silberminen und auf den großen Ländereien.

In der Zeit, in der die indianischen Bevölkerungszahlen dramatisch einbrachen, stieg die Zahl der Weißen und Mestizen stetig an. Als die riesigen Zuckerrohr-Haciendas im Tiefland an der Golfküste entstanden, importierten die Grundbesitzer wie Cortés Sklaven aus Afrika und trugen auf diese Weise vermutlich stark zur Rassenvermischung in diesen Regionen bei. Es waren jedoch die Mischlinge zwischen Indianern und Weißen, die *ladinos*, die zumindest gegen Ende der Kolonialzeit den größten Anteil an der mexikanischen Bevölkerung stellten. Die Vorstellungen des spanischen Mutterlandes in Bezug auf Reinheit der Rasse und Überlegenheit des katholischen Glaubens haben sich im Lauf der Jahrhunderte in ein Wertesystem gewandelt, in dem es als weitaus besser galt, im Zentrum oder zumindest in der Nähe einer Gemeinschaft zu leben, einen spanischen

Familiennamen zu haben und lesen und schreiben zu können, als der dunkelhäutigeren, „abergläubischen" und häufig analphabetischen Bevölkerung zugeordnet zu werden. Demzufolge bildeten die *ladinos* die Mittelschicht der politischen und wirtschaftlichen Hierarchie, in der die indianische Bevölkerung ganz unten stand. In weiten Teilen Mexikos hat sich diese Situation bis heute nicht geändert. Hätte es die katastrophale Dezimierung der ursprünglichen indianischen Bevölkerung nicht gegeben, wäre es um ihren politischen und kulturellen Status ganz anders bestellt.

Die Unabhängigkeit und die Revolution

Die Unabhängigkeit von Spanien, die Mexiko 1821 erlangte, änderte wenig an dem unglücklichen Los seiner Urbevölkerung. Denn Krone und Kirche hatten sich während der Kolonialzeit noch am meisten für die Rechte der Indianer eingesetzt und sie vor Übergriffen der Siedler geschützt. Während des 19. Jh. wurde Mexiko von ständigen Kriegen erschüttert, die erst mit dem Regime von Porfirio Díaz endeten, einem *ladino* mit zapotekischen Vorfahren aus Oaxaca. Die mexikanische Revolution brach 1910 aus und führte in den ländlichen Regionen zu drastischen Veränderungen, die sich somit auch auf die indianische Bevölkerung auswirkten, die hauptsächlich als arme Kleinbauern ihr Leben fristeten. Die alten *haciendas* wurden enteignet und das Land an Agrargemeinschaften verteilt, die unter der Bezeichnung *ejidos* gegründet wurden – bäuerliche Gemeinschaften, die ihr eigenes Land bestellten und angeblich (nach der revolutionären Ideologie) auf aztekischen Institutionen basierten. Die Schuldensklaverei wurde abgeschafft. Erst während der radikalen Präsidentschaft von Lázaro Cárdenas (1934–40) wurden die Rechte der Indianer auf wirtschaftliches Wohlergehen von der mexikanischen Regierung endlich anerkannt. Infolge der Gründung des Nationalen Indianischen Instituts wurden Schulen auf dem Land und Zentren für wirtschaftliche Unterstützung eingerichtet. Ziel dieser Regierungsprogramme blieb jedoch die Integration dieser Gemeinschaften in das „nationale Leben", mit anderen Worten, eine „Ladinosierung" im modernen Gewand. Mit allen Kräften wird versucht, die Menschen von ihrer Sprache und ihrer traditionellen Kultur zu entfremden – ein Prozess, der dort noch beschleunigt wurde, wo Tausende von Indianern im Rahmen von riesigen Staudammprojekten von ihrem angestammten Land vertrieben wurden. Wie auch bei anderen Urbevölkerungsgruppen in Ländern der Dritten Welt, in denen ein schneller Anschluss an die Industrienationen das nationale Ziel darstellt, stehen die Rechte der mexikanischen Ureinwohner auf ihre eigene Kultur und ihre eigene Sprache unter ständigem Druck. Die Zukunft wird zeigen, ob sie ihre kulturelle Identität auch dann noch wahren können, wenn Veränderungen nicht mehr aufzuhalten sind.

ALTARAUFSATZ VON JUAN O'GORMAN

Der Aufruf von Hidalgo zum Kampf für die Unabhängigkeit zeigt Kreolen, Mestizen und Indianer. Die mexikanische Revolution, die ein Jahrhundert später stattfand, verschaffte diesen Gruppen ihre heutige gesellschaftliche Stellung.

Register

Kursiv gedruckte Seitenzahlen verweisen auf Bildunterschriften, Illustrationen oder Übersichtskarten.

Bild- und Museumsnachweis

Abkürzungen: o = oben, M = Mitte, u = unten, l = links, r = rechts

Einband: G. DAGLI ORTI/Museo Nacional de Antropologia, Mexiko-Stadt (Hintergrund); G. DAGLI ORTI/Museo Templo Mayor, Mexiko-Stadt.

3: G. DAGLI ORTI/Museo Templo Mayor, Mexiko-Stadt. **10–19** Vignetten: Ch. & J. LÉNARS/British Museum, London. **6/7** ARTEPHOT/R. Percheron/Bibliothèque du Palais Bourbon, Paris. **10** l: J.-P. COURAU/Museo La Venta Parque, Villahermosa; r: G. DAGLI ORTI/Museo Nacional de Antropologia, Mexiko-Stadt. **10/11** Hintergrund: J.-P. COURAU. **11** o.l: Museo Nacional de Antropologia, Mexiko-Stadt; u.l: ANA/M. Vautier; r: MUSÉE DE L'HOMME, Paris. **12** l: G. DAGLI ORTI/Museo Nacional de Antropologia, Mexiko-Stadt; r: CORBIS SYGMA/R.A. Cooke. **12/13** Hintergrund: ANA/M. Vautier. **13** o: AKG Paris/Vintimille/Museo Regional de Antropologia, Villahermosa; u.l. G. DAGLI ORTI; u.r: G. DAGLI ORTI//Museo Nacional de Antropologia, Mexiko-Stadt. **14** l: Ch. & J. LÉNARS; r: G. DAGLI ORTI/Museo Nacional de Antropologia, Mexiko-Stadt. **14/15** Hintergrund: J.-P. COURAU. **15** o: J.-P. COURAU/Museo de Antropologia, Jalapa; u.l: G. DAGLI ORTI/Museo de Antropologia, Jalapa; u.r: G. DAGLI ORTI. **16** o: J.-P. COURAU; u: G. DAGLI ORTI/Museo Nacional de Antropologia, Mexiko-Stadt. **16/17** Hintergrund: ANA/M. Vautier. **17** l: G. DAGLI ORTI/Museo Nacional de Antropologia, Mexiko-Stadt; o.r: CORBIS SYGMA/P. Almasy; u.r: J.-P. COURAU/Coll. Saënz. **18** l: J.-P. COURAU; r: G. DAGLI ORTI/Museo de Templo Mayor, Mexiko-Stadt. **18/19** Hintergrund: G. DAGLI ORTI. **19** M.l: J.-P. COURAU/Museo de San Luis Potosi; M.r: G. DAGLI ORTI/Museo Regional Michoacano, Morelia; u.r: G. DAGLI ORTI/Bibliothèque du Palais Bourbon, Paris. **20** G. DAGLI ORTI. **21** G. DAGLI ORTI/Museo Nacional de Antropologia, Mexiko-Stadt. **22** AKG Paris/W. Forman/ Liverpool Museum. **23** EXPLORER/API. **25** EXPLORER/ Ch. Lénars. **26** G. DAGLI ORTI/Museo Nacional de Antropologia, Mexiko-Stadt. **27** ANA/M. Vautier. **28** CORBIS SYGMA/Dave G. Houster. **29** CORBIS SYGMA/La Venta. **31** G. DAGLI ORTI/Museo Nacional de Antropologia, Mexiko-Stadt. **32** CORBIS SYGMA/North Carolina Museum of Art. **33** G. DAGLI ORTI. **35** AKG Paris/W. Forman/Liverpool Museum. **36** G. DAGLI ORTI/Colección de Arqueologia y Etnografia Americana, Madrid. **37** BPK Berlin/Ethnologisches Museum, Berlin. **39** RAPHO/G. Sioen. **40/41** ARTEPHOT/Oronoz/Colección de Arqueologia y Etnografia Americana, Madrid. **42** o: G. DAGLI ORTI/Museo Nacional de Antropologia, Mexiko-Stadt; u: ARCH. MONCLEM, Mexico. **42/43** Hintergrund: G. DAGLI ORTI/Museo Nacional de Antropologia, Mexiko-Stadt. **43** o.l: G. DAGLI ORTI/Museo Nacional de Antropologia, Mexiko-Stadt; o.r: ANA/M. Vautier; M.l: G. DAGLI ORTI/Museo Templo Mayor, Mexiko-Stadt; M: BRIDGEMAN GIRAUDON/ Biblioteca Medicea Laurenziana, Florenz; M.r: G. DAGLI ORTI/Museo Teotihuacán; u: HOA QUI/E. Simanor. **45** G. DAGLI ORTI/Museo Nacional de Antropologia, Mexiko-Stadt. **46** RAPHO/G. Sioen. **47** LOTOS FILM/ Museum für Völkerkunde, Wien. **49** G. DAGLI ORTI/Museo Nacional de Antropologia, Mexiko-Stadt. **50** ARTEPHOT/ VAL/Museo Tabasco. **51** BRIDGEMAN GIRAUDON/Biblioteca Apostolica Vaticana, Vatikan. **52** ARTEPHOT/R. Roland/Museo Nacional de Antropologia, Mexiko-Stadt.
54/55 G. DAGLI ORTI. **55** J.-P. COURAU/Coll. Saënz. **56** AKG Paris/Museo Nacional de Antropologia, Mexiko-Stadt. **57** G. DAGLI ORTI/Rijksmuseum foor Volkenkunde, Leiden. **58** J.-P. COURAU/The Metropolitan Museum (Rockefeller Coll.), New York. **59** o.l: MUSÉE DE L'HOMME, Paris/B. Hatala; o.r, M.r, u.l, u.r: MUSÉE BARBIER-MUELLER, Genf/Studio Ferrazzini-Bouer; M.l: RAPHO/G. Sioen. **60, 62**: G. DAGLI ORTI/Museo Nacional de Antropologia, Mexiko-Stadt. **63** AKG Paris/E. Lessing/ British Museum, London. **64** G. DAGLI ORTI/Museo de Antropologia, Jalapa. **66** RAICES/INAH 2002/Museo de Antropologia, Jalapa. **67** G. DALI ORTI. **68** G. DAGLI ORTI/Museo Nacional de Antropologia, Mexiko-Stadt. **69** J.-P. COURAU. **70** G. DAGLI ORTI/Museo Puebla. **70/71** Hintergrund: G. DAGLI ORTI. **71** o.l: G. DAGLI ORTI; o.M: G. DAGLI ORTI/Museo Templo Mayor, Mexiko-Stadt; o.r: G. DAGLI ORTI/Museo Nacional de Antropologia, Mexiko-Stadt; M.l: G. DAGLI ORTI; M: J.-P. COURAU; u.r: G. DAGLI ORTI/Museo Nacional de Antropologia, Mexiko-Stadt. **72** G. DAGLI ORTI/Museo Nacional de Antropologia, Mexiko-Stadt. **73** G. DAGLI ORTI/Museo La Venta Parque, Villahermosa. **74** R. DONIZ. **75** HOA QUI/P. Duval. **76** Ch. & J. LÉNARS. **77** J.-P. COURAU/ Museo Regional de Oaxaca. **78** J.-P. COURAU. **79** J.-P. COURAU/Museo de Antropologia, Jalapa **80** l: G. DAGLI ORTI/Museo de Antropologia, Jalapa; o.r, u: G. DAGLI ORTI/Museo Nacional de Antropologia, Mexiko-Stadt. **81** o: G. DAGLI ORTI/Museo Nacional de Antropologia, Mexiko-Stadt; u: G. DAGLI ORTI/Museo Teotihuacán. **82** o: G. DAGLI ORTI/Museo Nacional de Antropologia, Mexiko-Stadt; u: J.-P. COURAU. **83** o.l: G. DAGLI ORTI/ Museo Nacional de Antropologia, Mexiko-Stadt; o.r: G. DAGLI ORTI/Museo de Antropologia, Jalapa; u: Ch. & J. LÉNARS. **84** o: G. DAGLI ORTI/Museo Nacional de Antropologia, Mexiko-Stadt; M: ANA/M. Vautier/Museo Nacional de Antropoligia, Mexiko-Stadt; u: G. DAGLI ORTI. **85** o: G. DAGLI ORTI/Museo Nacional de Antropologia, Mexiko-Stadt; u: G. DAGLI ORTI/Museo Regional de Oaxana. **86** o: J.-P. COURAU/Museo Templo Mayor, Mexiko-Stadt; u.l: G. DAGLI ORTI/Museum für Völkerkunde, Wien; u.r: G. DAGLI ORTI/Museo Nacional de Antropologia, Mexiko-Stadt. **87** o: G. DAGLI ORTI/Museo Nazionale Preistorico ed Etnografico „Luigi Pigorini", Rom; u: RAICES/INAH 2002/Museo Templo Mayor, Mexiko-Stadt. **88** l: G. DAGLI ORTI/Museo Nacional de Antropologia, Mexiko-Stadt; r: G. DAGLI ORTI/Museo Templo Mayor, Mexiko-Stadt. **88/89** AKG Paris/E. Lessing/Museum für Völkerkunde, Wien. **89** l: MUSÉE DE L'HOMME; Paris/M. Delaplanche; r: G. DAGLI ORTI/Museo Nacional de Antropologia, Mexiko-Stadt. **90** o: G. DAGLI ORTI/Museum für Völkerkunde, Wien; u: Ch. & J. LÉNARS/British Museum, London. **90/91** G. DAGLI ORTI/Museo Nacional de Antropologia, Mexiko-Stadt. **91** l: RAICES/INAH 2002/Museo Nacional de Antropologia, Mexiko-Stadt; r: G. DAGLI ORTI/Museo Templo Mayor, Mexiko-Stadt. **92** G. DAGLI ORTI. **93** G. DAGLI ORTI/Museo di Teotihuacán. **94** HOA QUI/A. Tovy. **96, 97**: G. DAGLI ORTI. **98** Ch. & J. LÉNARS. **99, 100**: G. DAGLI ORTI/Museo di Teotihuacán. **101** G. DAGLI ORTI/Museo Nacional de Antropologia, Mexiko-Stadt. **102** J.-P. COURAU/Coll. Saenz, Mexiko. **103, 105**: G. DAGLI ORTI. **106, 107, 108, 109, 113**: G. DAGLI ORTI/Museo Nacional de Antropologia, Mexiko-Stadt. **114** AKG Paris/W. Forman. **115** G. DAGLI ORTI.
116 G. DAGLI ORTI/Museo Regional de Oaxaca. **116/117** Hintergrund: Ch. & J. LÉNARS. **117** o.l: EXPLORER/J.-P. COURAU/Museo Nacional de Antropologia, Mexiko-Stadt; o.r: G. DAGLI ORTI; M.l: J.-P. COURAU; M.r: ANA/M. Vautier/Museo Nacional de Antropologia, Mexiko-Stadt; u.l: G. DAGLI ORTI/Museo Nacional de Antropologia, Mexiko-Stadt; u.r: G. DAGLI ORTI/Rijksmuseum for Volkenkunde, Leiden. **119** G. DAGLI ORTI. **120** BNF, Paris. **122** J.-P. COURAU. **123** G. DAGLI ORTI/Museo Civico, Turin. **124** G. DAGLI ORTI. **125** G. DAGLI ORTI/Museo Nacional de Antropologia, Mexiko-Stadt. **127** ANA/M. Vautier/Museo Nacional de Antropologia, Mexiko-Stadt. **128** J.-P. COURAU. **129** G. DAGLI ORTI/Museo Nacional de Antropologia, Mexiko-Stadt. **130, 130/131** Hintergrund: G. DAGLI ORTI/Museo Templo Mayor, Mexiko-Stadt. **131** o.l: G. DAGLI ORTI; o.r: Ch. & J. LÉNARS/British Museum, London; M.l, M, M.r: G. DAGLI ORTI/Museo Templo Mayor, Mexiko-Stadt; u: G. DAGLI ORTI/Museo di Teotihuacán. **133** G. DAGLI ORTI. **134** AKG Paris/W. Forman/ Museum für Völkerkunde, Wien. **135** G. DAGLI ORTI/Rijksmuseum for Volkenkunde, Leiden. **136** J.-P. COURAU/Museo Nacional de Arqueologia y Etnologia, Guatemala-Stadt. **137** G. DAGLI ORTI/Museo Regional de Oaxaca. **138** J.-P. COURAU/Field Museum, Chicago. **139** G. DAGLI ORTI. **141** Ch. & J. LÉNARS. **143** BNF, Paris. **144** Ch. & J. LÉNARS. **145** G. DAGLI ORTI/Museo Nacional de Antropologia, Mexiko-Stadt. **146** RAICES/INAH 2002/Museo Nacional de Antropologia, Mexiko-Stadt. **147** o.l, o.r: G. DAGLI ORTI/Museo Nacional de Antropologia, Mexiko-Stadt; M.l: G. DAGLI ORTI/Museo Regional Michoacano, Morelia; M.r: G. DAGLI ORTI; u.l: ARTEPHOT/Oronoz; u.r: G. DAGLI ORTI/Museo Nacional de Antropologia, Mexiko-Stadt. **148** G. DAGLI ORTI/Museo Nacional de Antropologia, Mexiko-Stadt. **149** AKG Paris/W. Forman. **151** G. DAGLI ORTI. **153** G. DAGLI ORTI/Museo Nacional de Antropologia, Mexiko-Stadt. **154** BRIDGEMAN GIRAUDON/ Biblioteca Medicea Laurenziana, Florenz. **155** DUMBARTON OAKS RESEARCH LIBRARY AND COLLECTION, Washington D.C. **157** Arch. ARD/Bodleian Library, Oxford. **158** G. DAGLI ORTI/Museo Nacional de Antropologia, Mexiko-Stadt. **159** G. DAGLI ORTI/Museum für Völkerkunde, Wien. **160** BRIDGEMAN GIRAUDON/Biblioteca Medicea Laurenziana, Florenz. **161** G. DAGLI ORTI/Museo de Puebla. **162** BNF, Paris. **163** G. DAGLI ORTI/Museo Nacional de Antropologia, Mexiko-Stadt. **164** BRIDGEMAN GIRAUDON/Museo Nacional de Antropologia, Mexiko-Stadt. **165** G. DAGLI ORTI/Museo Templo Mayor, Mexiko-Stadt. **166** AKG Paris/W. Forman/Museum für Völkerkunde, Basel. **167, 168**: G. DAGLI ORTI/Museo Nacional de Antropologia, Mexiko-Stadt. **169** G. DAGLI ORTI/Bibliothèque du Palais Bourbon, Paris. **170** G. DAGLI ORTI. **171, 172**: G. DAGLI ORTI/Museo Templo Mayor, Mexiko-Stadt. **173** G. DAGLI ORTI. **174** G. DAGLI ORTI/Museo Nacional de Antropologia, Mexiko-Stadt. **175** BNF, Paris. **176** G. DAGLI ORTI/Museo Nacional de Antropologia, Mexiko-Stadt. **177** G. DAGLI ORTI/B.N., Madrid **179** ARTEPHOT/Oronoz/B.N., Madrid. **180** G. DAGLI ORTI/Museo Nazionale Preistorico ed Etnografico „Luigi Pigorini", Rom. **181** ARTEPHOT/Oronoz/Coll. part., Madrid. **183** G. DAGLI ORTI/ Coll. part., Monterrey. **184** RMN/G. Blot/Musée de la Renaissance, Écouen. **185** G. DAGLI ORTI/Museo Nacional de Historia, Mexiko-Stadt.